Horst Petri

Bloß nicht zu viel Liebe

Horst Petri

Bloß nicht zu viel Liebe

Eltern und Kinder zwischen Bindung und Freiheit
Ein Lebensweg

Kreuz

FÜR ELKE VOGL

Inhalt

Einleitung

Für jeden Menschen ist Familie ein unerschöpfliches Thema. Sie ist der seelische, geistige und soziale Ort, von dem er herkommt, in dem seine elementarsten Beziehungen gründen und den er erst am Ende seines Lebens wieder verlässt. Welche Erfahrungen haben ihn an diesem Ort geprägt? Wer sind die, die einen geboren, ernährt, beschützt und zu dem gemacht haben, der man geworden ist? Oder auch die, die einen in einer Weise verletzt haben, die das Leben so beschwerlich macht?

Jeder, nach einer Metapher für die Familie befragt, würde ein anderes Bild wählen. Für die einen ist sie eine blühende Landschaft, ein ruhiges Meer, ein Sonnentag voll Licht und Wärme, für die anderen eine steinige Wüste, ein undurchdringlicher Dschungel oder ein Eisgebirge. Viele würden Familie als ein Universum beschreiben, in dem verschiedene Planeten umeinander kreisen, und Ordnung und Chaos sich die Waage halten.

Seit gut einem Jahrhundert haben zahlreiche Humanwissenschaften versucht, solche Metaphern in eine fachliche Sprache zu übersetzen. Über den Arbeitsaufwand und die Berge an zu Tage geförderten Erkenntnissen kann sich ein Laie kaum eine Vorstellung machen. Und obwohl wir inzwischen sehr viel wissen, bleiben viele Rätsel zu lösen, Wunder zu bestaunen und unerklärlicher Schrecken aufzuklären. Ihnen verdankt die Familie ihre ungebrochen-ambivalente Faszination.

Nach langen Berufserfahrungen mit Eltern-Kind-Konflikten in allen Altersphasen wurde ich durch neuere Forschungen zu der speziellen Fragestellung des Buches angeregt – eine Frage, die jeden unmittelbar betrifft: Wie lässt sich der Widerspruch zwischen den beiden menschlichen

Grundbedürfnissen und Motiven nach Bindung und Freiheit im Rahmen der Eltern-Kind-Beziehung lösen?

Meine Suche nach Antworten folgt den drei großen Lebenszyklen Kindheit, Jugend und Erwachsenenalter. Nach einer Einführung in die Voraussetzungen für das Wunder der Eltern-Kind-Bindung werde ich den Urkonflikt zwischen Bindung und Freiheit und seine Wandlungen im Laufe des Lebens jeweils aus der Doppelperspektive der Eltern und Kinder darstellen. Neben den gelungenen Verläufen nehmen dabei die Brüche und Verwerfungen im Eltern-Kind-Verhältnis naturgemäß einen breiten Raum ein. Naturgemäß deshalb, weil neben aller Befriedigung und allem Glück, das Kinder für Eltern und Eltern für Kinder bedeuten, nicht zu erwarten ist, dass das aus unterschiedlichen Individuen zusammengesetzte Familiensystem ohne Reibungen funktioniert. An ihnen entzünden sich die Spannungen und Konflikte, die das seelische Leiden zwischen Eltern und Kindern bedingen. Wie wir sehen werden, nimmt dieses Leiden oftmals schon in der Kindheit der Eltern seinen Ausgang, wenn dort die Balance zwischen Bindung und Freiheit durch Einflüsse verschiedenster Art gestört wurde. Die dabei gemachten Erfahrungen werden unbewusst von Generation zu Generation tradiert und können bei den Kindern ebenfalls zu Beeinträchtigungen ihrer Entwicklung führen.

Die nähere Beschäftigung mit dem Thema Bindung und Freiheit kann uns auch darüber aufklären, warum die Beziehung der Kinder zu den Müttern und Vätern in der Regel anders angelegt ist, und beide deswegen in unterschiedlicher Form als prägende Leitbilder verinnerlicht werden. In jedem Fall bleibt die Bindung zu ihnen, wie umgekehrt auch die Bindung der Eltern an die Kinder, unabhängig von ihrer Qualität unauflöslich. Dadurch mündet der äußere Abschied in einen inneren Prozess des Unendlichen, der über den Tod hinausreicht.

Es handelt sich hierbei um ein einzigartiges Phänomen im

gesamten Naturreich und im Vergleich zu anderen sozialen Beziehungen. So selbstverständlich diese Tatsache für uns ist, so sehr verleugnen wir die Komplikationen, die gerade deswegen aus ihr erwachsen. Im Gegenteil halten wir an der Illusion von der Familie als Hort ewigen Wohlbefindens zumindest unbewusst fest und richten unerfüllbare Erwartungen an sie, wo es angebracht wäre, ihre Grenzen besser zu akzeptieren. Nur so ließen sich die wechselseitigen Enttäuschungen und ihre negativen Folgen reduzieren. Damit würde sich der Freiheitsraum für jeden einzelnen erheblich erweitern.

Das Buch ist kein Ratgeber, der Anleitungen zum Glücklichsein in der Eltern-Kind-Beziehung anbietet. Dazu reicht die Beziehung zu tief in die unbewussten Schichten unseres Gefühls- und Trieblebens und in das Arsenal unserer biographischen Erfahrungen. Das Buch richtet sich an den mündigen Leser, der aus der Darstellung selbst Erkenntnisse und Schlussfolgerungen zieht, die ihm einen konfliktfreieren Umgang, ob mit den Eltern oder den Kindern, ermöglichen. Diese Freiheit zu einem kritischen und selbstkritischen Urteil mag bisher unbegangene Wege öffnen und zu unerwarteten Zielen führen. Damit wäre das Anliegen des Buches erfüllt.

Mein Dank gilt allen kleinen und großen Patienten, die mir Einblick in das oftmals schwierige Verhältnis zwischen Eltern und Kindern gewährten und mich an dem Glück teilnehmen ließen, wenn sie zu einer neuen Verständigung gefunden hatten. Wie immer wurden ihre Daten so verfremdet, dass sie von Dritten nicht zu identifizieren sind.

I. Die Eltern-Kind-Bindung

1. Das Naturereignis der frühen Mutter-Kind-Beziehung

Maya ist neun Monate alt. Sie sitzt unbeweglich auf dem Boden und schaut lange und unverwandt die Fremden um sich herum an. Keine Spur von Angst. Ihre Neugierde drückt sie nur durch den Blick aus. Dann wendet sie sich ihrer Mutter zu. Diese nimmt das Baby auf den Schoß und gibt ihm die Flasche. Eng an ihren Körper geschmiegt trinkt Maya einige Schlucke, befreit sich aber schon wieder aus der Umarmung, rutscht auf den Boden und krabbelt scheinbar ziellos im Zimmer herum. Der Vater sitzt einige Meter entfernt auf dem Sofa. Maya macht eine Kurve, tapst auf allen Vieren auf ihn zu und zieht sich an seinen Beinen hoch. Er hebt sie auf die Knie, knuddelt sie und wirbelt sie durch die Luft. Maya jauchzt. Aber sie ist nicht lange zu halten. Wieder rutscht sie auf den Teppich, krabbelt herum. Alle Umstehenden lachen über das Spiel, lachen das Kind an. Gebannt schaut es in deren Gesichter. Die Mutter beugt sich zu ihm hinunter, befreit es von seinen nassen Windeln, zieht es neu an, gibt ihm noch mal die Flasche, während sie zärtlich das Gesichtchen streichelt. Plötzlich weint Maya und versucht sich mit aller Kraft aus den Armen der Mutter zu befreien. Das Spiel beginnt von Neuem und würde lange so weitergehen, wenn die Eltern nicht ihre Rückreise antreten müssten.

Ich kannte Maya vorher nicht, ich gehörte zu den Freunden, bei denen die Familie zu Besuch war. Die unbeschwerte Leichtigkeit und der Zauber der Szene klangen lange in mir nach. Die Erfahrungen, die ich als junger Vater mit zwei

Kindern selbst machen konnte, waren längst unter den vielen Schichten begraben, die ihre Weiterentwicklung darübergelegt hatte. Alles an der Szene kam mir neu vor und faszinierte mich gleichzeitig, weil ich sie jetzt mit meinem beruflichen Wissen über die frühe Eltern-Kind-Beziehung verbinden konnte.

Lebendiger hätte Maya den Grundkonflikt zwischen Bindung und Freiheit nicht ausdrücken können, der die Gemeinschaft zwischen Eltern und Kindern begründet. Anschaulicher konnten aber auch die Eltern nicht verdeutlichen, wie elementar sie in diesen Konflikt eingebunden sind. Daraus erwächst für alle das unausweichliche Abenteuer der Eltern-Kind-Beziehung. Sie bildet die Hauptachse der menschlichen Existenz. Sie durchwirkt unser Leben bis in die feinsten Strukturen unseres Wesens, birgt auf unwägbare Weise individuelles Glück oder Leiden und stiftet die Voraussetzungen für Gelingen oder Scheitern eigener Lebensentwürfe und aller späteren Beziehungen. So werden sich Eltern und Kinder gegenseitig zum Schicksal. Keine andere menschliche Beziehung besitzt eine solche Macht.

Warum hat die Schöpfung die Eltern-Kind-Beziehung beim Menschen im Unterschied zum Tierreich mit dieser tief greifenden und lebenslangen Wirkung ausgestattet? So grundsätzlich die Frage gestellt ist und uns im Innersten umtreiben kann, ob aus Dankbarkeit über ein wohlwollendes oder aus Hader mit einem ungnädigen Schicksal, so spekulativ würden alle theologischen und philosophischen Versuche zu einer Antwort ausfallen. Auch die Humanwissenschaften haben auf dieses Geheimnis der Natur bisher keine gefunden. Statt nach einem transzendenten »Warum« zu fragen, stellt sich daher die naturwissenschaftlich nahe liegende Frage nach dem »Wie«: Wie kommt die Macht zustande, die Eltern und Kinder so eng und dauerhaft aneinander bindet? Die Frage ist deswegen faszinierender als die Frage nach dem »Warum«, weil sie uns konkrete Antworten über die Bedingungen befriedigender oder missglückter Familiengemeinschaften liefert.

Die Erforschung der Eltern-Kind-Beziehung setzte erst Anfang des vorigen Jahrhunderts ein. Dabei stellte sich schnell heraus, wie regelhaft ungünstige Familienverhältnisse und psychische Probleme der Eltern mit individuellem Leiden und seelischen Erkrankungen der Kinder zusammenhängen. Daher konzentrierte sich das Interesse vieler Wissenschaftler primär auf gestörte Entwicklungsverläufe: Durch welche Faktoren werden sie verursacht und wie lassen sie sich vermeiden oder heilen? Davon wird in dem Buch noch viel die Rede sein.

Hier geht es zunächst um die generellen Fragen, nach welchen Regeln und Gesetzen eine normale Eltern-Kind-Beziehung entsteht und wie sich ihr enger Zusammenhalt erklären lässt. Erst durch ihre Beantwortung wird das Tor zur Lösung des Rätsels nach ihrer schicksalhaften und lebensumspannenden Bedeutung aufgestoßen. Warum sind wir noch als erwachsene Kinder über den Tod der Eltern hinaus mit ihnen verwurzelt und beschwören noch auf dem eigenen Sterbebett ihre inneren Bilder? Warum löst sich für Eltern erst am Ende ihres Lebens das Band zu ihren Kindern? Warum ist folglich für beide, für Kinder und Eltern, der Abschied unendlich, also in diesem Leben nicht möglich? Alle diese existenziellen Fragen münden in den Grundkonflikt zwischen Bindung und Freiheit in der Urgemeinschaft von Eltern und Kindern. Die schlüssigsten Antworten auf sie hat die Bindungsforschung geliefert. Mit der Frage »Wie entsteht Bindung überhaupt?« hat sie das erste und aufregendste Kapitel der Menschwerdung aufgeschlagen.

Maya ist erst neun Monate alt. Und doch ist der Kontakt zwischen ihr und den Eltern bereits von einer beeindruckenden Innigkeit und Intensität. Sie sind umso erstaunlicher, als sich Eltern ihr Kind nicht aussuchen, oft nicht einmal über die Schwangerschaft bewusst entscheiden können. Diese unfreiwillige Wahl ist einzigartig, weil im späteren Leben außerhalb des Verwandtschaftssystems alle tieferen Beziehungen, ob zu Partnern oder Freunden, in erster Linie auf dem Prinzip der Freiwilligkeit beruhen. Wie kann es also in so kurzer Zeit zu der vertrauten Beziehung zwischen Maya und ihren Eltern kommen? Wo liegen die Anfänge der elementarsten Beziehung unseres Lebens?

In der Mitte des vorigen Jahrhunderts begann die internationale Bindungsforschung durch Direktbeobachtungen von Eltern-Kind-Interaktionen und durch Experimente mit Säuglingen und Kleinkindern dieser Frage systematisch nachzugehen.[1] Ihr Begründer, der englische Psychoanalytiker und Kinderpsychiater John Bowlby, beschrieb fünf für den menschlichen Säugling artspezifische »Triebreaktionen«, die sein »bindungssuchendes Verhalten ausmachen, nämlich Saugen, Anklammern, Folgen, Schreien und Lächeln.«[2] Der Säugling sei kein undifferenziertes, nur auf Nahrungssättigung ausgerichtetes Wesen. Schon in den ersten Lebenswochen und -monaten komme es zu einer Ausreifung der fünf Reaktionen und zu ihrem komplexen Zusammenspiel, das die soziale Bindung zur Mutter aus dem angeborenen Bedürfnis nach Schutz, Sicherheit und Überleben herstelle.

Die bahnbrechende Erkenntnis von Bowlby bestand in der Erkenntnis, dass diese Reaktionen dazu dienen, das mütterliche Bindungsverhalten zu aktivieren. Erst dadurch kommt es zu der wechselseitigen Bindung. Das betrifft besonders das Schreien und Lächeln. »Ich glaube, dass sie beide Sozialauslöser für die mütterlichen Triebreaktionen sind.«[3]

Die Natur stellt uns immer wieder vor unfassbare Wunder. Dass nicht die Mutter, sondern das unreife Neugeborene selbst mit seinen primären Reaktionen des Schreiens und Lächelns die tiefste aller Bindungen begründet und die Ausgestaltung des Mutter-Kind-Bandes wesentlich mitbestimmt, dürfte zu den aufregendsten Erscheinungen im Bereich menschlicher Sozialbeziehungen gehören. Das Schreien und Lächeln als antinomische Kräfte der Kontaktsuche und als die elementaren Schlüsselreize für instinktive, phylogenetisch vorbereitete Formen der Zuwendung durch die Mutter erhalten sich in zahllosen Variationen und symbolischen Verschlüsselungen über die gesamte Lebensspanne. Deshalb alarmiert das Brüllen, Weinen, Wüten und Toben von kleinen und großen Kindern, auch von Erwachsenen, solange sie nicht zu einer quälenden Gewohnheit werden, unweigerlich unsere Hilfsimpulse, so wie ein freundliches und einnehmendes Wesen unsere Sympathie weckt.

Die Formen der mütterlichen Fürsorge bilden ihrerseits in allen Kulturen ein einheitliches Verhaltensrepertoire. Zu ihm gehören Füttern, Trockenlegen, In-den-Armen-Halten, Wiegen, Streicheln, Schmusen, Küssen, Anlächeln und die Sprache. Im direkten Kontakt mit dem Säugling wird diese automatisch seiner Hörfrequenz angepasst und liegt eine Oktave höher als bei normaler Tonlage. Die moderne Bindungsforschung stimmt darin überein, dass diese Verhaltensreaktionen der Mutter ebenfalls angeboren sind.[4] Bereits 1943 vertrat der Verhaltensforscher Konrad Lorenz die Auffassung, dass die menschliche »Brutpflege« durch eine Reihe von körperlichen Signalreizen des Kleinkindes ausgelöst werde:

1. im Verhältnis zum Rumpf großer Kopf,
2. im Verhältnis zum Gesichtsschädel stark überwiegender Hirnschädel mit vorgewölbter Stirn,
3. tief bis unter der Mitte des Gesamtschädels liegende große Augen,
4. kurze, dicke Extremitäten,
5. rundliche Körperformen,
6. weich-elastische Oberflächenbeschaffenheit,
7. runde, vorspringende Pausbacken.[5]

Der Verhaltensforscher Irenäus Eibl-Eibesfeldt beschreibt in diesem Zusammenhang die amüsante Geschichte der Mickey-Maus-Figur. Seit ihrer Entstehung um 1930 wurden deren Gesichtsausdruck und Körperproportionen bis 1980 von psychologischen Marktstrategen schrittweise dem typischen »Kindchenschema« als Auslöser für vorgebahnte Zuwendungsreaktionen angepasst. Die gleiche Verwandlung habe in der Vergangenheit bei Puppen und Teddybären stattgefunden.[6]

Eibl-Eibesfeldt gehört nicht nur zu den bekanntesten Tierverhaltensforschern, sondern gilt durch zahlreiche Vergleichsuntersuchungen von Natur- und Kulturvölkern auch als Begründer der Verhaltensforschung beim Menschen, der Humanethologie. Er spricht von allen Menschen gemeinsamen »Universalien« des Ausdrucks und ihrer Mitteilungsfähigkeit und von einer »Grammatik menschlichen Sozialverhaltens«, die phylogenetisch in der Menschheitsgeschichte fortentwickelt wurden und unsere erbbiologische Ausstattung bestimmten. Er ist davon überzeugt, dass die »Brutpflege« und das zwischen Eltern und Kind entstehende Bindungssystem wesentlich auf solchen Erbkonstanten beruht.

Nach dreißigjähriger Forschungsarbeit kommt das Psychologenehepaar Klaus und Karin Grossmann zu einer ergänzenden Begründung für das angeborene Bindungsprogramm zwischen Mutter und Kind. Die relative Unreife des menschlichen Neugeborenen in seinen physiologischen Funktionen und der Körpermotorik im Vergleich zu höher entwickelten Säugetieren macht es in seiner Hilflosigkeit sehr viel länger vom Schutz seiner Umwelt abhängig. Diese bekannte Tatsache erkläre seine längere und stärkere Angewiesenheit auf eine feste Bindung zu seinen primären Bezugspersonen und deren festgelegte Reaktionsbereitschaften.[7]

Heutige Bindungstheorien gehen, angelehnt an Ergebnisse der Pränatalforschung, von einer engen Mutter-Kind-Bindung bereits lange vor der Geburt aus. Durch somatographische Aufzeichnungen der Bewegungen des Fötus im Mutterleib, durch Abhören seiner Lautäußerungen und durch die Untersuchung von Stresshormonen (z. B. Cortisol) im fötalen Nabelschnurblut lässt sich die Wechselwirkung zwischen mütterlichem Befinden und Verhalten und den Reaktionen des Ungeborenen leicht nachweisen. Entspanntheit, Freude und Zuwendung der Mutter durch Sprechen, Singen und Streicheln des kindlichen Körpers in ihrem Bauch beruhigen den Fötus und führen bei ihm zu freudiger Erregung; mütterliche Belastungen, Ängste und mangelnde Zugewandtheit erzeugen bei ihm dagegen Unruhe und eine Erhöhung seiner Stresshormone. Dieser pränatale Dialog als Anfang der Mutter-Kind-Bindung ist das Samenkorn, das seine Wurzeln in beide hineinsenkt und seine Triebe in das gemeinsame Leben ausschlagen lässt.

2. »Ich liebe Dich!« – »Ich hab Dich auch lieb!« Psychologische Bindungsfaktoren

Die bekannte amerikanische Bindungsforscherin Mary Ainsworth hat das psychologisch positive Bindungsverhalten einer wichtigen Bezugsperson zum Kind unter dem Begriff der »Sensitivity« zusammengefasst. In der deutschsprachigen Bindungsforschung hat sich dafür die Übersetzung »Feinfühligkeit« durchgesetzt. Dieser etwas sperrige Ausdruck wird im Folgenden durch die synonym und breit eingeführten Begriffe »Empathie« oder »Einfühlung« ersetzt. Gemeint ist in allen Fällen die Bereitschaft und die Fähigkeit der Bindungsperson, sich auf die Bedürfnisse und das bindungssuchende Verhalten des Kindes so einzustellen, dass seine Spannungen und Ängste abgebaut werden und es Schmerzfreiheit, Schutz und Sicherheit findet. Dabei stehen diese angeborenen Motive gleichrangig zu seinen Bedürfnissen nach Sättigung, Trockenlegen und Schlaf.

Indem die Mutter (oder der Vater) die durch Lautäußerungen, Mimik oder Gestik ausgedrückten Signale des Säuglings richtig aufnimmt und versteht und durch Fütterung, zärtliche Beruhigung oder Tröstung beantwortet, wird sie für ihn zu einer verlässlichen »Sicherheitsbasis«. Diese, wie wir sahen, genetisch vorgebahnten Interaktionen sind von wechselseitig starken Emotionen begleitet und stimulieren beim Kind die Weiterentwicklung seines affektiven Ausdrucksverhaltens. Wenn dieser interaktive Dialog gelingt, setzt bei Mutter und Kind das Gefühl einer sicheren Bindung ein. Erikson bezeichnete diesen Zustand beim Kind als »Urvertrauen«, das beim Misslingen des Dialogs zum »Urmisstrauen« führen könne. Winnicott sprach in diesem Zusammenhang von »holding«, dem Gefühl, von der Mutter gehalten zu werden und Geborgenheit zu finden. Eine »good enough mothering«, eine ausreichend gute Bemutterung, sei die Voraussetzung für eine stabile Bindung. Die Begriffsvielfalt zeigt die Bemühung von Bindungstheoretikern, Psychologen und Psychoanalytikern, die subtilen Vorgänge bei der frühen Feinabstimmung der Interaktionen im Bindungsprozess möglichst lebensnah zu beschreiben.

Die uns immer wieder in Staunen versetzende Tiefe der Bindung entsteht jedoch erst über die weiteren Stufen der Entwicklung. Etwa ab der zweiten Hälfte des ersten Lebensjahrs beginnt das Krabbelalter. In dieser Zeit beginnt der Säugling mit seiner ausgreifenden Motorik, die Umwelt immer aktiver zu erforschen. Dabei muss er sich aus der engen Nähe zur Mutter befreien, wie wir es bei Maya eindrucksvoll erlebt haben. Mit der Entfernung muss er aber auch die dabei auftretende Trennungsangst ertragen. Jeden Tag wagt es sich ein paar Schritte weiter fort, um danach in den sicheren Hafen zurückzukehren. Die Bindungsforschung spricht hierbei von einem »Explorationsverhaltenssystem«, also von angeborenen Motiven der Umwelterkundung, die für die Autonomiegewinnung unentbehrlich ist. Die Psychoanalytikerin Margaret Mahler und ihre Mitarbeiter beschreiben nach gründlichen Direktbeobachtungen von Säuglingen und Kleinkindern im Umgang mit ihren Müttern diesen Prozess als einen Wechsel von »Trennung, Wiederannäherung und Individuation«.

Die Aufgabe der Mutter oder anderer naher Bindungspersonen besteht in dieser Phase darin, sich in die wechselnden Bedürfnisse des Kindes einzufühlen. Man muss das Kind halten und ihm Sicherheit vermitteln, wenn es Schutz und Geborgenheit sucht; man muss es zu seiner Welteroberung und seiner Selbstvergewisserung über seine gewachsenen Fähigkeiten freigeben können, aber es auch bei seinem glücklichen Zurückkommen wieder freundlich auffangen. Dieser Wechsel von Symbiose- und Individuationsbedürfnissen erfordert von der Mutter ein hohes Maß an Empathie und einen flexiblen Umgang mit der eigenen Bedürfnislage.

Die Bindungsforschung formuliert diesen Zusammenhang so: »Die Verhaltenssysteme von Bindung und Exploration werden als getrennte, jedoch integrale und sich ergänzende Systeme betrachtet, weil beide in einem weiteren verhaltensbiologischen und ontogenetischen Rahmen für die Anpassung an bestimmte Lebensgegebenheiten zusammenwirken.«[8] Die Psychoanalyse betont stärker die Gefühlsvielfalt, die bei diesem Prozess zwischen Mutter und Kind ausgetauscht wird. Beide Ansätze stimmen jedoch darin überein, dass nur die Gewissheit des Kindes, zwischen Nähe und Ablösung wählen zu können, ihm auch das Gefühl einer sicheren Bindung gibt.

In einem weiteren Entwicklungsprozess wird Bindung durch Sprache und die Fähigkeit zur Symbolbildung gefestigt. Sie gehören neben Weltoffenheit, Einsicht, Erkenntnis, Lernen, Erinnerung, der Fähigkeit zur Reflektion und Selbstkontrolle, künstlerischer, technischer und handwerk-

19

licher Kreativität und der Begründung einer Moral zu den glücklichen Neuerwerbungen des Menschen, die seinen Reichtum gegenüber dem Tierreich ausmacht. Die Entwicklung der Sprache und Symbolbildung gehen Hand in Hand. Erst durch die sprachliche Vermittlung lernt das Kind Bedeutungszusammenhänge auf einem höheren geistigen Niveau durch Symbolisierung zu begreifen. So stellt ein Bauklotz ein Haus dar, mehrere Bauklötze bilden aufeinandergeschichtet eine Mauer, viele Bauklötze nebeneinandergestellt werden zu einer Stadt, und wenn ein Bauklotz herumgeschoben wird, verwandelt er sich in ein Auto.

Unser Leben ist voll von Symbolen, deren sinnbildlicher Charakter uns die Komplexität materieller, psychologischer und geistiger Zusammenhänge erschließt. Wenn ein Kind gelernt hat »Mama« und »Papa« zu sagen und mit seinen ersten Kritzelzeichnungen beide aufs Papier bannt, so erzeugen die sprachliche und bildliche Ausdruckskraft beider Worte eine Verdichtung aller mütterlichen und väterlichen Aspekte. Durch diesen Vorgang verwandelt das Symbol die Mutter und den Vater von der äußeren Person zu einem komplexen Sinnbild innerer Erfahrung, das mit starken emotionalen Besetzungen aufgeladen wird. Diese sind es, die die innere Bindung an das mütterliche und väterliche Objekt auf einer tieferen kommunikativen Ebene verankern. Die Psychoanalyse spricht in diesem Zusammenhang von »Introjektion« oder »Internalisierung«, das bedeutet die Verinnerlichung des Objekts, das fortan als innere »Objektrepräsentanz« die Selbstregulierung des Subjekts in wesentlichen Bereichen steuert und unterstützt. Dieser Verwandlungsprozess wäre ohne die symbolische Übersetzung der realen Elternfigur nicht möglich.

Je mehr das Kind seine Sprachfähigkeit entfaltet und mit seinen wachsenden Erfahrungen verbindet, umso abstraktere Dinge lernt es zu verstehen, zu formulieren und zu kommunizieren. Für die weitere Bindung an seine nahen

Bezugspersonen spielt dabei die Koppelung an affektive Vorgänge eine entscheidende Rolle. Zum Beispiel steht der abstrakte Begriff »Liebe« für die Summe aller als positiv erlebten Gefühle, mit denen man sich zu einem anderen Menschen hingezogen fühlt. Der Satz der Mutter »Ich liebe Dich« vermittelt dem Kind ihre ganze Behutsamkeit, Zärtlichkeit und Sorgfalt und das sichere Gefühl, von ihr akzeptiert und angenommen zu sein. Sobald es diesen Satz zurückgeben kann »Ich hab Dich auch ganz lieb«, drückt es damit nicht nur seine eigenen glücklichen Empfindungen aus, sondern gibt der Mutter die Bestätigung, dass ihre Gefühle von dem Kind verstanden und erwidert werden. Durch einen solchen Dialog entstehen feste emotionale Bindestrukturen, die beiden, Mutter und Kind, die Sicherheit der engen Zusammengehörigkeit verleihen.

3. Väter lieben anders

Noch bis in die letzten Jahrzehnte des vorigen Jahrhunderts beherrschten in den Humanwissenschaften Untersuchungen über die Mutter-Kind-Beziehung das wissenschaftliche Terrain. Durch sie wurde im öffentlichen Bewusstsein die Auffassung von der fast ausschließlichen Zuständigkeit der Mutter für das Wohl und Wehe der Kinder verbreitet. Damit griffen Schuldzuschreibungen um sich, unter deren Belastungen ganze Frauengenerationen zu leiden hatten. Dieses Unrecht wurde erst korrigiert, als die Rolle des Vaters im Erziehungsprozess ein angemessenes Interesse fand. Seit dieser Zeit belegen zahlreiche Studien seine wichtige Funktion für die kognitive, psychische und soziale Entwicklung der Kinder. Heute würde kein Psychologe mehr die gleichrangige und komplementäre, sich wechselseitig ergänzende Bedeutung von Mutter und Vater für den kindlichen Reifungsprozess bestreiten.

Dieser Erkenntnisforschritt schließt Differenzierungen nicht aus. Sie lassen sich an zwei Ansätzen verdeutlichen, dem der Bindungsforschung und dem der psychoanalytischen Familientheorie. Die Bindungsforschung geht von der realistischen und soziologisch immer wieder bestätigten Tatsache aus, dass sich Väter in der Regel erst mit Beginn des Spielalters etwa ab Beginn des zweiten Lebensjahres intensiver mit ihren Kindern beschäftigen. Sie nehmen heute zwar häufiger an der Geburtsvorbereitung teil, sind bei der Geburt anwesend und beteiligen sich an der Pflege des Säuglings. Aber dessen umfassende Fürsorge liegt in diesem Zeitraum überwiegend in Händen der Mutter. Der Grund dafür ist nicht nur äußerlich und liegt in der durchschnittlich größeren zeitlichen Beanspruchung des Vaters durch den Beruf. Viele Befunde sprechen dafür, dass Mütter und Väter ein genetisch unterschiedliches Verhaltensrepertoire im Umgang mit dem Kind gespeichert haben. Danach sind Mütter stärker bindungsorientiert und Väter stärker explorationsorientiert. Die Zweifler an solchen biologisch determinierten Verhaltensmustern lassen sich vielleicht durch ein anderes wissenschaftlich gesichertes und erstaunliches Ergebnis überzeugen: Das Neugeborene seinerseits aktiviert in höherem Maße das Bindungsverhaltenssystem der Mutter als das des Vaters, während es sich im reiferen Stadium mit seinen Erkundungsbedürfnissen mehr an den Vater wendet. Auch hier kann man sich wieder nicht der Faszination über die Fähigkeit des heranwachsenden Säuglings entziehen, selbstständig ein harmonisches Gleichgewicht zwischen seinen widerstrebenden Bedürfnissen herzustellen, indem er die Reaktionsbereitschaft der Eltern gezielt für sich nutzt.

Durch diese Fähigkeit gewinnt das Kind den Vater als zentrale Person für sich, die ihm über die zahllosen Varianten des Spiels die Welt erschließt. Das Spiel eröffnet dem Kind in konkreter und symbolischer Form Handlungsspielräume, in denen es seinen Erkundungsdrang in nahezu unbegrenzter Form entwickeln und befriedigen kann. Dazu braucht es einen Partner, der es zum Spielen anregt und ermutigt. Die Spielforschung hat inzwischen eindeutig das unterschiedliche Spielverhalten von Müttern und Vätern nachgewiesen. Mütter bevorzugen in der Regel ruhige Spiele – mit Puppen oder Stofftieren, sie betrachten mit den Kindern Bilderbücher, lesen ihnen Geschichten vor, singen mit ihnen und vor allem sprechen sie viel zusammen. Väter dagegen bevorzugen motorische Spiele. Sie toben mit den Kindern rum, balgen sich, lieben Ballspiele, klettern gemeinsam auf Bäume, rennen um die Wette und führen ihre Kinder in die ersten Sportarten ein. Väter ermöglichen ihren Kindern stärker als Mütter dadurch die Eroberung der Welt, ermutigen sie dabei zu Risiko und Abenteuer, vermitteln aber auch die Regeln, Grenzen und Werte, die es im sozialen Raum zu beachten gilt.

Die Bindungsforschung spricht in diesem Zusammenhang von der »Spielfeinfühligkeit« des Vaters. Nur wenn er sich auf die jeweiligen Spielbedürfnisse der Kinder einstellt, sie dabei herausfordert, ohne sie zu zwingen oder zu überfordern, sie in ihren Erfolgen bestätigt, statt sie in ihrer Ängstlichkeit oder ihren Misserfolgen zu kritisieren oder sie gar dafür zu bestrafen, weckt er das kindliche Interesse, die Neugier und den Mut zu neuen Entwicklungsschritten. Dadurch regt er das Kind schrittweise auch zur praktischen Bewältigung von Lebensaufgaben an. Seine Spielfreudigkeit und sachorientierte Kooperation mit dem Kind schaffen, soweit sie auch von einer emotionalen Verbundenheit getragen sind, in diesem das Vertrauen in eine sichere Bindung, weil es sich vom Vater auf seinem Weg ins Leben gefördert, geschätzt und beschützt fühlt.

Die psychoanalytische Familientheorie stützt sich auf einen anderen Ansatz zum Verständnis der Vater-Kind-Beziehung. Wie wir sahen, gerät das Kleinkind schon im Laufe des ersten Lebensjahres in den unvermeidbaren Konflikt zwischen seinen schutzsuchenden Anlehnungsbedürfnissen an die Mutter und seinen Ablösungswünschen. Die in diesem Konflikt zwischen Symbiose und Individuation aufbrechenden Trennungsängste können seine Autonomiebestrebungen blockieren und es regressiv an die Mutter fixieren. Die bahnbrechende Entdeckung der Kleinkindbeobachtung war die Bedeutung des Vaters in diesem für das Kind existenziellen Konflikt zwischen Bindung und Freiheit. Er bildet den Dritten im Bunde, an den es sich anlehnen kann, der seine Trennungsangst abpuffert und ihm die langsame Ablösung von der Mutter erleichtert.

In der Fachsprache hat sich zur Kennzeichnung dieses komplexen Vorgangs der Begriff der »Triangulierung« durchgesetzt. Erst die Dreiecksbildung Mutter-Vater-Kind befreit Letzteres aus der frühen Abhängigkeit von der Mutter und unterstützt seine Suche nach Autonomie. Das Dreieck begründet zugleich das Familiensystem. Seine Kohäsion basiert auf offiziellen Regeln des Zusammenlebens und auf verinnerlichten Gesetzen wie wechselseitige Loyalität und Gerechtigkeit. Diese Regeln und Gesetze garantieren die Stabilität des Systems und entfalten für alle Beteiligten zusätzliche Bindekräfte, die die Einzelbindungen zwischen Mutter-Kind und Vater-Kind noch einmal um eine neue Dimension vertiefen. Die schwierige Aufgabe des Kindes und des späteren Jugendlichen und Heranwachsenden, das sei hier im Vorgriff auf spätere Überlegungen angemerkt, besteht also nicht nur darin, sich von der Mutter abzulösen. In einem zweiten Schritt muss auch die Ablösung vom Vater erfolgen und schließlich von der Familie mit all ihren verinnerlichten Werten von Loyalität, Gerechtigkeit, Verpflichtung und Verantwortung. Diese Aufgabe zu bewältigen, setzt ein hohes Maß an früh gewonnener Selbstständigkeit und Selbstbewusstsein voraus.

Auf den Vater bezogen, ergänzen sich die Erfahrungen

der Bindungsforschung und der Familientheorie in idealer Weise und lassen keinen Zweifel mehr an seiner eminenten und der Mutter gleichwertigen Rolle als Bindungsperson von frühester Kindheit an. Das soll hier nochmals betont werden, weil sich in breiten Bevölkerungsschichten, bei Frauen und Männern, bis heute das stereotype Vorurteil gehalten hat, der Vater sei, wenn überhaupt, erst ab der späten Kindheit für das Kind von Bedeutung, und die Bindung an ihn wesentlich lockerer als zur Mutter. Dagegen ermöglichen erst die sich ergänzenden Bindungen an beide Eltern eine Entwicklung, bei der das Kind seine Ressourcen ausschöpfen und ein stabiles Selbstkonzept aufbauen kann. Allerdings gibt es wichtige Unterschiede in der Bindungsstruktur zur Mutter und zum Vater. Sie führen zu sehr überraschenden Schlussfolgerungen, die mir zur Diskussion im Teil »Eltern und erwachsene Kinder« geeigneter erscheinen.

4. Elternbindung bis zum jungen Erwachsenenalter

Das wichtigste und in allen nationalen und internationalen Studien übereinstimmende Ergebnis der modernen Bindungsforschung ist von einer Eindringlichkeit, die heute keinen Zweifel an dem lebensbestimmenden Einfluss und an der Tiefe der frühen Eltern-Kind-Bindung zwischen Geburt und drittem Lebensjahr mehr zulässt.

Die Tatsache an sich ist nicht neu und gehört inzwischen zum allgemeinen Kenntnisstand, seit in der Nachfolge von Sigmund Freud Generationen von Kinderanalytikern, Frauen und Männern, bei ihren Beobachtungen von Säuglingen und Kleinkindern in Krankenhäusern, Heimen oder Flüchtlingslagern und bei ihren Behandlungen von Kindern und Jugendlichen die zentrale Bedeutung der Eltern in der frühen Kindheit immer wieder bestätigt gefunden haben. Die grundlegenden Erkenntnisse sind besonders mit den Namen von John Bowlby, Dorothy Burlingham, Erik H. Erikson, Anna Freud, Melanie Klein, Margaret Mahler, René A. Spitz, Daniel Stern, D. W. Winnicott und Nelly Wolfheim verbunden. Ihre Befunde wurden jedoch oftmals mit den Argumenten in Frage gestellt, die beobachteten und behandelten Gruppen bildeten nur Extremsituationen ab und seien deshalb für die Normalbevölkerung nicht repräsentativ.

Daher gehört es zu einem besonderen Verdienst der Bindungsforschung, einen anderen Weg eingeschlagen zu haben. Sie untersucht die Bindungsqualität zwischen Eltern und Kindern, die nicht aus Risikogruppen stammen, kurz nach der Geburt und wiederholt die Untersuchung an den gleichen Personen in unterschiedlich langen Zeitabständen bis ins junge Erwachsenenalter. Gleichzeitig wird bei jeder erneuten Untersuchung der Entwicklungsstand des heranwachsenden Kindes überprüft, wie Spielverhalten, Sprachentwicklung, Kontaktverhalten, Leistungsfähigkeit und -motivation, Selbstständigkeit und Selbstsicherheit, planerisches Denken, soziale Bewährung und Einstellungen und Erfahrungen zu Partnerschaft und Sexualität.

Diese entwicklungspsychologischen Daten lassen sich anschließend leicht mit dem jeweils vorliegenden Bindungsmuster der einzelnen Eltern-Kind-Paare vergleichen. In aufwendigen Studien hat die Bindungsforschung vier vorherrschende Bindungsmuster herausgearbeitet: sicher, unsicher-vermeidend, unsicher-ambivalent und desorganisiert. Jedes Muster drückt ein charakteristisches Bindungsverhalten des Kindes in Abhängigkeit vom Grad der elterlichen Einfühlungsfähigkeit und Kooperationsbereitschaft aus. In der Literatur wird zur Vereinfachung oft nur zwischen sicherer, unsicherer und desorganisierter Bindung unterschieden.

Zu den überzeugendsten Ergebnissen der umfangreichen

Studien gehört nicht die nahe liegende Tatsache, dass Eltern von sicher gebundenen Kindern über ein hohes Maß an Empathie, emotionaler Wärme und spielerischem Erkundungsreichtum verfügen. Entscheidender ist der signifikante Befund, nach dem eine sichere oder unsichere Bindung in früher Kindheit in eindeutigem Zusammenhang mit der späteren seelischen, geistigen und sozialen Entwicklung eines Menschen über den gesamten Lebenslauf steht. Auf eine einfache Formel gebracht lässt sich der Zusammenhang so beschreiben: Die meisten sicher gebundenen Kinder bewältigen die Entwicklungsaufgaben in den verschiedenen Lebensabschnitten ohne größere Schwierigkeiten; unsicher oder desorganisiert gebundene Kinder zeigen dagegen, abhängig vom Grad der Unsicherheit, deutliche Defizite im psychosozialen und psychosexuellen Reifungsprozess und in der Beziehungs- und Bindungsfähigkeit zu ihnen nahe stehenden Personen. Diese Spuren einer frühen unsicheren Bindung lassen sich bis ins Erwachsenenalter verfolgen.

Diese Erkenntnisse bekommen erst auf dem Hintergrund folgender Überlegungen ihr eigentliches Gewicht. Jedes Kind, jeder Jugendliche, jeder Heranwachsende und junge Erwachsene steht bei seinem Schritt zu einer weiteren Stufe seines Lebens vor neuen, hochkomplexen Entwicklungsaufgaben. Zu deren Bewältigung bringt er nicht nur die Bindungserfahrungen mit seinen Eltern und sein eigenes, ihm angeborenes Potenzial an Temperament, Aussehen, Intelligenz, Begabung und Talenten mit. Er gerät auch außerhalb der Familie in ein weit verzweigtes Netzwerk von Gleichaltrigen, Freunden, Erwachsenen und Partnern, von denen er sich unter günstigen Bedingungen aufgefangen, gefördert und geschützt fühlen kann, indem er sich mit ihnen verbündet, an sie bindet, sie als Vorbild nimmt und von einzelnen geliebt wird. Außerdem spielen die ihn prägenden sozialen Verhältnisse für seine Entwicklung eine wichtige Rolle.

Von allen diesen vielfältigen Einflussfaktoren könnte

man annehmen, dass sie die »internalen Arbeitsmodelle« (Bowlby), das heißt das Selbstkonzept bei der Wahrnehmung der Innenwelt und der Steuerung der Beziehungen zur Außenwelt unabhängig von der Qualität der frühen Elternbindung entscheidend mitgestalten. Die zitierten Befunde der Bindungsforschung sprechen jedoch, wenn auch mit einigen Einschränkungen, gegen diese Annahme. Wenn sichere Bindungen eine erfolgreiche Bewältigung der Entwicklungsaufgaben gewährleisten, während unsichere sie außerordentlich erschweren oder gefährden können, scheinen die Korrekturmöglichkeiten durch elternunabhängige Erfahrungen sehr eingeschränkt zu sein.

Dennoch sieht die Bindungsforschung eine Hoffnung bei den Eltern selbst oder bei Ersatzpersonen, die eine unsichere Bindung an die Eltern durch eine sichere Bindung ausgleichen. Eltern, so zeigen die Ergebnisse, können durch eine veränderte Einstellung zum Kind die Qualität der Bindung und damit auch seine Bewährung im Leben positiv beeinflussen. Das Gleiche gilt für fürsorgliche und selbst bindungsfähige Ersatzpersonen und im späteren Leben auch für Partner und Freunde.

Dass die Qualität der Elternbindung nicht allein über die weitere Lebensbewältigung entscheidet, hatte bereits Bowlby früh erkannt und in den schlichten Satz gekleidet: »Menschen jeden Alters wirken am glücklichsten und nutzen ihre Begabungen auf die vorteilhafteste Weise, wenn sie die Gewissheit haben, dass mindestens eine Person hinter ihnen steht, die ihr Vertrauen besitzt und ihnen zu Hilfe kommt, falls sich Schwierigkeiten ergeben.«[9]

Den weitreichenden Folgen primär unsicherer Bindungen und den begrenzten Möglichkeiten zu einer positiven Korrektur steht der Verlauf bei sicheren Bindungen gegenüber. Auch sie lassen sich nicht deterministisch als statische Gebilde auffassen. Wie Längsschnittuntersuchungen über lange Zeiträume zeigen, kommt es in der Pubertät durch die

Umbrüche und Identitätskrisen in dieser Zeit bei vielen Jugendlichen zu einer vorübergehenden Verunsicherung in ihrem Bindungsverhalten zu den Eltern. Ernsthafter sind schwere Belastungen oder traumatische Ereignisse in den späteren Phasen der Entwicklung zu bewerten. Sie können die Tragfähigkeit der sicheren Bindung völlig außer Kraft setzen. Dadurch werden von den Betroffenen die anstehenden Entwicklungsaufgaben oftmals nicht mehr ausreichend bewältigt, und die Gefahren einer psychischen Erkrankung nehmen zu.

In diesen Fällen und bei den komplizierten Entwicklungsverläufen nach unsicheren Bindungserfahrungen können oft nur noch Therapeuten die Funktion einer »Sicherheitsbasis« übernehmen. Durch Rekonstruktion und Durcharbeitung seiner Geschichte verhelfen sie dem Patienten zu einer Neuorganisation seiner Binnenstruktur und zur Korrektur seiner Fremdwahrnehmung. Dieser Heilungsprozess erfolgt in der Regel über Narrative. Indem der Patient über sich und seine Erfahrungen mit den Eltern erzählt, gestaltet er Geschichten, in denen sich Gedanken, Gefühlserinnerungen und konkret Erlebtes zu einem Gesamtbild zusammenfügen, aus dem sich sein Selbstbild und sein Fremdbild erschließen lassen. Da Erinnerung und Gedächtnis jedoch trügerisch sind und oftmals durch die Beschreibung Dritter eingefärbt oder gänzlich verfälscht werden, ist es die Aufgabe des Therapeuten, aus dem Narrativ Realität und Phantasie auf ihre Wahrscheinlichkeit zu prüfen und Vergangenes im Spiegel der Gegenwart zu betrachten. Dadurch kann der Patient seine Erzählung in einen anderen Bedeutungszusammenhang umschreiben und zu einer Neubewertung und Korrektur seines Erlebens und Verhaltens gelangen.

An dieser Stelle sei noch ein Befund der Bindungsforschung genannt, der im Kontext des Buches von einiger Bedeutung ist. In umfangreichen amerikanischen Studien wurden Eltern in ihrem Bindungsverhalten im ersten Lebensjahr ihres Kindes beobachtet und in die vier genannten Kategorien von sicher bis desorganisiert eingeteilt. In einem aufwendigen Interviewverfahren wurden anschließend ihre Berichte über ihre eigenen Bindungserfahrungen mit den Eltern in der Kindheit aufgezeichnet. Die Auswertung ergab eine überraschend hohe Übereinstimmung zwischen den eigenen Bindungserfahrungen der Eltern und dem Bindungsverhalten, das sie ihren Kindern gegenüber zeigten. Das bedeutet, sicher gebundene Kinder genießen in der Regel den unschätzbaren emotionalen Reichtum von in der Frühkindheit sicher gebundenen Eltern; unsicher gebundene Kinder tragen dagegen die Last einer mangelnden Bemutterung oder Bevaterung, die die Eltern als Erbe ihrer eigenen Ungeliebtheit an ihre Kinder weitergeben.

In diesem Zusammenhang spricht man von einer »transgenerationalen Weitergabe« von Erfahrungen, durch die mehrere Generationen, ob in positivem oder negativem Sinn, zeitlebens aneinander gebunden bleiben. Die Zwangsläufigkeit und Unabänderlichkeit, mit denen dies geschieht, sind ein weiteres Indiz für die These des Buches, dass der Abschied vom Elternhaus unendlich ist.

Eine Kritik an der Bindungsforschung besteht darin, dass sie in ihren Längsschnittstudien die Langzeitwirkung von Eltern-Kind-Bindungen schwerpunktmäßig von den Bindungsmustern ableitet, die im ersten oder in den ersten drei Lebensjahren angelegt werden. Darin erweist sie der Psychoanalyse eine Referenz, die ebenfalls von der Bedeutung dieser Phase für den gesamten Lebensaufbau ausgeht. Damit verkürzen beide Wissenschaften die komplexen Bedingungen der Menschwerdung auf einen kurzen, wenn auch elementaren Zeitraum. So wurde bisher die Frage viel zu wenig untersucht, welche Faktoren ab dem dritten Lebensjahr das Bindungsgeschehen zwischen Eltern und Kind bestimmen, und wie es sich von den frühen Bindungsmustern unterscheidet. Dazu einige abschließende Überlegungen.

Die Qualität des Bindungsverhaltens, das Eltern in den ersten drei Lebensjahren zu ihren Kindern entwickeln, ist Ausdruck ihres Gesamtcharakters. Eine sichere Bindung können sie nur anbieten, wenn sie selbst über ein ausreichendes Maß an Empathiefähigkeit und eigener psychischer Stabilität verfügen. Diese Merkmale kommen aber nicht nur in der Frühphase der Entwicklung zum Tragen. In der Regel ist davon auszugehen, dass solche Eltern ihre Kinder auch späterhin mit einer vergleichbaren emotionalen Gestimmtheit und Verlässlichkeit begleiten und sie nach allen ihnen zur Verfügung stehenden Kräften fördern. Auf diese Weise bieten sie dem Kind bis ins junge Erwachsenenalter hinein weiterhin einen Schutz- und Schonraum, in dem es ungestört seine Kräfte ausbilden kann. Dadurch werden aber auch die frühen Bindungserfahrungen dauerhaft wiederholt, altersgemäß verstärkt und gefestigt. Erst aus diesem Blickwinkel erscheinen die geschilderten Späteffekte plausibel. Die lange Kontinuität der Bindung trägt nachhaltig zur Ausformung der verinnerlichten Elternbilder und zur Unauflösbarkeit der Bindung bei.

Das gleiche Ergebnis, leider nur mit umgekehrten Vorzeichen, ist bei unsicheren Bindungen in der Frühkindheit zu erwarten. Wenn das elterliche Bindungsverhalten nicht durch besonders günstige Umstände positiv verändert wird, werden diese Eltern wegen ihrer eigenen seelischen Defizite und Probleme ihren Kindern auch späterhin nicht die notwendige emotionale Unterstützung geben können. Die Störungen in der Beziehung wirken weiter, wiederholen sich und die mangelnde Präsenz, Anteilnahme und Fürsorge verfestigen sich zu einer Grunderfahrung von Distanz und Entfremdung.

Aber die fehlende Nähe bedeutet nicht, dass man sich von solchen Eltern leichter ablösen kann. Auch sie werden für immer als ambivalent besetzte Elternbilder verinnerlicht, weil neben allen Enttäuschungen die brennende Sehnsucht bestehen bleibt, eines Tages doch noch von ihnen die immer erwartete und nie erfüllte Liebe zu bekommen. Unsichere Bindungen sind keine Nicht-Bindungen, sondern im Gegenteil besonders komplizierte Bindungen, die zur unerschöpflichen Quelle aller späteren Eltern-Kind-Konflikte werden.

Aber auch mit dieser Ableitung der Späteffekte einer langen, weit über die Kindheit hinausreichenden Eltern-Kind-Bindung ist kein Gesetz formuliert. Jeder Determinismus in der komplexen Welt menschlicher Beziehungen wirft mehr Fragen auf, als er zu beantworten vorgibt. In der Bindungsforschung blieb bisher die Wirkung von Bindungen jenseits der drei ersten Lebensjahre wahrscheinlich deswegen unberücksichtigt, weil sich damit eine neue Fragestellung auftun würde. Die akademische und psychoanalytische Entwicklungspsychologie haben detaillierte Kenntnisse über die Entwicklungsschritte von der frühesten Kindheit bis zur Adoleszenz erarbeitet. Dazu gehört auch der Ablösungsprozess von den Eltern, auf den in den folgenden Kapiteln einzugehen sein wird. Dagegen ist unser Wissen über die Entwicklungsaufgaben des Erwachsenen noch sehr spärlich. Tatsächlich stehen aber auch Erwachsene, soweit man hier allein die Perspektive der Eltern-Kind-Beziehung wählt, vor ständig neuen Aufgaben, die sich mit jedem Alter ihrer heranwachsenden Kinder verändern. Nicht nur Kinder müssen sich den wachsenden Anforderungen einer mit zunehmendem Alter komplizierter werdenden Welt anpassen. Auch Eltern durchlaufen einen Anpassungsprozess an die sich wandelnden Bedingungen kindlichen Wachstums. Von der Art, wie sie diese Aufgaben bewältigen, hängt das künftige Schicksal der Eltern-Kind-Beziehung vermutlich ebenso stark ab wie von der Qualität der Bindung in den ersten drei Lebensjahren. Aber dieser Zusammenhang ist bisher zu wenig untersucht, weil er einen ungeahnten Forschungsaufwand notwendig machen würde. Daher muss die Annahme von einer Kontinuität der Bindungsqualität über das dritte

Lebensjahr hinaus, wie oben beschrieben, mit Einschränkungen versehen werden. Fest steht nur, dass die Eltern-Kind-Bindung, ob sicher oder unsicher, ob kontinuierlich oder sich verändernd, die prägendste Erfahrung unseres Lebens bleibt.

II. Eltern müssen den Kindern die Freiheit geben

1. »Halt mich fest – lass mich los!« Die ersten Schritte zur Autonomie

Das Leben will nicht nur Bindung, das Leben will auch Freiheit. Freiheit wie Bindung gehören zu den grundlegenden erbgeschichtlich verankerten Motivsystemen im Menschen. Nur in der Dialektik von Bindung und Freiheit entfaltet sich menschliche Existenz.

Der schillernde Freiheitsbegriff in seiner philosophischen, theologischen oder politisch-sozialen Dimension soll hier nicht diskutiert werden. Im thematischen Zusammenhang des Buches wird jedem Leser die Beschränkung auf folgende psychologische Definition einleuchten: Freiheit bezeichnet innerhalb des vorgegebenen Rahmens von familiärer Bindung und gesellschaftlicher Verantwortung die Möglichkeiten jedes einzelnen, seine Fähigkeiten optimal zu nutzen und über seine Lebensziele, Wertsetzungen und zwischenmenschlichen Beziehungen selbstständig zu entscheiden. In diesem Sinne ist Freiheit ein Grundrecht jedes Menschen und korrespondiert in wesentlichen Zügen mit den allgemeinen Menschenrechten.

Die Aufgabe der Eltern, dem Kind diese Möglichkeiten zu eröffnen und mit dem Widerspruch zwischen Bindung und Freiheit sensibel, tolerant und verantwortlich umzugehen, gehört zu den schwersten Herausforderungen der Erziehung. Denn eine Auflösung des Widerspruchs gibt es nicht. Die einzige Lösung besteht in der Versöhnung mit ihm.

Das Abenteuer, das Risiko der Freiheit und damit die erste Manifestation des Widerspruchs beginnt mit der Geburt.

Wenn der Fötus das notwendige Reifestadium erreicht hat, wird er von dem mütterlichen Organismus »in die Welt geworfen«. Diese philosophische Metapher ist mit Bedacht gewählt. Sie verweist auf den Umstand, dass der Mensch durch das Verlassen der uterinen Geborgenheit und der absoluten Einheit mit der Mutter zur Freiheit verurteilt ist, lange bevor es durch eigene Motive zu ihr getrieben wird.

Die Psychoanalyse hat viele Diskurse über die bis heute unbeantwortete Frage geführt, ob es ein »Trauma der Geburt« gibt, das sich durch den schmerzhaften Geburtsvorgang, vordringlich aber durch die erste Erfahrung der Trennung von der Mutter begründen lässt. Zu diesem »Trauma« gehört das Durchschneiden der Nabelschnur als definitive Trennungszäsur, als letzter Akt der Ent-Bindung, mit dem die Freiheit beginnt. Die Geburt als ambivalentes Ereignis. Davon spricht die Nabelschnur als Symbol ewiger Bindung, davon erzählt das auf die Geburt bezogene biblische Bild der »Vertreibung aus dem Paradies«, davon handelt die Redewendung »das Kind erblickt das Licht der Welt« – drei Chiffren, die den Übergang von der Bindung zur Freiheit markieren.

Ob für das Kind die Initiation ins Leben ein Trauma darstellt, ist ungewiss. Von der Mutter wissen wir mehr. Auch sie erleidet bei der Geburt die gleichen Schmerzen wie das Kind, den körperlichen Schmerz und den seelischen Schmerz der Trennung. Dieser gemeinsame und zeitgleiche Schmerz verbindet Mutter und Kind auf der Schwelle zwischen Bindung und Freiheit noch einmal in einer Intensität, in der für Dorothee Sölle eine lebensbejahende Schöpfungskraft wirkt. »Der Schmerz der Frauen bei der Geburt ist Schmerz zum Leben.«[10] In dieser Erfahrung gründet der Schöpfungsmythos, den jede Mutter in der Gewissheit ihrer lebensspendenden Fähigkeiten in sich trägt. Er dürfte auf einer archaischen Erlebnisebene an der Tiefe und Unauflösbarkeit der Mutter-Kind-Bindung einen wesentlichen Anteil haben.

Die psychosomatische Medizin geht davon aus, dass vielen übertragenen Schwangerschaften der unbewusste Wunsch der Mutter zugrunde liegt, das Kind so lange wie möglich in sich behalten zu wollen, es nicht freigeben zu können. Der Befund korrespondiert mit der Erfahrung, dass viele Mütter die Schwangerschaft als die »glücklichste Zeit« ihres Lebens erinnern. Dieses Glückserleben kehrt in dem Wunsch zahlreicher Frauen nach einer »ganzen Schar von Kindern« wieder. In der Realität trifft man bei Müttern mit mehreren Kindern nicht selten als treibendes Motiv für den Kinderreichtum auf das dranghafte Bedürfnis nach Wiederholung des Schwangerschaftserlebnisses und der frühen Einheit mit dem Neugeborenen. In der kinderpsychiatrischen und psychotherapeutischen Praxis begegnet man daher nicht selten Müttern, die nach dem glücklichen Stadium der Geburt und der Frühkindheit in große Schwierigkeiten geraten, sobald das Kind entschiedene Schritte der Ablösung und zur autonomen Gestaltung seiner Welt unternimmt. Dann spätestens stellt sich bei ihnen der dringliche Wunsch nach einer erneuten Schwangerschaft ein.

Eine andere Komplikation stellen die postpartalen Depressionen von Müttern unmittelbar nach der Entbindung dar. Häufig lassen sie sich als Reaktion auf den Trennungsschock deuten. Während der Schwangerschaft fühlen sich diese Frauen meist ausgeglichen und glücklich und erleben einen starken Zuwachs innerer Sicherheit. Nach der Geburt tritt plötzlich eine große Leere ein. Die Mütter haben nach dem Verlust der Einheit mit dem Kind den Bindungshalt verloren und fühlen sich verunsichert und verlassen. In schweren Fällen bedarf es einer ambulanten oder stationären Psychotherapie, damit sich das Trennungstrauma mit seinen Verlassenheitsängsten und Depressionen nicht fixiert. Therapeutisch steht dabei der Grundkonflikt zwischen Bindung und Freiheit im Vordergrund, der mit der Geburt des Kindes auf die Welt kommt.

Die Beispiele unterstreichen die Ansicht der Bindungs- und Säuglingsforschung, dass das angeborene Bindeverhalten und Bindungsbedürfnis der Mutter durch ihre biologische Nähe zum Kind schon während der Schwangerschaft wesentlich ausgeprägter sind als beim Vater. Entsprechend größer sind bei ihr die Gefahren einer allzu engen Bindung und die Schwierigkeiten bei der Ablösung besonders in der Frühkindheit einzuschätzen. Aber nicht nur in dieser Zeit. Wie wir später sehen werden, stellt der Konflikt zwischen Bindung und Freiheit für viele Mütter ein Lebensthema ersten Ranges dar.

Wie sehen die ersten selbstbestimmten Schritte des Kindes in die Freiheit aus? Der Leser erinnert sich an die Szene mit Maya im vorangehenden Kapitel und kann sie mit dem dort beschriebenen Phänomen der Bindung verknüpfen. Maya liefert ein Musterbeispiel für das einsetzende Wechselspiel zwischen Bindung und Freiheit im ersten Lebensjahr. Wenn sie gesättigt ist und sich der Liebe der Mutter versichert hat, drängt es sie von ihr weg, um sich einen eigenen Raum zu erobern. Die konzentrierte Aufmerksamkeit, mit der sie die ihr fremden Personen betrachtet und die lustvolle Motorik, mit der sie im Zimmer herumkrabbelt, sind bereits recht ausgereifte Schritte der Erkundung und Aneignung einer ihr fremden Welt. Aber noch erträgt sie die damit verbundene Spannung nur für kurze Zeit. Sie kehrt zu ihrer zweiten Sicherheitsbasis zurück, zum Vater. Nachdem sie bei ihm genügend Zuwendung aufgetankt hat, fühlt sie sich gestärkt und sicher für neue Exkursionen.

Die Einfühlung beider Eltern für die wechselnden Bedürfnisse des Kindes ist in der Szene ebenso beeindruckend wie dessen Verhalten selbst. Alle drei demonstrieren ein harmonisches Zusammenspiel, wie es nur bei einer gelungenen Triangulierung zustande kommt.

Das ausbalancierte Dreieck Mutter-Vater-Kind stellt für Letzteres die günstigsten Bedingungen bereit, um den Konflikt zwischen seinem Schutzbedürfnis und den ängstigenden Gefahren der Freiheit aushalten zu können. In dem Maße, wie es neue Angstschwellen stufenweise zu überschreiten wagt, wächst seine Sicherheit außerhalb des elterlich schützenden Raums.

Während das bodennahe Krabbelstadium noch relativ angstfrei ist, setzt das äffchengleiche Erklimmen von Treppenstufen auf allen Vieren schon eine recht ausdifferenzierte motorische Koordination und Angstfreiheit voraus, da es jederzeit vom Herunterpurzeln bedroht ist. Das Gleiche wiederholt sich beim Erlernen des aufrechten Gangs. Dieser phylogenetische Neuerwerb des Menschen kann einem Erwachsenen bei der Beobachtung eines Kindes noch einmal die ganze Mühsal vor Augen führen, die dieser entscheidende Schritt in die Freiheit mit sich bringt. Vom freien Sitzen über das Hochziehen an Gegenständen jeder Art, das freie Stehen und die ersten tapsig wankenden Gehversuche bis zum sicheren und schnellen Laufen liegt ein von gewaltigen körperlichen Anstrengungen, schmerzhaften Stürzen und herben Rückschlägen gepflasterter Weg. Aber an seinem Ende winken die Schaukeln, die zu erkletternden Bäume, die Drei- und Zweiräder, die Flüsse und Seen. Das Kind hat sich freigelaufen, freigeschwommen, genießt die Sicherheit seiner ständig wachsenden Kräfte und spielt mit seinen Geschicklichkeiten. Der Geschmack von Freiheit.

Wenn alles so einfach ginge. Wenn jede Entwicklung so geradlinig verliefe. Das tut sie natürlich nicht. Denn je kleiner das Kind ist, umso höher liegen die Angstschwellen, die es bei jedem neuen Wagnis überwinden muss. Seelisch wird es dabei von einer heftigen Ambivalenz geschüttelt, hin- und hergerissen zwischen seinem wachsenden Wunsch nach Selbstständigkeit und seiner »Furcht vor der Freiheit«, wie Erich Fromm eines seiner wichtigen Bücher betitelt hat. »Halt mich fest – lass mich los!« Die Verzweiflung, die ein Kind zwischen diesen widerstreitenden Impulsen überfallen kann, ist herzzerreißend. Ein Beispiel könnte so aussehen:

Auf dem Spaziergang eines Vaters mit seiner dreijährigen Tochter, nennen wir sie Miriam, kommt ihnen eine Frau mit einem großen Hund an der Leine entgegen. Sie bleibt vor ihnen stehen und lächelt das Mädchen an. Miriams Blick auf den Hund schwankt zwischen Angst und Neugier. »Du kannst ihn ruhig streicheln, er tut dir nichts«, sagt die Frau aufmunternd. Miriam lässt die Hand des Vaters los und geht drei Schritte auf den Hund zu. Als dieser sich auch in ihre Richtung bewegt, bekommt sie panische Angst. Weinend rennt sie zum Vater zurück, drängelt ihren Kopf zwischen seine Beine und zerrt ratlos an seinem Mantel. Der Vater versucht, sie zu beruhigen, aber ihr Weinen geht in hilfloses Schreien über und ihr Körper bebt vor Aufregung. »Er ist ein ganz lieber Hund, und ich bin ja da«, tröstet sie der Vater. Miriam wird ruhiger und nach kurzer Zeit gewinnt ihre Neugier die Oberhand. Vorsichtig schaut sie sich um. Die Frau und der Hund stehen noch immer friedlich an ihrem Platz. Miriam löst sich vom Vater und geht vorsichtig Schritt für Schritt auf den Hund zu. »Du kannst ihn wirklich streicheln, er mag Kinder«, sagt die Frau. Miriam streckt ihre Hand aus, langsam, ganz langsam, bis sie das Fell des Hundes berührt. Der schnuppert mit wedelndem Schwanz an ihr herum. Miriam streicht durch sein Fell und ein Strahlen überzieht ihr Gesicht.

Dass sie als Siegerin aus diesem quälenden Kampf zwischen Angst und Neugier, zwischen symbiotischer Anklammerung und mutiger Expansion hervorgeht –, psychologisch spricht man in diesem Zusammenhang von Regression und Progression – verdankt sie ihrer Vertrauensbeziehung zum Vater, die die Grundlage ihrer psychischen Sicherheit bildet. Miriam weiß in der beschriebenen Szene, dass sie jederzeit zum Vater zurücklaufen kann, wenn die Gefahr und die sie begleitende Angst sie überfordert.

Entscheidend aber kommt hinzu, dass der Vater und die Hundebesitzerin Miriam ausdrücklich zu ihrem gefährlichen Abenteuer ermutigen. Die Frau hätte den Hund auch enger an die Leine nehmen und schnell vorbeigehen können, oder der Vater könnte seine Tochter auf den Arm nehmen und die Straßenseite wechseln, um ihr die Angst zu ersparen. Stattdessen mutet er Miriam ihre Qual zu, ohne selbst von ihrer Hilflosigkeit angesteckt zu werden. Genau hierin liegt seine Verantwortung. Er weiß, er kann bei seiner Tochter nur das notwendige Selbstvertrauen und ihre Selbstsicherheit stärken, wenn er sie dem zumutbaren Risiko aussetzt. Damit überantwortet er sie einer Freiheit, die sie für ihre Weiterentwicklung braucht.

Am Anfang steht die Freiheit der Motorik, dann der Sprache, des Denkens, des Fühlens und spätestens ab dem Kindergartenalter der Orientierung im sozialen Raum. Die gesunde Entfaltung aller dieser Bereiche setzt eine feste Bindung und die Sicherheit voraus, jederzeit auf sie zurückgreifen zu können. Sie verlangt außerdem von den Eltern, ihren Kindern einen eigenen Entscheidungsspielraum und einen breiten Erfahrungshorizont zu öffnen. In diesem Spannungsfeld von Bindung und Freiheit kristallisiert sich das Ich des Kindes heraus und erlangt einen Grad an Autonomie, der es auf den verstärkt aufbrechenden Grundkonflikt in der Pubertät und Adoleszenz vorbereitet.

2. Das Loslassen der Kinder in Pubertät und Adoleszenz

In einem Beratungsgespräch bittet mich eine 42-jährige Mutter um die Klärung eines zermürbenden Konfliktes mit ihrer 18-jährigen Tochter Klarissa. Seit sie vor eineinhalb Jahren von einem einjährigen Schulaustausch in Australien zurückkam, sei sie sehr verändert. Schon das Piercing in der

Nase habe sie, die Mutter, aufgeregt. Seit der Zeit ziehe sich Klarissa nur noch schlampig an, sei faul geworden, schaufele bei Tisch das Essen unappetitlich in sich hinein, rülpse danach laut und provozierend, werde immer dicker, hocke nur noch vor dem Fernseher oder liege im Bett und spreche kaum noch mit den Eltern. Ständig gebe es Streit über ihr Benehmen. Im Unterschied zu früher scheine ihre Tochter aber »gut drauf« zu sein. Frau R. leidet sichtlich unter der Situation, sie sei mit den Nerven am Ende und mache sich Sorgen, dass Klarissa ins Bodenlose abgleiten könnte, zumal sie keinen festen Freundeskreis habe.

Nach dieser Schilderung lasse ich mir in groben Zügen die Vorgeschichte berichten. Die Familie musste wegen des Berufs des Vaters häufig den Wohnort wechseln. Klarissa war für ihr Alter immer zu klein, aber hochbegabt, ein »Überflieger«. Sie hat deswegen einmal die Klasse übersprungen. Wegen dieser Diskrepanz, meint die Mutter, habe sie oft Schwierigkeiten mit ihren Mitschülern gehabt und fand nur schwer Freunde.

»War Ihre Tochter als Kind im Ballettunterricht?«, frage ich Frau R. unvermittelt.

»Ja«, sagt sie erstaunt, »woher wissen Sie das?«

»Mir fiel ihr ausgefallener Name auf, und aus Ihrer ganzen Schilderung entsteht in mir das Bild einer Tochter, die auch sonst immer etwas Besonderes sein sollte. Ihre Hochbegabung verführte die Umgebung zusätzlich zu dieser Erwartung. Sicher möchte sie nach dem Abitur Schauspielerin werden.«

»Oh, bin ich hier bei einem Hellseher gelandet?«, lacht Frau R., »das war tatsächlich ihr Wunsch. Sie hat auch schon in mehreren Theaterstücken mitgespielt, aber nur in Nebenrollen. Ich habe ihr gesagt, dass sie gut schauspielen könne, ihr Talent aber nicht für einen Beruf ausreiche. Das hat sie mir sehr übel genommen.«

»Was wirft ihre Tochter Ihnen sonst noch vor?«

»Aus Sorge um ihren Zustand habe ich in ihrem Tagebuch gelesen. Darin klagt sie über die zu hohen Ansprüche, die wir an sie hätten, und über die hochgesteckten Werte, die wir in der Familie vertreten. Das könnte zu Ihrer Vermutung passen, dass wir sie vielleicht überfordert haben. Was mir am meisten Angst macht, ist das Gefühl, dass sie noch gar nicht zu sich gefunden hat.«

Ich lache: »Darf ich Sie fragen, wann Sie zu Ihrer Mitte gefunden haben?«

»Ach, du lieber Himmel, ich befinde mich noch heute auf dem Weg«, lacht Frau R. zurück. »Vielleicht deswegen meine Angst.«

Am Schluss bittet sie mich um meine Einschätzung der Situation. »Was meinen Sie, ist der Zustand meiner Tochter besorgniserregend? Ich verstehe ihr Verhalten nicht mehr. Oder«, fügt sie zögernd hinzu, »bin ich eventuell nur das Problem?«

»Ich glaube Letzteres«, sage ich mit einem bedauernden Lächeln. Frau R. ist eine differenzierte und selbstkritische Frau, der ich diese direkte Offenheit zumuten kann. In Grundzügen erläutere ich ihr meine Vermutungen mit etwa folgenden Worten: »Hochbegabung ist ein wunderbares Kapital, aber ihre Kehrseite ist eine belastende Hypothek. Die Erwartungen und Überforderungen der Umwelt sind nur die eine Seite. Schwerer sind für Jugendliche die inneren Spannungen zu ertragen. Sie entwickeln selbst ein viel zu hohes Ideal, zu welchen ungeahnten Leistungen sie in der Lage sind. Bei realistischer Überprüfung stellen sie aber fest, dass sie dieses Ideal nie erreichen werden. Danach fühlen sie sich plötzlich ganz klein und unfähig. Dieser Widerspruch klafft in ihnen als schmerzlicher Abgrund. Die innere Zerrissenheit bricht besonders dann auf, wenn sich solche Jugendlichen nicht mehr durch den Schutz der Familie oder durch Freunde gestützt fühlen, sondern selbstständig werden müssen und wollen. Klarissa macht in wenigen Monaten Abitur und will dann im Ausland studieren, wie Sie sagen. Ihr ganzes Verhalten dramatisiert die Schwierigkeiten ihrer Ablösung, bei der sie sich gegen alle Normen stellen muss, die sie bisher als verbindlich verinnerlicht hat. Das erscheint mir alles sehr verständlich, normal und notwendig, auch wenn es für Sie zeitweilig unerträglich ist.«

»Und warum reagiere ich so heftig darauf?«, möchte Frau R. wissen.

»Weil Sie eine Tochter, die Sie lieben und für die Sie so viel getan haben, nicht in einem halb verwahrlosten Zustand in die Welt entlassen möchten. Dabei gerät Ihre ganze Ordnung durcheinander und Sie fürchten nur das Schlimmste. Aber als das eigentlich Unerträgliche erscheint mir Ihr Gefühl, an allem Schuld zu sein. Deswegen müssen Sie gegen den Aufruhr von Klarissa so aufgeregt ankämpfen, wodurch für beide die Ablösung noch schwerer wird.«

Frau R. schweigt längere Zeit und fragt dann nachdenklich: »Was fehlt mir?« – »Das Vertrauen«, sage ich und ergänze nach einer Pause: »Sie können offenbar, wie übrigens die meisten Eltern, nicht genügend darauf vertrauen, was Klarissa an Begabungspotenzial mitbekommen hat und vor allem, was Sie und Ihr Mann ihr an innerer Stabilität und Orientierung vermittelt haben. Alles das wird sich wieder durchsetzen, sobald Ihre Tochter ihre inneren Krisen und die Ablösung von Ihnen durch neue Lebenserfahrungen, Freundschaften, Liebesbeziehungen und Erfolge bewältigt hat und daran gereift ist.«

Das Gespräch dauerte genau eine Stunde. Danach war es, als höre man das klickende Geräusch, mit dem Frau R. ihr altes Bild gelöscht und ihr Objektiv auf eine neue Landschaft gerichtet hatte.

»Danke!«, sagte sie, »ich kann schwer beschreiben, was in mir vorgeht, aber ich fühle eine schwere Last von mir abfallen. Ich bin sicher, dass ich jetzt Klarissa anders helfen kann.«

Eine ganz normale Geschichte. Eine glückliche Ausnahme für jeden Therapeuten. Die Hochbegabung von Klarissa kann hier im Zusammenhang der Loslösungsthematik vernachlässigt werden. Es gibt viele Jugendliche, die eine besondere Begabung auf intellektuellem, künstlerischem, handwerklichem, technischem oder sportlichem Gebiet entwickeln. Die meisten von ihnen müssen mit den erhöhten Erwartungen und narzisstischen Projektionen ihrer Eltern, die durch solche Begabungen entstehen, fertig werden; und sie müssen den daraus resultierenden inneren Konflikt zwischen nie zu erfüllenden Größenphantasien und Kleinheitsgefühlen bewältigen. Das kann den Ablösungskonflikt besonders akzentuieren, aber in seinen Grundzügen nicht verändern.

Die Pubertät und Adoleszenz sind bekanntlich die Lebensphasen, in denen dieser Konflikt am dramatischsten zum Ausdruck kommt. Deswegen hat sich nicht nur die Wissenschaft ausführlich mit diesen Phasen beschäftigt. Auch in populären Ratgebern, in der belletristischen Literatur und in Filmen nimmt die Darstellung der Ablösungskämpfe von Jugendlichen und Heranwachsenden einen breiten Raum ein. Ich werde sie auch in dieses Buch mit aufnehmen, weil selbst bei einer lebensübergreifenden Perspektive der Eltern-Kind-Beziehung das Jugendalter einen entscheidenden Lebensabschnitt einnimmt.

Da in anderen Beschreibungen die jugendlichen Ablösungskrisen oft einseitig im Vordergrund stehen, aus familiendynamischer Sicht aber die Eltern in gleicher Weise darin verwickelt sind, sollen hier beide Seiten zu Wort kommen. Das vorliegende Kapitel II zentriert auf die Aufgaben und Schwierigkeiten der Eltern, ihren Kindern gerade in dieser Zeit die notwendige Freiheit zu geben. Kapitel III beschreibt die Thematik aus Sicht der Jugendlichen.

Warum hat Frau R. eine so tief greifende Angst um ihre einzige Tochter? Man begreift die Angst nur, wenn man dabei die Frühgeschichte ihrer beider Beziehung berücksichtigt. Frau R. hat, wie wohl die meisten Mütter, die Schwangerschaft als das umwälzendste Ereignis in ihrem bisherigen Leben erfahren. Eine unbekannte Form unbändiger Freude über das heranwachsende Leben in ihr mischte sich mit einem tiefen Gefühl der Hoffnung und sehnsuchtsvollen Erwartung. Tagsüber malte sie sich in nicht endenden Phantasien das Aussehen und das Wesen ihres Kindes aus und träumte nachts von ihrer gemeinsamen Zukunft. Aber da waren noch andere Gefühle, die sie nicht loswurde. Würde die Schwangerschaft weiterhin normal und die Geburt unkompliziert verlaufen? Und vor allem: wäre das Kind ganz gesund? Dieses untergründige Bangen, die Sorge und die Angst um ihr Kind, das wusste sie heute, ließen später nie mehr ganz nach. Sie gehörten zu ihrem Schicksal als Mutter wie die täglichen Aufgaben der Ernährung und Pflege, der Behütung und Versorgung, der Anteilnahme, des Gesprächs und der Auseinandersetzung.

Das Leben eines Kindes ist ständig in Gefahr. Es wird jederzeit von Kinderkrankheiten oder von Unfällen zu Hause, auf dem Spielplatz und im Straßenverkehr bedroht. Wie könnte eine Mutter ohne ihre Besorgnis, ohne die ständig präsente, lebensnotwendige und lebenserhaltende Angst das Kind hundertfach vor Verletzungen und körperlichem Schmerz schützen und vor tödlichem Unglück bewahren? Kaum ein Mensch dürfte sich eine realistische Vorstellung davon machen, wie oft während der Kindheit sein Leben durch die angstgesteuerte Vorsicht der Eltern gerettet wurde!

In der bisher beschriebenen Reihe von Faktoren, die die Eltern-Kind-Bindung bewirken, dürfte daher die Angst um das Leben des eigenen Kindes zu den fundamentalsten gehören. Wenn wir den unscharfen Begriff der elterlichen »Liebe« benutzen, um die Gesamtheit dieser Bindung zu erfassen, ist schwer bestimmbar, einen wie großen Anteil die Angst in ihr ausmacht. In jeder Eltern-Kind-Beziehung bilden Liebe und Angst eine unteilbare Einheit. Sie festigt diese Bindung in ihrer spezifischen und unauflösbaren Form.

Die Angst sorgt in der frühen Kindheit besonders für die körperliche Unversehrtheit des Kindes. Später erstreckt sie sich auf die seelischen, geistigen und sozialen Reifungsstufen. Ist das Kind fröhlich und ausgeglichen oder wirkt es unglücklich mit sich und der Welt? Wie bewältigt es die Klippen zum Kindergarten und zur Schule? Wird es dort Freunde finden und sich in der Gemeinschaft wohlfühlen, oder ist es dort isoliert und wird abgelehnt? Kann es die Leistungsanforderungen leicht erfüllen, oder tut es sich schwer damit und wird vielleicht scheitern? So werden Ängste und Sorgen, mal schwächer, mal stärker, zu ständigen Begleitern der Eltern und zurren die Gefühlsfäden fester, die sie an die Kinder binden.

Und eines Tages bekommt die Tochter ihre erste Monatsblutung und der Sohn krächzt wie ein Rabe. Wenn von den Wirren der Pubertät die Rede ist, werden deren Herausforderungen für die Eltern leicht zur Nebensache. Die selbstverständliche Erwartung der Umwelt, sie müssten ihre Kinder nur loslassen, dann gebe es auch keine Ablösungsprobleme, verharmlost die komplexe Dynamik, die ab der Pubertät die Eltern-Kind-Beziehung einschneidend verändert.

Worin bestehen die Veränderungen für die Eltern? In erster Linie tritt in der Pubertät und Adoleszenz der Konflikt zwischen Bindung und Freiheit, der für Eltern und Kinder gleichermaßen besteht, in sein entscheidendes Stadium. Durch den äußeren Aufbruch und die innere Distanzierung der Kinder wird der Konflikt radikalisiert und kann von den Eltern nicht mehr verleugnet werden. Schmerzlich wird ihnen bewusst, dass die Zeit der engen Bindung zu Ende geht, und die äußere Ablösung ein hohes Maß an Freiheit einfordert. Der Abschied von der Kindheit ihrer Kinder kann den Gefühlshaushalt der Eltern zeitweilig erheblich aufwühlen. Sie müssen lernen, immer mehr Verantwortung an ihre Kinder abzutreten, was auch bedeutet, Macht abzugeben. Verantwortung für andere und die mit ihr verbundene Macht garantieren aber ein hohes Maß an Selbstbestätigung. Sie dient als Ausgleich für die vielen Verzichte, die Eltern leisten. Wenn dieser Ausgleich entfällt, weil sinnstiftende Verantwortung, Selbstbestätigung und Selbstaufwertung nachlassen, können Eltern in eine Krise geraten. Ihr Selbstwertgefühl und ihre Identität als Eltern werden in dieser Periode empfindlich bedroht.

Gleichzeitig brechen die Ängste und Sorgen um das zukünftige Schicksal ihrer Kinder noch einmal vehement auf. Wie werden sie ihr Leben und die Zukunft meistern? Werden sie einen Beruf finden, der ihren Interessen und Voraussetzungen entspricht? Sind sie schon reif genug für eine sexuelle Partnerschaft? Können sie in einer Welt gewaltiger gesellschaftlicher Umbrüche, Werteverschiebungen und globaler Krisen bestehen und die anstehenden Probleme unbeschadet lösen? Solche beunruhigenden Fragen, auf deren Klärung Eltern kaum noch Einfluss haben, sind immer mit Verunsicherung und Ängsten verbunden. Sie lassen erst wieder nach, wenn die Kinder ihren sicheren Platz in der Gesellschaft gefunden haben. Aber dieser Weg ist speziell in heutiger Zeit steinig, ungewiss und oft sehr lang. Allzu viele junge Menschen werden an diesem Ziel niemals ankommen.

Und dennoch müssen Eltern ihren Kindern ab der Pubertät immer mehr Freiräume eröffnen, um ihnen ein selbstständiges Leben zu ermöglichen. Eine heroische Aufgabe. Sie erfordert den Balanceakt, die frühe Bindung umzustrukturieren und zu lockern, ohne sie aufzugeben, und die Freiheit der Kinder zuzulassen, ohne sich innerlich von ihnen zu verabschieden. Genau diese Leistung setzt ein hohes Maß an psychischer Flexibilität und Energie voraus, das die

Eltern-Kind-Beziehung als menschlichen Neuerwerb in ihrer Einzigartigkeit auszeichnet. Im Bereich menschlicher Sozialbeziehungen tritt dieser Glücksfall der Flexibilität zwischen Bindung und Freiheit in wesentlich abgeschwächter Form nur in engen Freundschaften und in der Liebe auf. Es verwundert nicht, dass diese in der Regel nur gelingen und von Bestand sind, wenn sie auf entsprechende Erfahrungen in der Eltern-Kind-Beziehung zurückgreifen können. Denn Freundschaft und Liebe sind die abgeleiteten Muster der von früher Kindheit an verinnerlichten Bindungserfahrungen.

Wie sieht der innere Balanceakt aus? Wie kann man etwas loslassen, an das man so lange und intensiv mit allen Fasern seines Wesens gebunden war? Das Loslassen, es wurde bereits erwähnt, tritt nicht nur als Forderung der erwachsen werdenden Kinder an die Eltern heran. Es entspricht auch einer sozialen Konvention und besonders dem Erwartungsdruck in einer individualisierten Gesellschaft.

In ihr wird der Begriff des Loslassens als Gegensatz von Festhalten und Anklammern zu einem neuen Wert stilisiert. Angelehnt an die buddhistische Lehre, in der der Begriff ein asketisches Ideal zur Transzendierung der Existenz beinhaltet, findet er seit einigen Jahrzehnten Eingang in die esoterisch-spirituelle Bewegung und in die von ihr beeinflussten Therapieverfahren. Aus der breiten Ratgeberliteratur zu Fragen von Lebenshilfe, Glück, Liebe und Partnerschaft, Tod und Trauer und Kindererziehung ist der Begriff des Loslassens nicht mehr wegzudenken. Sein inflationärer Gebrauch erweckt den Eindruck, als wolle er suggestiv die Schwerkraft der Bindung überwinden. Damit entspricht er der gesellschaftlichen Tendenz zu einer übersteigerten Individualisierung menschlicher Beziehungen.

Aber der Balanceakt der Eltern während der Pubertäts- und Adoleszenzphase ihrer Kinder liegt gerade darin, den Widerspruch zwischen Bindung und Freiheit auf einer neuen Stufe zu lösen. Er stellt somit eine grundsätzlich veränderte Entwicklungsaufgabe der Eltern dar. Das wurde an früherer Stelle bereits betont: Nicht nur Jugendliche stehen beim Überschreiten der pubertären Schwelle vor schwierigen Reifungsschritten; auch die Eltern machen eine innerliche Transformation durch. Sie müssen sich auf die veränderten Bedürfnisse, Zielsetzungen und Ansprüche der Kinder beweglich einstellen, sich mit ihnen auseinandersetzen und sie mittragen. Denn ohne deren Pläne, Perspektiven, Befreiungsschritte, Wertorientierungen und auch ihren Protest zu akzeptieren, können sie sich auch nicht mit ihren Kindern identifizieren. Die Identifikation der Eltern spielt bei der völligen Umstrukturierung des Lebensumfeldes und der Weltsicht ihrer Kinder in diesen Aufbruchphasen eine wichtige Rolle für die Ablösung. Wenn der Jugendliche spürt, dass seine Eltern an seinem Weg innerlich teilnehmen und ihn äußerlich unterstützen, wird er ihn mit größerer Sicherheit gehen können. Eltern, die sich in dieser Weise mit ihren Kindern identifizieren, sind leichter in der Lage, die damit verbundenen Risiken und Zweifel auszuhalten. Aus der Identifikation erwachsen nicht nur die höheren Freiheitsgrade für das Kind; auch die Eltern können ihre eigene über die Identifikation gewonnene Freiheit besser annehmen und kreativ gestalten, so ängstigend die anstehende Trennung zunächst auch ist.

Intrapsychisch kommt es durch die Identifikation zu einer Umbesetzung der libidinösen Energien. Dabei werden Teile von ihnen von den Kindern abgezogen und auf das eigene Selbst verlagert. Daraus leitet sich der narzisstische Stolz ab, die Kinder »groß gekriegt« zu haben. Mit dieser Umverteilung psychischer Energie wird die Ablösung eingeleitet und die frühere Bindung gelockert.

Zur inneren Transformation der Eltern in dieser Zeit gehört weiterhin eine neue Form des Vertrauens. »Was fehlt mir?«, fragte Frau R. in ihrer Verzweiflung über den pubertären Protest von Klarissa. Ihr fehlte das Vertrauen in dreierlei Hinsicht. Erstens konnte sie nicht darauf vertrauen, dass sich die angelegte Begabung ihrer Tochter jenseits der Pubertätskrise wieder durchsetzen würde. Zweitens war ihr nicht bewusst und konnte deswegen nicht darauf vertrauen, dass eine ausreichend gute Bemutterung und Bevaterung seit früher Kindheit stabile innere Strukturen mit einem unzerstörbaren Kern an Sicherheit und Selbstvertrauen in den Kindern anlegen, mit denen sie selbst ernsthaftere Probleme in der Folgezeit langfristig positiv bewältigen. Deswegen stellt dieser Zusammenhang in jeder Beratungsarbeit einen wichtigen Fokus dar. Fast regelhaft erleben Eltern, sobald erste Störungen und Schwierigkeiten ihrer Kinder sichtbar werden, mehr oder minder schwere Ängste und Schuldgefühle, ihnen nicht genügend an Zuwendung und Unterstützung mitgegeben zu haben. Wegen dieser angeblichen Versäumnisse können sie auch nicht auf die langjährige und verlässliche Liebe vertrauen, mit der sie die inneren Kräfte des Kindes gestärkt haben. Dabei setzt sich ihr Anspruch an Perfektion immer wieder hartnäckig durch, auch wenn ihnen bewusst ist, dass es die »perfekte Mutter« und den »perfekten Vater« wegen der Unkalkulierbarkeit der menschlichen Natur niemals geben kann.

Drittens fällt es vielen Eltern schwer, darauf zu vertrauen, dass die innere Bindung zwischen ihnen und den Kindern auf lange Sicht umso harmonischer bleibt, je mehr Freiheit sie ihnen in der pubertären Ablösungsphase gewähren. Die jetzt auftretende Angst, die Kinder für immer zu verlieren, erweist sich dabei als besonders kontraproduktiv.

Ein Thema darf hier nicht unerwähnt bleiben – die unterschiedlichen Einstellungen von Müttern und Vätern zur Ablösung ihrer Kinder in der Pubertät und Adoleszenz. Es ist kein Zufall, dass nicht der Vater sondern die Mutter von Klarissa zur Beratung kam. Deswegen habe ich dieses Beispiel ausgewählt. Wie das Gespräch mit Frau R. ergab, stand ihr Mann dem provokativen Verhalten der Tochter keineswegs gleichgültig gegenüber. Aber er ging gelassener damit um und ließ sich kaum aus der Ruhe bringen. Realistischer als seine Frau konnte er Klarissas Benehmen als ein zwar schwer erträgliches, aber für sie offenbar notwendiges Durchgangsstadium betrachten.

Es ist bekannt, dass Mütter in der Regel größere Schwierigkeiten haben als Väter, ihre Kinder loszulassen. An diese Tatsache heften sich manche Vorurteile. Mütter geraten schnell in den Verdacht, ihre Kinder zu stark an sich binden und sie festhalten zu wollen. Deutungen dieses Verhaltens zielen auf ihre übermäßige Angst vor dem Alleinsein oder auf ihre narzisstischen Bedürfnisse, durch die Kinder ihr Selbstwertgefühl zu stabilisieren. Die Fähigkeit der Väter, ihre Kinder leichter gehen zu lassen, ist dagegen häufig mit dem Vorwurf einer mangelnden Bindung und eines geringen Interesses an ihnen verbunden.

Wie wir im Weiteren sehen werden, sind solche Vorurteile leider nicht aus der Luft gegriffen. Sie entstammen Erfahrungen, die die Realität nicht selten vermittelt. Aber an der Normalität des Ablösungsprozesses gehen sie weit vorbei. Nach allem, was bisher als mütterliches und väterliches Bindungsverhalten beschrieben wurde, lassen sich die unterschiedlichen Reaktionen auf die bevorstehende Ablösung der Kinder leicht erklären. Wie wir sahen, entsteht die Bindung der Mutter an die Kinder bereits mit der Schwangerschaft, also viel früher als beim Vater. Die wechselseitige biologische Nähe wird durch ein spezifisch mütterliches, konstitutionell vorgegebenes Bindungsverhalten verstärkt. Die endgültige Festigung der Bindung erfolgt über psychologische Faktoren und über soziale Rollenzuschreibungen. In diesem umfassenden »Programm« der Mutter-Kind-Beziehung besitzt die Bindung eindeutige Priorität gegenüber der Trennung.

Ganz anders beim Vater. Seine biologische Nähe zum

Kind dokumentiert sich lediglich über die Zeugung. Als Parenthese möchte ich hier einfügen: Ich glaube daher, dass der Schöpfungsmythos des Mannes anders gestaltet ist als der der Frau. Da er kein lebendiges »Geschöpf« gebären kann, muss er seinen Schaffensdrang auf andere Gebiete verlagern – auf geistige, künstlerische oder andere »Kinder« –, um seine schöpferische Potenz zu erweisen.

Die mangelnde biologische Nähe des Vaters zu seinem Kind wird durch den bereits beschriebenen Befund der Bindungsforschung ergänzt, wonach sein Erkundungsverhalten stärker ausgeprägt ist als sein Bindungsverhalten im engeren Sinne. Außerdem wird er, anders als die Mutter, durch psychologische und gesellschaftlich bestimmte Erwartungen dazu konditioniert, seinen Kindern den Umgang mit der Außenwelt und ihrem Wertekanon zu erschließen und sie, mit dem notwendigen Rüstzeug ausgestattet, dorthin zu entlassen.

Diese Unterschiede zwischen Müttern und Vätern sind so ausgeprägt, dass man nur über sie ein Verständnis ihres verschiedenen Umgangs mit der Ablösung der Kinder entwickeln kann. Wie mehrfach betont, stehen diese Unterschiede in keinem Widerspruch zueinander. Sie bilden vielmehr eine sinnvolle Ergänzung für ein ausbalanciertes Gleichgewicht zwischen Bindung und Freiheit im Interesse aller Mitglieder der Familie. Das komplementäre Verhalten der Eltern erweist sich besonders in der Pubertät und Adoleszenz ihrer Kinder als notwendige Voraussetzung, deren Bindung bei gleichzeitiger Freiheit für einen eigenständigen Lebensentwurf zu sichern. Dass dabei Mütter mehr den bindenden und Väter den loslassenden Part einnehmen, erscheint wie ein ontogenetisches Gesetz, dem alle Beteiligten auf ihre Weise unterliegen.

3. Schwierigkeiten bei der Ablösung von den Kindern

a) Trennungsangst und Festhalten

»Und ich Gefäß, leergegossen und der süßen Mutterlust beraubt.« Der Satz steht in der Mitte des ersten Aktes von Ernst Barlachs Drama »Der tote Tag«. Er bildet zugleich die Achse, um die der Trennungskonflikt zwischen »Mutter« und »Sohn« kreisen wird.[11] Aber noch steht der Sohn vollständig im Bann der Mutter und kann sich eine Zukunft ohne sie nicht vorstellen:

Sohn: »Sohnes-Zukunft ist Mutter-Zukunft ... Wenn du nicht wärest, wäre ich nicht – und so lange ich bin, musst auch du sein.«

Mutter: »Sieh an, wenn du nicht bei mir bist, ist es dasselbe, als wärest du gar nicht ... Einst gab ich mein Leben an deines weiter, denn kein anderes Leben hast du als meins. Ich wurde mein Sohn, und nur, weil ich von dir Liebe empfing, gabst du mir zum eigenen Leben so viel zurück, wie ich zur Notdurft brauchte. Du hast mein Leben empfangen ..., wenn du es in die Zukunft trägst, so muss ich darben und sterben.«

Die Mutter hält nicht nur die postpartale symbiotische Verschmelzung mit ihrem Sohn aufrecht. Die Formulierung »Ich wurde mein Sohn« zeigt eine noch tiefere Regression mit einer psychotisch anmutenden Identitätsvertauschung an, bei der sie durch die totale Identifikation mit dem Sohn als eigene Person verschwindet. Barlach macht mit einem einzigen Satz klar: Es gibt nicht nur die Sehnsucht des Kindes nach Wiederherstellung der paradiesischen Einheit mit der Mutter; auch sie kann ihren regressiven Bedürfnissen vollständig erliegen und dabei ihre Abgrenzungswünsche bis zur Selbstaufgabe verleugnen. Entsprechend panisch muss sie auf jeden Trennungsschritt ihres Kindes reagieren.

In ihrer Trennungsangst erhöht sie den erpresserischen Druck, um ihren Sohn durch die Erzeugung von Schuldgefühlen und Appelle an seine Dankbarkeit festzuhalten. Als er sie wenig später fragt, warum er keine Geschwister hat, erinnert sie ihn an die Babyzeit:

Mutter: »Meinst du, es wäre mir einsam vorgekommen? Einsam mit dir? Du warst so viel wie sechs deinesgleichen. … War ich nicht deine Sonne und dein Mond? … Bin ich eine Wiege? Lass ich ein Kind in mich legen und von mir nehmen wie aus einer Wiege? Mich zum Gerümpel stecken? Mein, mein, mein Sohn ist es gewesen und mein soll er bleiben.« Laut: »Mein Sohn!«

Erst dieser maßlose Besitzanspruch und die quälende Forderung nach kindlicher Unterwerfung lassen den Sohn, der längst ein Jüngling ist, langsam aus seinem Kokon mit der Mutter erwachen.

Sohn: »Merkst du, dass ich kein Wiegenkind mehr bin, Mutter?«

Im zweiten Akt des Dramas nimmt der Ablösungsdrang des Sohnes erste Formen an. Er entwickelt ein Bewusstsein über die Kräfte in ihm, die er »für Besseres«, für »etwas Gutes« einsetzen möchte und die ihn forttreiben aus der Enge der häuslichen Gemeinschaft mit der Mutter. Aber schon sein Versuch, um ihr Verständnis für seinen Wunsch nach Freiheit und Autonomie zu bitten, scheitert an ihrer ultimativen Drohung mit dem Tod, wenn er sie verlässt. Versöhnlich spricht er sie an: »Alte gute Mutter!«

Mutter: »Alt – ja, das wird sie durch Schmerzen um dich, und gut dazu ist sie, sie zu verlassen.«

Sohn: »Wie Mutter – könnte ich wirklich glauben, dass dir das schlimm scheint, was mir das Beste dünkt?«

Mutter: »Vielleicht müsstest du den Tod leiden.«

Sohn: »Hier müsste ich's auch, würde es dich freuen, wenn mich die Zeit tötet?«

Mutter: »Es wäre langsam, und ich sähe dich, selbst alt,

noch in vollem Leben und hätte mein Genügen davon. Dort würde Dich's vielleicht schnell ergreifen.«

Mit radikaler Konsequenz zeichnet Barlach in den folgenden drei Akten die Tragödie der unentrinnbaren Fesselung zwischen Mutter und Sohn nach. Eines Abends erscheint vor der düsteren Hütte der beiden ein stolzes Ross namens »Herzhorn«, auf dem der Sohn in sein neues Leben aufbrechen will. Es symbolisiert männliche Tatkraft, geistige Reifung und die Sonne eines hellen Tages. (Wie aus seiner Biografie bekannt, ist Herzhorn der Name des Geburtsortes von Barlachs Vater.) Barlach überhöht das Drama ins Mythische, indem er das Ross auch als Darstellung einer Gott-Vater-Repräsentanz erscheinen lässt. Aber gerade durch diese Überhöhung lotet er die unheimliche Tiefe von Bindung und Freiheit in der Eltern-Kind-Beziehung aus – und die tragischen Verknotungen, die sich daraus ergeben können.

Statt sofort loszureiten, legt sich der Sohn zum Schlafen nieder und verschiebt den Aufbruch auf den nächsten Morgen. Das Zögern wird für ihn zum symbolischen Ausdruck seiner Ambivalenz zwischen Regression und Autonomiebedürfnis, die aus der tiefen Verstickung in seine Mutterbindung erklärbar ist. Die Mutter nutzt diese Ambivalenz und tötet heimlich in der Nacht das Pferd. Als der Sohn es am nächsten Morgen verzweifelt sucht, verhöhnt sie ihn als »Muttersohn« und »Bettnässer«, der vor ihr als »Gnom« und »Wichtelmann« zusammengeschrumpft ist. Aber als sie zum ersten Mal seinen Schmerz über den verpassten Aufbruch und das versäumte Leben »tausendfach« nachempfindet, wird sie von Schuldgefühlen gequält. Zunächst versucht sie sie abzuwehren: »Verflucht sollst du sein!« Aber die Maßlosigkeit ihrer enttäuschten Liebe und ihrer Schuldgefühle treibt sie in den freiwilligen Tod: »Mein Blut soll still werden und aufhören, um dich zu schreien.« Als »verfluchter Muttersohn« kann aber auch der Sohn nicht überleben und folgt seiner Mutter in den Tod. Im Tod sind beide für immer vereint.

Das Drama »Der tote Tag« handelt von den archaischen Kräften, die durch die Trennung der Kinder bei Eltern geweckt werden können, die selbst nie die Chance zu einem eigenständigen Leben bekommen haben. Die unheimliche Macht, mit der sie die Kinder festhalten müssen, um seelisch zu überleben, maskiert sich in verschiedenen Erscheinungen. Überschüttende Liebe, Verwöhnung, Selbstaufopferung, das Einfordern von Dankbarkeit und Mitleid, der Appell an eine bedingungslose Loyalität, die Erzeugung von Schuld- und Schamgefühlen, Liebesentzug, Klagen und Anklagen sowie Drohungen und Bestrafungen bis zur Anwendung körperlicher Gewalt zählen zu den häufigsten. Aus ihnen ist das Gefängnis gezimmert, aus dem es kaum ein Entrinnen gibt.

Ein psychisch besonders bindender weil unentwirrbarer Mechanismus stellt außerdem das Double-bind dar. Es bezeichnet eine Doppelbindung, bei der das Kind durch widersprüchliche Botschaften, zum Beispiel durch den ständigen Wechsel von Zuneigung und Ablehnung oder Weichheit und unnachgiebiger Härte, hilflos und orientierungslos gemacht und aus Angst vor Liebesverlust in seiner Bindung fixiert wird.

Alle diese elterlichen Reaktionen stehen nach therapeutischen Erfahrungen sehr häufig im Zusammenhang mit nicht verarbeiteten Trennungsängsten, ohne dass diese den Betroffenen bewusst oder dem Beobachter als solche erkennbar wären. Vielmehr dienen sie gerade der Abwehr dieser Ängste, die durch die Loslösungsschritte der Kinder reaktiviert werden. Die Masken der Trennungsangst sind deswegen so erfinderisch, weil Trennungserfahrungen zu den besonders schmerzhaften, bisweilen lebensbedrohlichen Gefühlsempfindungen gehören, mit denen der Mensch von der Geburt bis zum Tod in den vielfältigsten Variationen konfrontiert ist.[12]

Der Abschied von den Kindern, der mit dem Eintritt in die

Pubertät und Adoleszenz immer unaufschiebbarer wird, kann Eltern völlig unvorbereitet treffen, wenn sie ihre Bindung nicht rechtzeitig gelockert haben. Daher fallen ihre Trennungsängste umso heftiger aus, je weniger es ihnen gelungen ist, schon von früher Zeit an die altersgemäßen Schritte zur Autonomie ihrer Kinder zuzulassen.

b) Ausstoßung aus unmäßiger Liebe

Der Begriff »Ausstoßung« macht eine Klärung notwendig, weil er mit Assoziationen verbunden ist, die nicht in der Absicht dieses Kapitels liegen. Hierin soll er auf Formen elterlichen Verhaltens eingegrenzt werden, die aus einer übermäßigen Liebe resultieren können.

Davon abzuheben sind Ausstoßungsmechanismen, die auf anderen und geläufigeren Motiven beruhen. Eins ist plastisch im Märchen von »Hänsel und Gretel« behandelt. Dort überantworten die Eltern ihre Kinder dem Tod, weil sie sie aus Armut nicht mehr ernähren können und ohne sie auszustoßen selbst verhungern müssten. Seine bedrückende Aktualität erfährt das Märchen an der Realität in vielen Teilen der Erde, in denen Eltern ihre Kinder in viel zu frühem Alter weggehen lassen, wegschicken oder verkaufen, um deren und ihr eigenes Überleben zu retten. Auch in diesen millionenfachen Tragödien spricht man von Ausstoßung, weil sich der Blick in erster Linie auf das Schicksal der Kinder richtet – auf Kinderarbeiter, Straßenkinder, Kinderprostituierte und Kindersoldaten. Welche inneren Bindungen und welcher Schmerz über den Verlust bei den Eltern dieser Kinder weiter bestehen, bleibt der Weltgemeinschaft gleichgültig und ist deswegen bisher nie untersucht worden.

Eine andere Assoziation bilden die häufigen, auch in westlichen Ländern auftretenden Ausstoßungen innerhalb des Familienverbandes durch schwere Vernachlässigung, fortgesetzte körperliche Gewalt, sexuellen Missbrauch und, im Extremfall, durch Kindestötung. Für viele dieser Kinder folgt dann auch die äußere Ausstoßung zu Adoptiv- und Pflegefamilien oder in Heime. Hier kennen wir meistens die durch Jugendamtsbetreuung, psychologische Gutachten oder Gerichtsprotokolle gesicherten psychischen und sozialen Hintergründe. Sie verweisen in der Regel auf seelisch schwer gestörte Menschen, die selbst über keinerlei positive Bindungserfahrungen verfügen und daher nie eine liebevolle Beziehung zu ihren Kindern aufbauen konnten. Ihr Handeln erfolgt meist aus großer psychischer Not und einer absolut hoffnungslosen Lebenslage.

Eine andere, äußerlich meist weniger dramatische, aber seelisch oft vergleichbar zerstörerische Form innerfamiliärer Ausstoßung liegt in einem bewussten oder unbewussten Hass auf die Kinder. Er kann verschiedene Ursachen haben und äußert sich in unterschiedlichem Verhalten. Auf diesen Hass werde ich im Kapitel »Die Nestflüchter« näher eingehen.

Im Folgenden soll es um die psychologischen Ausstoßungsmechanismen gehen, wie sie aus übermäßiger Liebe und einer zu abhängigen und engen Eltern-Kind-Bindung entstehen können. Nach meinen Erfahrungen tritt diese, wissenschaftlich bisher wenig beachtete und scheinbar widersprüchliche Form der Ausstoßung häufiger auf, als man vermuten könnte. Sie dürfte mit den strukturellen Veränderungen der Familie, die ein starke emotionale Angewiesenheit vieler Eltern auf ihre Kinder gefördert haben, eng zusammenhängen. Daher scheint es mir sinnvoll, diesen Zusammenhängen hier näher nachzugehen. Dazu werde ich keine theoretischen Überlegungen anstellen, sondern mich ausschließlich auf die Beschreibung einer etwas ausführlicheren Familiengeschichte beschränken. Sie mag für sich selbst sprechen.

Der achtzehnjährige Markus wurde von seinem Hausarzt angemeldet, der ihn wegen verschiedener Allergien behandelte. Irgendwas gefalle ihm nicht an dem Jungen, er wirke bedrückt und nervös. Vor einem halben Jahr habe er sich vor die U-Bahn werfen wollen. Ich bat ihn, dem Patienten meine Telefonnummer zu geben, er solle sich melden.

Einen Tag später ruft mich der Vater von Markus aus seinem Büro an. Er ist von dem Hausarzt über die beabsichtigte Therapie informiert worden. Ob sich sein Sohn schon gemeldet habe, möchte er wissen. Als ich dies verneine, überschüttet er mich mit einem Schwall von Vorwürfen über Markus: »Herr Doktor, ich sage Ihnen, er wird sich nie melden, er ist absolut unzuverlässig und weicht aller Verantwortung aus. Seit er in dieser Kommune lebt, ist alles noch schlimmer geworden. Dort geht es drunter und drüber, ein einziges Chaos, sage ich Ihnen. Aber das ist ja kein Wunder bei dem vielen Alkohol und den Drogen. Wahrscheinlich geht er auch nicht mehr zur Schule. Das mit dem Abitur haben wir uns schon längst abgeschminkt, so verwahrlost, wie er inzwischen ist.«

Ich frage ihn, wann er seinen Sohn zum letzten Mal gesehen hat. »Vor seinem plötzlichen Auszug vor einem Jahr. Wir hätten das nie erlaubt. Seitdem ist er für uns gestorben.«

Eine Stunde später ruft seine Frau an, die von dem Anruf ihres Mannes nichts weiß. Fast wörtlich wiederholt sie in der gleichen anklagenden Tonlage, was ich bereits erfahren habe. »Kann man denn gar nichts machen?« fragt sie am Schluss. Ich sage ihr, dass eine Behandlung nur Sinn macht, wenn der Patient sie selbst will. »Dann wird es nie dazu kommen«, antwortet sie resigniert und legt mit einem kurzen Gruß auf. Ich werfe den Notizzettel in den Papierkorb. Wieder ein junger Mensch, der seine Chance zur Neuorientierung verpasst.

Am nächsten Morgen ruft Markus an. Er habe die Nachricht von seinem Hausarzt erst gestern bekommen und mich nicht mehr erreicht. Pünktlich zum verabredeten Termin erscheint ein gepflegt gekleideter, sympathischer junger Mann mit einem lebendigen, höflichen und kontaktoffenen Verhalten. Ich mache aus meiner Verwunderung keinen Hehl und erzähle ihm von den Anrufen seiner Eltern.

»Da sind wir ja gleich beim Thema«, sagt er. »Es zerreißt mich fast, ich bin ziemlich depressiv, kann mich nicht mehr konzentrieren und arbeiten, weswegen meine Schulleistungen nachgelassen haben. Aber das Abitur werde ich schon schaffen. Trotzdem brauche ich dringend Hilfe.«

»Was zerreißt Sie?«

»Meine Eltern tun mir so leid, ich weiß, wie sehr sie darunter leiden, dass ich vor einem Jahr ausgezogen bin. Ich muss deswegen ständig an sie denken, mache mir Vorwürfe, dass alles meine Schuld ist, und grüble ununterbrochen darüber nach, ob ich nicht zurückziehen soll. Aber ich weiß, es wäre purer Wahnsinn, weil alles wieder von vorn losgehen würde.« – »Seitdem haben Sie keinen Kontakt mehr, haben die Eltern erzählt.« – »Das ist ja das Schreckliche. Sie haben mir den Auszug so übel genommen, dass sie seitdem nichts mehr von mir wissen wollen. Ich weiß nicht, wie viele Briefe ich ihnen geschrieben habe, um ihnen zu erklären, warum dieser Schritt für mich notwendig war, und um mich zu entschuldigen. Sie haben nie geantwortet. Sie überweisen mir pünktlich das notwendigste Geld, das ist das einzige, was uns noch verbindet und von ihrer Liebe übrig geblieben ist. Zwischendurch habe ich telefoniert; aber entweder sie haben sofort aufgelegt oder mir ihre alten Beschimpfungen an den Kopf geworfen.«

»Die müssen sehr massiv gewesen sein, dass Sie für ihr Alter so relativ früh und plötzlich ausgezogen sind.«

»Auf jeden Fall wurden sie für mich auf Dauer unerträglich und ich merkte, wie ich mit den Jahren immer mehr meine Selbstachtung verlor.«

»Worum ging es konkret?«

»Ich weiß gar nicht, wo ich da anfangen soll. Ich glaube, ich habe noch nie etwas wirklich Schlimmes angestellt, dazu war ich viel zu brav erzogen; und liebte meine Eltern zu sehr. Ich bin noch nie sitzen geblieben, habe bis heute noch nie Drogen genommen, habe nie gestohlen oder was man sonst so als Jugendlicher alles anstellt. Aber sie fanden immer ganze Haarbüschel in der Suppe. Mein Zimmer war nicht ordentlich genug aufgeräumt; meine Mutter kam mehrmals täglich rein, um es zu kontrollieren und schimpfte über meine Unordnung. Sie meckerte über meine Kleidung, über meine Frisur, über zu laute Musik, einfach über alles. Wenn ich Freunde mit nach Hause brachte, um fernzusehen oder mit dem Computer zu spielen, was selten vorkam, weil ich schon wusste, was folgen würde, lästerten meine Eltern jedes Mal beim Abendessen über sie; das sei kein Umgang für mich und ich geriete durch sie auf die schiefe Bahn. Mein Vater hatte sich auf meine Leistungen spezialisiert. Ich war nie ein guter, aber auch nie ein ausgesprochen schlechter Schüler. Dafür interessierte ich mich mehr für Fußball und für meine Geige. Weil ich im Schulorchester spiele, muss ich dafür viel üben. Aber das reicht ihm nicht. Täglich bekam ich zu hören, ich sei bodenlos faul, strenge mich nicht genug an. ›Du Dummkopf!‹, sagte er oft voll Wut, und dass ich es nie zu was bringen würde. ›Du gehst keinen guten Weg!‹ Mit solchen dunklen Prophezeiungen haben sie mich zur Weißglut gebracht. Wenn ich mir nebenher ein bisschen Taschengeld verdient habe, hieß es: ›Du bist nur an Geld interessiert.‹ Ich konnte ihnen nichts recht machen. Wollen Sie noch mehr hören?«, unterbrach er seine atemlose Schilderung, bei der er sich in wachsende Erregung steigerte.

»Wenn es noch mehr gibt.«

Ich fasse hier zusammen, was sich mir nach dieser ersten Stunde als Eindruck aufdrängte. Die Eltern müssen Markus als Kind besonders geliebt und wegen seiner musischen und sportlichen Begabungen stark gefördert haben. Seine Jugendmannschaft im Fußballverein wurde Berliner Meister, als der Junge vierzehn Jahre alt war. Ab dieser Zeit ging er immer öfter eigene Wege. Sport, Musik, Freunde und seine erste Freundin beschäftigten ihn mehr als die Schule und die häufigen ritualisierten Aktivitäten mit der Familie. Damals begann der Bruch in der Beziehung zu seinen Eltern. Sie fühlten sich vernachlässigt und spürten, dass der Sohn sich durch seine expansive Verselbstständigung zunehmend von ihnen entfernte.

Ihre Kritik und das Verfolgungsklima verschärften sich, als Markus mit sechzehn Jahren zum ersten Mal seinen Wunsch äußerte, bald ausziehen zu wollen. Jetzt konzentrierten sie ihre ganze Liebe auf Susi, die vier Jahre ältere Schwester. Obwohl sie in der Gunst der Eltern immer hinter Markus zurückstehen musste, bot sie sich in der entstandenen Krise als idealisierte Tochter an, weil sie ein glänzendes Abitur gemacht hatte, mit Erfolg studierte und zudem die Erwartungen der Eltern an Dankbarkeit und häuslichen Zusammenhalt voll erfüllte. Umso mehr musste sich Markus ausgegrenzt fühlen. Die Spaltung der Eltern in eine gute Tochter und einen ungeratenen Sohn diente ihnen offensichtlich dazu, ihr positives elterliches Selbstbild zu bewahren. So wurden nicht sie, sondern Markus verantwortlich dafür, dass sie ihn fallen ließen und unbewusst aus dem Familienverband vergraulten, um dessen Harmonie zu erhalten.

Nach dem Bericht sitzt Markus voll Trauer und Verzweiflung vor mir. Noch ist er von der Ahnung weit entfernt, dass nicht er die Eltern verlassen hat und für diese Schuld sühnen muss, sondern diese ihn vertrieben haben. Sein Auszug war nur die konsequente Folge ihrer unbewusst intendierten Ausstoßung.

Schon während er erzählte, entstand in mir die Vermutung, dass seine Verselbstständigungstendenzen nicht der alleinige Grund sein konnten, warum seine Eltern ihn völlig verzerrt wahrnahmen und ihn schließlich aufgaben. Selbst bei stark narzisstischen Eltern geht ihre Kränkung über die Ablösung in der Regel nicht so weit, dass sie zu so drastischen Mitteln greifen. Zumal dann nicht, wenn sie ihre Kinder früher sehr geliebt haben, und die Jugendlichen selbst, wie Markus auch, sich an eine »glückliche Kindheit« erinnern.

Auffallend war zunächst, wie einig sich die Eltern in der Ablehnung ihres Sohnes waren. Wozu diente diese Einigkeit? Sollte sie vielleicht einen Ehekonflikt verdecken, wobei die wechselseitige Aggression und Enttäuschung auf ihn verschoben wurde? Oder teilten die Eltern ein gemeinsames Schicksal, bei dem sie selbst zu Ausgestoßenen geworden waren? Auf jeden Fall schien klar, dass in dieser festgefahrenen Situation eine therapeutische Entlastung von Markus kaum ohne die Mithilfe der Eltern zu erwarten war. Auch für sie könnten Gespräche möglicherweise ihre Verweigerung aufbrechen, weil sie bei aller Ablehnung ihrerseits schwer unter der Trennung zu leiden schienen.

Am Schluss der Stunde teile ich Markus meine Überlegungen mit. Er ist sofort einverstanden und erleichtert über meinen Vorschlag, mit den Eltern zu sprechen und gibt mir ihre Telefonnummer.

An dieser Stelle stand ich beim Schreiben vor der Frage, ob ich hier den Bericht abbrechen oder fortsetzen sollte. Im ersten Fall wären einige Mechanismen der Ausstoßung und ein paar Hypothesen über die familiendynamischen Hintergründe deutlich geworden und hätten das Bedürfnis vieler Leser ausreichend befriedigt. Ich habe mich jedoch aus folgenden Gründen für eine Fortsetzung entschlossen. Nicht nur in der Fachliteratur sondern auch in psychologischen Sachbüchern und Ratgebern wird häufig der Mangel an ausführlichen Kasuistiken beklagt. Jenseits aller Theorie vermitteln sie einen weit lebendigeren Einblick in die Vielfalt tiefenpsychologischer Motive menschlicher Konflikte und zugleich in das Handwerk des Therapeuten, mit dem er sie aufdeckt, Korrekturen einleitet und dadurch Heilungen ermöglicht. Natürlich würde jeder Einzelfall den Umfang eines Buches sprengen, wenn man diesen Prozess in all seinen Feinstrukturen beschreiben wollte. Da dies im vorliegenden Rahmen nicht möglich ist, sollte die Spannung eines solchen Verlaufs auf den interessierten Leser wenigstens soweit überspringen, dass er für sich selbst einige Erkenntnisse daraus ziehen kann. Denn kein Einzelfall steht für sich allein, sondern für die Verbreitung ähnlicher Konflikte, wie sie auch außerhalb des therapeutischen Raumes auftreten.

Die Eltern reagierten auf meinen Anruf und die Mitteilung von Markus' erster Behandlungsstunde sehr überrascht und waren sofort zu einem Gespräch bereit.

»Sie haben Ihren Sohn ein Jahr lang nicht gesehen. Das ist eine lange Zeit«, eröffne ich die Stunde.

»Als er damals so plötzlich auszog, ohne uns etwas zu sagen, waren wir wie vor den Kopf geschlagen«, sagt der Vater.

»Er hatte es gut zu Hause und wir haben alles für ihn getan, was wir konnten«, stimmt die Mutter ein und fügt hinzu: »Wir sind bis heute fassungslos, wie er uns das antun konnte.«

»Sie müssen ihn sehr geliebt haben, und ich verstehe Ihre Enttäuschung. Aber es muss doch Gründe für seinen Auszug gegeben haben.«

Mit diesen beiden Sätzen versuche ich gezielt, die Eltern einerseits zu bestätigen, weil schon der Anschein eines Vorwurfs das Arbeitsbündnis bereits im Ansatz verhindern würde. Mit dem zweiten Satz möchte ich ihnen die Gelegenheit geben, ihre Anschuldigungen zu wiederholen, weil sie sie zunächst noch dringend zur Rechtfertigung ihres Verhaltens und zur Abwehr ihrer Schuldgefühle brauchen. Wie zu erwarten, ziehen sie jetzt wieder alle Register. Als sie sich auf diese Weise entlastet haben und ihre Erregung abgeklungen ist, sage ich:

»Sie müssen furchtbare Angst um Ihren Sohn haben. Deswegen werden Sie froh sein, dass ich einen viel erfreulicheren Eindruck von ihm habe, und dass er unter der Trennung von Ihnen genau so leidet wie Sie.«

Nachdem ich diese Bemerkung mit konkreten Beispielen weiter ausgeführt habe, schweigen die Eltern sichtlich betroffen. Ich lasse ihnen die Pause, damit die Betroffenheit nachwirken und die festen Abwehrstrukturen innerlich lockern kann. Ich warte ab, noch ohne zu wissen, was passieren wird.

In das Schweigen hinein sagt der Vater mit deutlich veränderter Stimme: »Irgendetwas muss schrecklich schief gelaufen sein, ich weiß nur nicht was.« Seine Frau stimmt ihm zu. Mit dieser Erkenntnis bricht bei beiden eine erste Ahnung auf, dass es tiefer liegende Ursachen für die Zerwürfnisse und die schließliche Ausstoßung des Sohnes geben muss.

An solchen Stellen kann der Therapeut aufatmen, weil er durch die Anzeichen zur Introspektion den Wunsch nach Veränderung und die Bereitschaft zur Mithilfe spürt. Damit hat er schon halb gewonnen. Das bestätigt sich nach meiner Antwort:

»Sehr häufig läuft in Familien etwas schief, weil die allermeisten Eltern unverarbeitete Erlebnisse aus ihrer Kindheitsgeschichte mit sich herumschleppen, die später in verwandelter Form wieder auftauchen. Deswegen schlage ich vor, wir sprechen erstmal nicht weiter über Markus, sondern versuchen herauszufinden, was in Ihrer eigenen Biographie schief gelaufen ist und Sie noch heute belastet. Vielleicht gelingt es uns dann, einen Zusammenhang mit Ihrer Beziehung zu Ihrem Sohn herzustellen. Wer fängt an?«, frage ich aufmunternd, als beide zustimmend nicken.

Als Therapeut verheddert man sich leicht, wenn man sich auf die Verführung der Eltern einlässt, ihren Klageliedern über die Kinder allzu lange zuzuhören, und zu verstehen, wo der Konflikt liegen könnte. Denn hinter ihren Klagen steckt häufig ein Ablenkungsmanöver, das verhindern soll, sich mit den eigenen Problemen zu beschäftigen. Die Kinder sind in der Regel nur die Symptomträger dieser unverarbeiteten Probleme. Deswegen unterbreche ich, wie im vorliegenden Fall, die Eltern rechtzeitig und treffe die obige Abmachung. Markus' Eltern gingen vielleicht deswegen so bereitwillig auf meinen Vorschlag ein, weil sie beide unter einem starken persönlichen Leidensdruck standen.

Ich breche hier die Beschreibung des Behandlungsverlaufs ab und fasse zusammen, was die Aufdeckung ergab und zu welchem Ergebnis sie führte. Die Therapie erstreckte sich über zwei Jahre und umfasste 47 Einzelsitzungen mit Markus, sechs Stunden mit den Eltern allein und vier gemeinsam mit ihrem Sohn. Dieses flexible Setting mit der unregelmäßigen, situationsabhängigen und familientherapeutisch orientierten Einbeziehung der Eltern erweist sich nicht nur bei Kindern, dort obligatorisch, sondern auch bei Heranwachsenden und jungen Erwachsenen mit schweren Familienkonflikten als sinnvoller Behandlungsansatz.[13]

Wie lassen sich die zunächst unverständlichen Reaktionen der Eltern erklären? Die Mutter ist eine 44-jährige, elegant gekleidete Frau und stammt als Einzelkind aus einer Kaufmannsfamilie. Sie wurde als Kind verhätschelt und verwöhnt und war der Liebling ihres Vaters. Nach dem Abitur studierte sie Germanistik und träumte von einer Karriere als Journalistin. Durch die ungewollte Schwangerschaft und die frühe Geburt ihrer Tochter mit anschließender Heirat gab sie das Studium auf und machte später einen Lehrgang als Steuergehilfin, ein Beruf, in dem sie bis heute arbeitet.

Als sie fünfzehn wurde, verließ der Vater die Familie – eine Zeit, in der sie als Pubertierende heftig in ihn verliebt war. Dieses Trauma und der nie erfüllte Berufswunsch nagten bis heute an ihrem Selbstgefühl. Sie schätzte zwar ihre

Tochter, aber eine sichere Bindung konnte sie wegen der unglücklichen Vorgeschichte nie zu ihr entwickeln. Erst Markus rettete sie aus ihrer Unausgefülltheit und nicht verwundenen Verlassenheit. Er war nicht nur erwünscht, sondern zog durch sein fröhliches und einnehmendes Wesen und seine liebevolle Zärtlichkeit, mit der er an ihr hing, die ganze überfürsorgliche Liebe der Mutter auf sich. Als sich seine musische Begabung herausstellte, setzten zusätzlich ihre Projektionen ein, in denen sie ihr eigenes kreatives Potenzial erfüllt sah. Sie empfand ihre Ehe zwar als harmonisch, aber innerlich wurde sie von der engen Bindung an ihren Sohn immer abhängiger.

Seine sich früh abzeichnenden Verselbstständigungstendenzen, die jetzt auch als Befreiungsversuch aus einer ihn vereinnahmenden und umschlingenden Liebe verstehbar wurden, erlebte die Mutter als Bedrohung ihrer Zweisamkeit und als massive Kränkung ihrer mütterlichen Identität. Statt den Sohn noch stärker zu binden, wehrte sie wegen der Schwere der narzisstischen Verletzung ihre Verschmelzungswünsche durch eine Reaktionsbildung ab. Als solche bezeichnet man einen Abwehrmechanismus, der genau das Gegenteil von dem ausdrückt, was man eigentlich beabsichtigt. Durch die Abstempelung des Sohnes als missraten und verloren schützte sich die Mutter gegen die Offenbarung ihrer übermäßigen Liebe und den anstehenden Trennungsschmerz. Als sie den Sohn schließlich durch ihre permanente Verfolgung unbewusst aus dem Nest geworfen hatte, kam es zu einer Retraumatisierung ihres frühen Vaterverlustes. Das erneute Trauma des Verlassenwerdens machte sie völlig unfähig, von sich aus eine neue Brücke zu ihrem Sohn zu schlagen.

Beim Vater lagen die Gründe für seine radikale Ablehnung von Markus anders. Er stammte aus einer Handwerkerfamilie und sollte als ältestes von drei Geschwistern den väterlichen Betrieb übernehmen. Aber er wollte einen anderen Weg gehen, nicht zuletzt, um sich aus der Dominanz des Vaters zu befreien. Als er eine Lehre als Bankkaufmann begann, versagte ihm der Vater jede Unterstützung und zog sein Interesse an seinem Sohn völlig zurück. Zum endgültigen Bruch kam es, als der schwer enttäuschte Vater ihn wegen seiner immer stärkeren Ablösung als »Hurensohn« beschimpfte und ihn zum Auszug aus der Familie zwang. Markus' Vater war damals siebzehn Jahre alt. Er litt schwer unter dieser Ausstoßung, die zu einer jahrelangen Trennung vom Elternhaus führte. Erst als er sich beruflich erfolgreich entwickelt hatte und selbst Vater wurde, kam es zu einem erneuten, wenn auch sehr oberflächlichen Kontakt mit den Eltern.

Markus' Vater erschrak, als wir im Gespräch diese Vorgeschichte rekonstruiert hatten, und er sich ihrer wieder bewusst wurde. Plötzlich ahnte er den Zusammenhang mit seinem Verhalten Markus gegenüber. Auch er hatte ihn als Jungen sehr geliebt und setzte seine ganze Hoffnung darauf, dass er eines Tages studieren werde, was ihm selbst wegen der Einschränkungen durch den Vater nach Abschluss der Banklehre nicht möglich war. Als Markus dieses Ziel zu verfehlen schien, drohte er ihm zwar nicht mit dem Rausschmiss. Aber er kritisierte ihn jetzt ständig und wertete ihn ab wie damals sein Vater ihn. Dabei verzerrte sich zunehmend seine realistische Wahrnehmung des Sohnes.

Psychologisch spricht man in diesem Zusammenhang von einem Wiederholungszwang. Unbewusst reagierte der Vater aus der gleichen Enttäuschung, wie er sie bei seinem eigenen Vater erlebt hatte. Dabei rächte er sich an Markus für das, was er selbst erleiden musste. Solche Wiederholungen eigener Kindheitserfahrungen an den späteren Kindern gehören zu den inzwischen bekannten, in der Regel unbewusst ablaufenden Übertragungen, wie sie in allen Eltern-Kind-Beziehungen ablaufen, wenn auch mit unterschiedlicher Intensität und Konsequenz für die Beziehung. Psychoanalytisch ge-

nauer ausgedrückt hatte im vorliegenden Fall der Vater von
Markus in früher Identifikation mit dem eigenen Vater dessen Rolle eingenommen und den negativen Selbstanteil des
versagenden Sohnes auf Markus übertragen und bei ihm verfolgt.

Als beiden Eltern nach der Aufdeckung ihrer unterschiedlichen Motive klar wurde, dass sie den plötzlichen
Auszug von Markus selbst verschuldet hatten, war der Weg
zur Versöhnung gebahnt. Sie gestaltete sich allerdings nicht
so geradlinig, wie die Schilderung es nahelegt. Wie in jeder
Therapie brauchte es längere Zeit, um Widerstände und
Rückschläge zu überwinden, und die Konflikte mehrfach
durchzuarbeiten. Aber der glückliche Ausgang für alle drei
machte ihnen rückblickend deutlich, dass ohne eine Behandlung eine lange Leidensgeschichte vor ihnen gelegen
hätte.

c) Verzerrte Erotik

Eine besondere und häufige Variante der Schwierigkeiten
bei der Ablösung der Eltern von ihren Kindern stellen ihre
erotischen Bindungen dar. Da Erotik und Sexualität zu den
zentralen menschlichen Antrieben und Bedürfnissen gehören, dürfte es eigentlich nicht verwundern, dass sich auch
die Eltern-Kind-Beziehung mit erotischer Energie auflädt.
Sie speist sich aus dem engen und nackten Haut- und
Körperkontakt und den intimen Gefühlen von Zärtlichkeit,
Zuneigung und Vertrautheit zwischen Eltern und Kind in
dessen ersten Lebensjahren. Die Tatsache, dass die frühen
Bindungsmuster die naturwüchsigen Quellen der Erotik bilden, scheint noch einem Tabu zu unterliegen. Zumindest
schweigt sich die Fach- und Sachliteratur darüber weitgehend aus und wirkt deswegen oft so staubtrocken. Auch
in der Öffentlichkeit wird kaum offen über sie gesprochen.

Das erste Tabu brach Freud mit der Entdeckung der kindlichen Sexualität. Er war auf Umwegen zu ihr gelangt. Zunächst veranlassten ihn die Krankengeschichten einiger seiner Patientinnen zu der Annahme von einem sexuellen Missbrauch durch ihre Väter in der Kindheit. Es ist viel darüber diskutiert worden, warum Freud diese »Traumatheorie« aufgab, als er herausfand, dass in vielen Fällen der angebliche Missbrauch eine Erinnerungstäuschung seiner Patientinnen war, eine Reminiszenz ihrer eigenen auf den Vater gerichteten sexuellen Wünsche. Aus dieser »Verführungstheorie« entwickelte er die Theorie vom Ödipuskomplex. Bekanntlich setzt er in der von Freud als »ödipale Phase« bezeichneten Zeit zwischen dem vierten und sechsten Lebensjahr ein, in der das Kind seine Sexualität entdeckt und seine sexuellen Strebungen auf den gegengeschlechtlichen Elternteil richtet.

Mit der Entdeckung der frühen Sexualität und der Theorie vom Ödipuskomplex stand Freud vor der Frage, wie dem kindlichen Begehren Einhalt geboten werden könne. Dabei stieß er auf das Inzesttabu, das bereits bei allen erforschten Naturvölkern existiert. Nach seiner Auffassung wurde das Tabu im Laufe der Menschheitsgeschichte errichtet und als eins der wirksamsten Verbote im Kollektiv verinnerlicht. Es dient nicht nur der Vermeidung der Sexualität zwischen Blutsverwandten, um Erbschäden vorzubeugen; es soll gleichzeitig die Exogamie zur Ausweitung der jeweiligen Bevölkerungsgruppe fördern.

Wenn man die Schriften Freuds liest, ist man immer wieder über die Faszination verwundert, mit der er den Zusammenhang von kindlicher Sexualität, dem Begehren des ersten gegengeschlechtlichen Liebesobjektes und dem Inzesttabu analysierte. Dabei fällt auf, dass die Eltern völlig aus seinem Blickfeld gerieten, seitdem er die »Traumatheorie« aufgegeben hatte. Wie steht es um ihre auf das Kind gerichteten erotischen Phantasien und Wünsche? Es ist ungeklärt, ob er diesen zweiten gewaltigen Tabubruch in der bürgerlichen Gesellschaft der ersten Hälfte des vorigen Jahrhunderts noch nicht wagte, oder ob der Mangel an genaueren Kenntnissen über die frühe Eltern-Kind-Bindung ihm diesen Blick noch nicht ermöglichte.

Heute lässt sich aus der Bindungsforschung eindeutig ableiten, dass die erotische Spannung zwischen Eltern und Kind einen wesentlichen Anteil an ihrer lustvollen Beziehung beansprucht. Diese Spannung setzt bei einer sicheren Bindung mit der Geburt ein und hält die Beziehung über die erste ödipale Phase hinaus bis mindestens in die zweite ödipale Phase in der Pubertät zusammen. In der ersten Phase bekommt die Erotik einen Zufluss durch die aufkeimende Sexualität des Kindes. Diese Mischung ist aber im Wechselspiel zwischen Eltern und Kind in dieser Zeit von geringer Verführungskraft und noch weit entfernt von der Verletzung des Inzesttabus. Die Grenze liegt in der schlichten biologischen Tatsache begründet, dass ein fünfjähriger Junge zwar sexuelle Erregungen verspürt und Erektionen erlebt, aber wohl kaum einen Geschlechtsakt mit der Mutter vollziehen und sie auch wegen noch mangelnder Geschlechtsreife nicht schwängern kann. Entsprechendes gilt für das Mädchen. Eine Sexualität zwischen Eltern und Kindern im engeren Sinne scheidet daher aus. Hier liegt der entscheidende Punkt, zwischen Erotik und Sexualität zu unterscheiden.

Erotik, abgeleitet von dem griechischen Gott der Liebe, Eros, bezeichnet im psychoanalytischen Sinn die desexualisierte Libido. Sie umfasst alle Kräfte und Ausdrucksformen der Liebe, wie sie in zwischenmenschlichen Beziehungen auftreten. Erotik entfaltet die geistig-seelische Dimension der Geschlechtlichkeit und gehört deswegen zu den elementaren Formen der Kommunikation. Damit reicht sie weit über die Sexualität hinaus. Sie drückt sich in ihren vielen Erscheinungsformen, ob im alltäglichen Umgang miteinander oder in Kunst, Literatur und Mode, besonders dann aus, wenn verschiedene Umstände die unmittelbare Sexualität verhindern. Erotik ist sublimierte Sexualität.

Diese Definitionen stellen klar, dass es in harmonischen Eltern-Kind-Beziehungen nicht um Sexualität, sondern um Erotik geht, um den großen Flirt der Liebe zwischen Mutter und Sohn, zwischen Vater und Tochter. Freud hätte viele Missverständnisse vermieden, wenn er diese unterschiedliche Qualität der Beziehung gesehen und betont hätte. Die frühe Erotik und die ödipale Sexualität enthalten in ihrem Mischungsverhältnis noch keine gefährliche Sprengkraft, sondern tauchen die Eltern-Kind-Beziehung in die bunten Farben der Verliebtheit. Dabei bleibt der sexuelle Anteil der Libido abgespalten, weil die Natur die Liebesobjekte noch zu keiner sexuellen Partnerschaft befähigt.

Die harmonische Spannung der Erotik bereichert wohl die allermeisten Eltern-Kind-Paare in beglückender Weise. Aber bei vielen Eltern verzerrt sich leider die Erotik durch übermächtige Liebesbedürfnisse. Dabei verstärkt sich die Bindung und kann zu erheblichen Schwierigkeiten bei der Ablösung führen.

Die Liebe ist ein wandelbares Ding und passt sich chamäleonartig der Charakterstruktur der Liebenden an. So bevorzugt ein oraler Charakter die besitzergreifende und ausbeuterische Liebe, bei einem analen Charakter nimmt sie aggressiv-kontrollierende und erdrückende Züge an, ein hysterischer Charakter tendiert zu übertriebener Erotisierung und Sexualisierung seiner Beziehungen und ein narzisstischer Charakter zur Verdinglichung des Objekts im Dienst eigener Selbstliebe. Diese Konstellationen treffen auch auf Eltern-Kind-Beziehungen zu. Dabei kommt es in der Regel zu Mischformen der Liebe, weil es die reine Charakterstruktur nur selten gibt.

Besser als ein Beispiel aus der therapeutischen Praxis können folgende Szenen aus dem Roman von Pascal Mercier »Der Klavierstimmer« die Grenzüberschreitungen einer verzerrten Mutter-Sohn-Beziehung in ihren subtilen Steigerungsformen verdeutlichen.

»Begonnen hatte es harmlos. Maman rief mich zu sich, um ihr beim Frisieren zu helfen, manchmal auch nur, um ihr etwas aufzuheben oder zu halten. Zu Beginn schien es mir nicht bedeutungsvoll, dass sie mich bat, die Tür abzuschließen. Die Intimität, die dadurch entstand, empfand ich nur als Zeichen mütterlicher Zuneigung. Erst als sie immer unverhohlener meine körperliche Nähe suchte, bekam das Abschließen der Tür den Geschmack des Verbotenen … Unter Tränen umarmte sie mich und drückte meinen Kopf an die schmerzende Hüfte.

Maman erfand ein Spiel, das uns half, die Empfindung des Verbotenen voreinander und vor uns selbst zu verbergen: Sie, die mich auf dem Schoß hielt, fing Sätze an, und ich musste sie vollenden.«

Patrice wird das »Spiel« immer unheimlicher. Er versucht, sich der Mutter zu entziehen, aber sie hält ihn auf ihrem Schoß fest. Künftig vermeidet er den Besuch in ihrem Zimmer und kämpft für sich mit den »widersprüchlichsten Empfindungen«. Eines Tages ruft sie ihn zu sich. Er trifft sie in einem verzweifelten Zustand an. Er will wegrennen, bringt aber die »Grausamkeit« nicht auf.

»Es war viel Mitleid dabei, als ich mich umarmen ließ. Sie war heftiger als sonst, diese letzte Umarmung, roh und ungestüm. Mit überraschender, zuckender Gewalt nahm Maman meinen Kopf in die Hände, zog ihn zu sich und presste ihre geöffneten Lippen so fest auf die meinen, als wolle sie mich verschlingen. Ich spürte die weiche Wärme ihres Mundes, die sich mit dem seifigen Geschmack des Lippenstifts vermischte.«[14]

Die sanfte Erotik, die normalerweise die Eltern-Kind-Beziehung in einen Schleier des Glücks einhüllt, wird für Patrice durch den mütterlichen Durchbruch erotischer »Gewalt« zu einem kindlichen Alptraum, der die Beziehung äußerlich zerstört, aber die innere Bindung nicht aufheben kann.

So ergeht es vielen Kindern, die durch ihre zärtliche Annäherung die Zuneigung der Eltern suchen, diese das Verhalten jedoch als sexuell missdeuten. Entweder sie wehren es mit strenger Zurückweisung ab, oder beantworten es mit einem übersteigerten erotischen Entgegenkommen. Beide Reaktionen lösen bei den Kindern Verwirrung aus, weil sie die Gefühle der Eltern nicht deuten können. Dramatischer gestaltet sich, wie das Beispiel von Patrice zeigt, die erotische Überwältigung des Kindes durch Eltern, die jedes Gespür für die Nuancen erotischer Nähe verloren haben. Dabei verwechseln sie die Bedürfnisse des Kindes mit ihren eigenen und durchbrechen die empfindliche Distanzschranke, die die Grenze zwischen normaler erotischer Liebe und ihren verzerrten Formen markiert.

Die Gründe hierfür liegen meistens in einer enormen emotionalen Bedürftigkeit der Eltern. Da sie sich selbst nicht für liebenswert halten und entsprechend ungeliebt fühlen, konzentrieren sie ihre ganze Liebe auf die Kinder und wollen deren Liebe erzwingen. Dabei verfallen sie dem Irrtum, dieses Ziel durch erotische Überstimulierung erreichen zu können. Es verwundert nicht, wenn man von vielen dieser Eltern erfährt, dass ihre Ehe schon seit langer Zeit zerrüttet und ihre Sexualität auf ein Minimum reduziert oder ganz erloschen ist.

Die Schwierigkeiten im Umgang mit der Macht der Erotik im Kindesalter werden in der Pubertät aus leicht einsehbaren Gründen um ein Vielfaches gesteigert. Freud sprach von einer Wiederholung der ödipalen Phase, in der der Jugendliche noch einmal sein erstes Liebesobjekt heiß begehrt. Mit Erreichen der Geschlechtsreife tauchen jetzt erstmalig reale Gefahren auf, da die Sexualität zwischen Eltern und Kindern nur noch durch das Inzesttabu geschützt ist.

Auch bei der Diskussion dieser zweiten ödipalen Phase

wählte Freud aus unverständlichen Gründen wieder nur die Perspektive der Jugendlichen. Dabei lehrt uns nicht nur die therapeutische Erfahrung sondern die alltägliche Beobachtung, eine wie starke sexuelle Anziehung junge Menschen auf ihre Eltern ausüben können. Nicht umsonst hat sich die Faszination des Themas in Mythen, Religionen, Literaturen und filmischen Darstellungen immer wieder niedergeschlagen. Der allen Lesern sicher bekannte Film »Herzflimmern« (»Le Souffle de cœur«) von Louis Malle aus dem Jahr 1970 mit der Hauptdarstellerin Lea Massari mag hier als Beispiel für diese Traditionslinie gelten.

Es sind in erster Linie die Eltern, die in der Pubertätsphase ihrer Kinder vor der Herausforderung stehen, durch die Abwehrmechanismen der Desexualisierung und Sublimierung ihre sexuellen Phantasien und Impulse unter Kontrolle zu bekommen und eine ausgewogene Balance in der erotischen Beziehung aufrechtzuerhalten. Wenn schon eine übersteigerte Erotisierung in der Kindheit keine Seltenheit ist, um wie viel verführerischer muss sie unter dem Eindruck der erreichten Triebstärke der Jugendlichen werden! Eine erotische Überstimulierung führt aber nicht nur zu einer enormen psychischen Verunsicherung der kleinen und großen Kinder. Sie bildet für die Eltern auch den Kitt, mit dem sie die Kinder an sich binden wollen. Dadurch verstricken sie sich so sehr in die Beziehung, dass für sie jeder Ablösungsversuch der heranwachsenden Kinder zu einem seelischen Desaster werden kann. Auf diese Weise verfehlen sie ihre Entwicklungsaufgabe, die Kinder unter Wahrung eines altersgemäßen Gleichgewichts zwischen Bindung und Freiheit in die Welt zu entlassen.

Dem Leser ist nicht entgangen, dass ich mich in der bisherigen Darstellung auf die erotischen Bindungsmuster beschränkt habe und auf die Schwierigkeiten, die sie besonders für den Ablösungsprozess mit sich bringen können. Ich habe bewusst darauf verzichtet, die Umschlagstellen von der Erotik zur Sexualität ausdrücklich zu thematisieren. Aber der sexuelle Missbrauch von Kindern und Jugendlichen und der oft jahrelang vollzogene Inzest zwischen Vätern oder Stiefvätern und Töchtern gehören zu den entsetzlichsten Kapiteln der Eltern-Kind-Beziehung. Die Täterpersönlichkeiten, wie ich sie in ähnlicher Form bei der schweren Vernachlässigung, der fortgesetzten körperlichen Gewalt und der Kindestötung bereits angedeutet habe, stellen sich mit ihrem Verhalten außerhalb aller gesetzlichen und moralischen Regeln. Die Tatsache, dass sie das Inzesttabu außer Kraft setzen, weist auf eine verheerende Zerstörung ihres menschlichen Kerns hin, die sie unfähig zu jeder Verantwortung, zu jedem Triebverzicht und zu jeder tieferen Bindung an ihre Kinder gemacht hat. Um das Thema des Buches nicht zu überzeichnen, klammere ich solche extremen Tätergruppen aus der Darstellung aus.

Dabei darf allerdings nicht unerwähnt bleiben, dass die Kinder von schwer bindungsgestörten Eltern ihrerseits durchaus Bindungen zu ihnen aufbauen. Sie sind jedoch ebenfalls in hohem Maße desorganisiert, ambivalent-destruktiv und krankmachend und lenken das gesamte weitere Leben einschließlich späterer Beziehungen in eine zerstörerische Richtung. Diese tragischen Schicksale hier näher auszuleuchten, übersteigt den Rahmen des Buches.

4. Eltern nach dem Auszug der Kinder

»Übereinstimmend wird in der Forschung ein Anstieg der ehelichen Zufriedenheit mit dem Eintreten der nach-elterlichen Phase berichtet, weil es zu einer Entspannung der Partnerschaft komme.«[15]

Diese frohe Botschaft kann allen Eltern Mut machen, die noch rund um die Uhr in die Versorgung der Kleinkinder eingespannt sind oder sich im täglichen Kampf mit ihren pubertierenden Kindern aufreiben. Ihr definitiver Auszug setzt nach der Geburt den zweiten großen Meilenstein in den Ablauf der Familienzyklen. An ihm verzweigt sich der bisher klar vorgezeichnete Weg des gemeinsamen Familienlebens in verschiedene Richtungen. Die Kinder ziehen in die Welt hinaus, genießen die endlich erreichte Freiheit. Sie suchen andere Menschen, mit denen sie sich verbunden fühlen, und andere Orte, an denen sie sich heimisch niederlassen. Die Eltern bleiben zu Hause. Es ist ungleich leichter wegzugehen, als alleine zurückzubleiben. Die flüggen Kinder haben ein »leeres Nest« hinterlassen. Und das tut weh. Für die Eltern beginnt eine Zeit der Trauer und des Trennungsschmerzes, weil ihre Bindungsgefühle, die zwei bis drei Jahrzehnte bestanden, durch den äußeren Abschied Einrisse bekommen. Der seelische Schock verlangt nach neuen Lösungen, wenn er nicht innerlich abgekapselt bleiben und auf Dauer zu Isolation und Einsamkeit führen soll.

Eltern stehen daher an diesem zweiten Meilenstein genauso wie ihre Kinder vor der Aufgabe, ihre Identitäten neu zu definieren, nachdem sie ihren alten Rollen entwachsen sind. Der Abnabelungsprozess bedeutet daher für beide eine »normative Entwicklungskrise«. Sie birgt Chancen und Risiken. Im Gegensatz zu früheren Generationen, in denen Frauen auf ihre Mutter- und Hausfrauenrolle fixiert waren und den Kindern ein Ausschließlichkeitsanspruch zugestanden wurde, hat der gesellschaftliche Wandel hier zum Vorteil aller neue Weichen gestellt. Durch die Berufstätigkeit eines Großteils der Mütter wird das traditionelle Familiensystem schon im Laufe der Erziehungsjahre deutlich aufgelockert. Dadurch führt die Ablösungsphase nicht mehr zu derart tief greifenden Veränderungen des Systems, wie sie aus der Vergangenheit bekannt sind.

Trotzdem verlangt der lebenslange Umgestaltungsprozess zwischen den Polen von Bindung und Freiheit nach dem Auszug der Kinder von den Eltern eine grundlegende

Neuorientierung und einen Perspektivwechsel in ihrer Zu-
kunftsgestaltung. Sie haben ihre Lebensmitte erreicht und
stehen vor der Frage, wie sie ihre neu gewonnene Unabhängigkeit persönlich und beruflich nutzen wollen. Die be-
rühmte »Krise der Lebensmitte« hat nicht nur mit solchen
Unsicherheiten und der Trennung von den Kindern selbst zu
tun; gleichzeitig verschärft sich die Wahrnehmung für nach-
lassende Aktivität, Leistungsfähigkeit, Gesundheit und das
einsetzende Klimakterium bei Frauen und Männern. Trotz
erhöhter Lebenserwartung beginnt sich die Zeit im subjektiven Erleben zu verkürzen, auch wenn ihre Dauer ohne
die Kinder noch ebenso lang ist wie mit ihnen (zwanzig bis
dreißig Jahre). In jedem Fall stellt der Übergang zur Nach-
auszugsphase neue Anforderungen an die autonome und
selbstbestimmte Ausgestaltung des frei gewordenen Le-
bensraums. Dabei wirft der Beziehungswandel im Verhältnis zu den Kindern die Eltern zwangsläufig auf sich selbst
zurück.

Wo liegen die Chancen eines so grundlegenden Familien-
umbaus? Nach dem obigen Zitat, das sich auf zahlreiche
Forschungsergebnisse stützt, nimmt die Zufriedenheit in der
Ehe zu. Auffällig ist die Begründung, »weil es zu einer Entspannung der Partnerschaft komme.« Daraus muss man
schließen, dass Elternglück nicht identisch mit Eheglück ist.
Tatsächlich bestätigt die Forschung auch, dass von den
meisten Paaren die Elternschaft befriedigender als die Ehe
erlebt wird. Dieser keineswegs selbstverständliche Befund
lenkt unsere Aufmerksamkeit wieder auf die ursprünglichen
Kräfte, die Eltern und Kinder zu verschworenen Gemein-
schaften zusammenschweißen. Die starke Bindung erfordert ein Maß an Energien für Versorgung, Schutz und Förderung, das der Partnerschaft entzogen wird. Da es in aller
Regel die Mütter sind, die, wie wir sahen, durch ihre bio-
psycho-soziale Nähe eine emotional und zeitlich dichtere
Bindung an die Kinder entwickeln, erleben die beruflich

meist voll beschäftigten Väter eine größere Distanz zu den Kindern und häufig eine Vernachlässigung durch ihre Frauen. Daraus erwachsen Spannungen in der Ehe, weil sich in der Familie alles um die Kinder zu drehen scheint.

Besonders in der Pubertät, in der es zu einer Neuauflage des ödipalen Konfliktes kommt, können diese Spannungen durch wechselseitige Eifersucht geschürt werden. Wie im letzten Kapitel schon angesprochen, können die Verliebtheit der Tochter in den Vater und des Sohnes in die Mutter und vor allem deren erotisch getönte Spiegelungen eine Dynamik entfalten, die die Ehe bis zur Zerreißprobe belasten kann.

So wird die »Entspannung« verständlich, die nach dem Auszug der Kinder eintritt. Erst jetzt haben die Partner wieder Zeit füreinander, Zeit für Gespräche, die sich nicht nur um die Kinder drehen, Zeit für gemeinsame Unternehmungen, für Freunde und nach vielen Jahren mal wieder für die ersten gemeinsamen Ferien ohne die Kinder. Der neue Freiraum und die Ungestörtheit lassen auch die fast verebbte körperliche Intimität wieder lustvoll aufleben. Dazu tragen die abklingende Eifersucht auf die Kinder und die Verschiebung der Libido von ihnen auf den Partner entscheidend bei. In Ruhe kann das Paar darüber nachdenken, wie es gemeinsam und jeder für sich die Zukunft ohne die Kinder gestalten will, welche Interessen und Aktivitäten jeder zurückstellen musste, die sich jetzt verwirklichen lassen, oder in welchen Bereichen sie sich stärker engagieren wollen.

Psychologisch haben die Eltern nach dem Auszug der Kinder die Chance, sich noch einmal neu zu erfinden, indem sie ihr Selbst und ihre Beziehung zueinander kreativ umstrukturieren. Beide können dadurch einen Entwicklungsschub machen, der nach der Phase aktiver Elternschaft ihr eigenes Wachstum vorantreibt und ihre Verbundenheit und Liebe auf eine reifere Stufe hebt. Bei mehreren Kindern und ihrem zeitlich verschobenen Auszug erfolgen diese Reifungsschritte stufenweise und erleichtern es den Eltern, in ihre neue Rollenidentität langsam hineinzuwachsen.

Solche idealen Verläufe lassen sich in der Realität nicht immer erwarten und nicht alle Eltern bewältigen die kritische Phase des Auszugs der Kinder so harmonisch. Gründliche Untersuchungen dieser Zeitspanne haben das einleuchtende Ergebnis erbracht, wonach trotz der gesellschaftlich gewandelten Rollenbilder der Frau es vornehmlich die Mütter sind, für die der Auszug zum Risiko werden kann. Als Grund treffen wir auch hier wieder im Vergleich zu Vätern auf die frühe und tiefer verankerte Bindestruktur zwischen Mutter und Kind. Neben dem größeren Geschenk des »Mutterglücks« besteht gleichzeitig die höhere Hypothek an »Mutterleid«.

Dass in dieser breit gesicherten Erfahrung neben den sozialen Rollenmustern eins der vielen Naturgesetze aufscheint, die Männer und Frauen, hier in ihrer Funktion als Mütter und Väter, unterscheiden, wird nach wie vor von Vertreterinnen der Frauenbewegung vehement verworfen. Aber ihr unbestrittener Anspruch auf Gleichberechtigung und Gleichwertigkeit in Familie und Gesellschaft stößt in der Mutterfrage auf seine vielleicht entscheidende Grenze. Das Frauenbild der Postmoderne, soweit es die Mutterfunktion noch einschließt, hat trotz der Erweiterung der Handlungsspielräume in Beruf, Politik, Kultur und Öffentlichkeit relativ wenig an den psychischen Bedingungen des Mutterseins geändert.

Diese Tatsache liegt nicht in erster Linie an der im Vergleich zu Vätern nach wie vor höheren Beanspruchung der Mutter bei der Versorgung der Kinder. Der psychologisch entscheidende Grund dürfte darin liegen, dass Mütter stärker als Väter ihre Kinder als einen Teil von sich selbst verinnerlichen. Die Psychoanalyse spricht hier von einer Internalisierung oder Introjektion eines Selbstobjektes. Die äußere Trennung von den Kindern bedeutet daher einen Teilverlust des Selbst, der besonders dann schwer zu verarbeiten ist, wenn der eigene Selbstanteil schwach und leicht verletzbar ist.

Dieser Zusammenhang lässt sich an folgendem Beispiel gut illustrieren. Frau E., eine 52-jährige leitende Kinderkrankenschwester, sucht mich auf, weil ihre Ehe in eine bedenkliche Schieflage geraten ist. Sie befürchtet ständig, ihr Mann könne sie eines Tages verlassen. Nach den möglichen Gründen gefragt, sagt sie:

»Ich muss zugeben, ich würde es mit mir auch schwer aushalten, aber ich kann nichts daran ändern.«

»Selbsterkenntnis ist doch schon mal ein erster Schritt«, antworte ich lächelnd, »Wie machen Sie es sich selbst und Ihrem Mann schwer?« – »Seit ein paar Jahren gerate ich immer öfter aus den Fugen, mal bin ich depressiv und mit mir ist nichts anzufangen, mal bin ich gereizt, explodiere bei jeder Kleinigkeit, mache meinem Mann die unsinnigsten Vorwürfe und verweigere ihm jede körperliche Nähe. Hinterher ärgere ich mich schwarz über mein Verhalten, aber das macht es nicht besser, eher im Gegenteil. Das geht jetzt schon drei bis vier Jahre so.«

»Was ist damals passiert? Hat sich in der Familie etwas verändert?«, möchte ich wissen.

Frau E. denkt nach. Dann fällt ihr ein, dass vor drei Jahren ihre Tochter Michaela ausgezogen ist. »Aber das verlief eigentlich undramatisch. Sie war neunzehn und ging nach dem Abitur ins Ausland zum Studium, weil sie hier keinen Studienplatz bekam. Außerdem hatte ich ja noch meinen Sohn Jörg.«

»Und trotzdem begannen damals Ihre Beschwerden«, werfe ich ein.

»Ja, das stimmt. Meinen Sie, dass da ein Zusammenhang besteht?«

»Ich weiß es noch nicht. Vielleicht erzählen Sie einfach mal, wie es weiterging.«

»Es ist schon wahr. Michaelas Wegzug hat die Familie verändert. Plötzlich war da ein leerer Platz. Mein Mann war trauriger als ich, so schien es mir, und Jörg vermisste seine Schwester sehr. Ich bekam das Gefühl, ich zähle nicht mehr.«

Frau E. unterbricht ihren Bericht und versinkt in ein brütendes Schweigen. Nach einer längeren Pause frage ich: »Wo sind Sie gerade?« Sie schaut auf, und ihr Blick füllt sich mit Tränen.

»Ich dachte an meine Schwester Doris. Sie starb mit sieben Jahren an Leukämie. Ich war damals vier und habe sie über alles geliebt. Von der Tragödie hat sich die Familie nie mehr erholt. Sicher war das auch einer der Gründe, warum mein Vater uns einige Jahre später verließ.« – »Schon einen dieser Verluste kann man kaum jemals verarbeiten, wie dann erst beide? Sind Sie vielleicht deswegen Krankenschwester geworden?« – »Daran habe ich auch oft gedacht, besonders in den Jahren, als ich auf einer Krebsstation für Kinder gearbeitet habe. Eigentlich wollte ich Ärztin werden, aber daraus wurde nichts, weil ich meine Mutter unterstützen musste.«

»Sicher kommen wir auf Ihre Kindheitsgeschichte noch mal zurück. Wie ging es in Ihrer jetzigen Familie weiter?«

Ich kürze hier die Vorgeschichte und was sich zum Verständnis der Ehekrise ergab ab. Das Gefühl, in der Familie nicht mehr zu zählen, verstärkte sich für Frau E., als sich nach dem Auszug der Tochter auch ihr Sohn zunehmend von der Familie entfernte. Er kam immer später nach Hause, blieb oft ganze Nächte weg und opponierte umso heftiger gegen die Vorschriften der Mutter, je mehr sie sich jedes Mal aufregte, ihm Vorwürfe machte und in anderer Weise unangemessen auf seine Verselbstständigung reagierte. Obwohl sie bisher immer eine harmonische Ehe geführt hatten, griff sie jetzt auch ihren Mann an, weil er die Ablösung des Sohnes für »normal« hielt und ihre hektischen Reaktionen ganz unverständlich fand. Jetzt fühlte sich Frau E. völlig unverstanden und verlassen.

Zu einer ernsten Erschütterung ihres Gleichgewichts kam es, als Jörg vor einem Jahr auszog. Ihrem Wechsel von Depressionen und aggressiven Ausfällen war ihr Mann jetzt alleine ausgesetzt. Da es ihm an der nötigen Einfühlung fehlte und er die Ausbrüche und den sexuellen Rückzug seiner Frau kaum noch ertrug, dachte er des Öfteren laut über eine Trennung nach. Durch diese Androhung geriet Frau E. in Panik und suchte Hilfe auf.

Unter Einbeziehung ihrer Kindheitserfahrungen war es nun nicht mehr schwer, die für Frau E. selbst unverständliche Heftigkeit ihrer Reaktionen aufzuklären. Der Tod ihrer Schwester, die sie als idealisiertes Selbstobjekt verinnerlicht hatte, und das Verlassenwerden durch den Vater lagen als unverarbeitete Traumata tief in ihr vergraben. In unseren Gesprächen wurde sie von der Erinnerung aufgewühlt, ihre Trauer über beide Verluste nie ausgedrückt zu haben, um die Eltern und später die verlassene Mutter nicht zusätzlich zu belasten. Stattdessen spielte sie das fröhliche Kind, verdrängte ihre Trauer und entwickelte in der Schule und dann im Beruf einen besonderen Ehrgeiz, um die Eltern zu erfreuen, hauptsächlich aber als Kompensation ihrer verletzten Seele. Ihre Wahl für einen helfenden Beruf stand deutlich unter den Vorzeichen der Wiedergutmachung für ihr irrationales Gefühl, am Tod der Schwester schuld zu sein. Als sie ihr angestrebtes Ich-Ideal als Ärztin nicht erfüllen konnte, verdoppelte sie ihre Anstrengungen als Kinderkrankenschwester. Ihr Erfolg als Leitungsschwester sicherte ihr viel Anerkennung.

Durch ihr berufliches Engagement wurde ihr nie so recht bewusst, eine wie tiefe Bindung sie an ihre Kinder hatte. Sie litt immer unter Schuldgefühlen, sie wegen ihrer Berufstätigkeit zu früh und zu häufig außerhalb untergebracht und sich nicht genügend um sie gekümmert zu haben. Im Rahmen dieser Schilderung entspann sich in einer Stunde folgender Dialog, durch den es bei Frau E. zu dem entscheidenden Durchbruch ihrer Trauer kam. Ich sagte:

»Und vor lauter Schuldgefühlen haben sie gar nicht gemerkt, wie sehr Sie Ihre Kinder lieben.«

»Ich hatte ja viel zu wenig Zeit für diese Liebe.«

»Liebe lässt sich nicht in Zeit messen, sondern nur an den Gefühlen von Nähe und Verlässlichkeit.«

»Woraus schließen Sie auf diese Gefühle?«, fragte sie.

»Weil Sie Ihre Kinder vielleicht mehr brauchten als andere Mütter.«

Frau E. schaut mich überrascht an.

»Sie fragen sich doch«, fahre ich fort, »warum Sie ganz gegen ihre sonstige Art so heftig auf den Auszug ihrer Kinder reagiert haben, dass selbst Ihre Ehe in Gefahr gerät.« Scheinbar für Frau E. ganz unvermittelt, ergänze ich die Bemerkung: »Ich muss öfter an Ihre Schwester und Ihren Vater denken, über die Sie in der ersten Stunde gesprochen haben.« – »Ich verstehe Sie nicht. Was haben die beiden mit meinen Kindern zu tun?« – »Ich glaube«, erkläre ich ihr, »es geht Ihnen ganz ähnlich wie anderen Menschen, die solche schweren Verluste erleiden. In ihnen bricht innerlich etwas zusammen; sie leben in dem Gefühl, einen Teil von sich selbst verloren zu haben. Um das auszugleichen, suchen sie sich andere Menschen, binden sich ganz fest an sie und wollen sie nie mehr hergeben. Wer wäre dazu besser geeignet als die eigenen Kinder?«

Frau E. wippt in ihrem Sessel aufgeregt hin und her, knetet gewaltsam ihre Hände und schweigt.

»Erlauben Sie mir noch einen Eindruck«, sage ich nach einer längeren Pause, »mir geht nicht aus dem Kopf, was Sie damals noch erzählt haben, dass Sie nämlich nie über den Tod Ihrer Schwester und das Verschwinden Ihres Vaters trauern durften. Sie haben sie also nie richtig begraben.«

»Hören Sie auf! Hören Sie auf!« Es ist fast ein Schreien

und dann brechen die Tränen aus ihr heraus. Frau E. weint, vielleicht zum ersten Mal in ihrem Leben weint sie sich den ganzen Schmerz über die vielen Verluste in ihrem Leben aus der Seele. Es dauert lange, bis sie sich beruhigt hat und dann gefasst sagt:

»Ich habe nie daran gedacht, aber es ist wahr. Als Michaela ging, war es noch nicht so schlimm; aber als dann auch noch Jörg auszog, hatte ich das entsetzliche Gefühl, sie werden beide nie mehr wiederkommen, ich habe sie für immer verloren. Und das war genau das gleiche Gefühl wie damals.«

Die Kurztherapie mit Frau E. dauerte sechzehn Stunden, auf vier Monate verteilt. In diesem Zeitraum besuchte sie einmal ihre Tochter im Ausland und gelegentlich ihren Sohn in seiner neuen Wohnung. Was sie unbewusst als Wiederholung ihrer früheren Trennungstraumata erlebt hatte, löste sich durch die Bewusstmachung und die ermöglichte Trauer auf. Danach konnte sie die äußere Ablösung und Freiheit ihrer Kinder akzeptieren und die Bindung in verwandelter Form wieder aufnehmen. Theoretisch lässt sich hier von einer Reintegration ihrer verloren geglaubten Selbstobjekte sprechen. Durch die Stabilisierung ihres Selbstgefühls fand sie zu ihrer Ausgeglichenheit und Zufriedenheit zurück, und die Ehekrise war überstanden.

Das Risiko für die Partnerschaft nach dem Auszug der Kinder hat, wie die Geschichte von Frau E. stellvertretend zeigt, meist einen tieferen Hintergrund. Seine Klärung kann oft nur gelingen, wenn einer oder beide Partner zu einer professionellen Hilfe bereit sind. Zu den häufigsten Hintergründen zählen frühere Trennungserfahrungen. Übereinstimmende Forschungsergebnisse zeigen, dass der Auszug der Kinder für die Eltern und ihre Ehe besonders dann zur Gefahr wird, wenn einer oder beide Partner bereits in der Kindheit schmerzhafte Trennungen erleiden mussten. Der Grund für diesen Zusammenhang lässt sich aus dem Behandlungsverlauf bei Frau E. einleuchtend aufklären.

III. Jugendliche und Heranwachsende im Ablösungsprozess

1. Die normale Ambivalenz zwischen Weggehen und Wiederkommen

Der Grundkonflikt zwischen Bindung und Freiheit, der als anthropologisches Gesetz schon im Laufe des ersten Lebensjahres die Entwicklung des Kindes einleitet, erlebt seine Hochblüte in der Pubertät und Adoleszenz. Die gewaltigen körperlichen, seelischen und intellektuellen Umwälzungen in dieser Zeit und die neuen sozialen Anforderungen führen zu einer kritischen Phase, die nach einer grundlegenden Neuorientierung in den bisherigen Lebensgewohnheiten und Werthaltungen verlangt. Die Fragen »Wer bin ich?«, »Wer will ich sein?« und »Wer will ich werden?« stehen im Vordergrund aller existentiellen Fragen nach Sinn und Ziel einer selbstständig zu gestaltenden Zukunft. Dabei kommt es zwangsläufig zu Identitätskrisen und Identitätsbrüchen, die mit einer Neuauflage der uralten Ambivalenz des Kleinkindes zwischen Symbiosewünschen und Autonomiebestrebungen verbunden ist. Diese Wiederholung wird diesmal umso intensiver von dem Konflikt zwischen Bindungsangst und Trennungsangst geprägt, als jetzt die reale Ablösung von den Eltern und die Übernahme einer eigenständigen Verantwortung anstehen.

Wie sieht eine gesunde Lösung dieses Konfliktes aus? Wenn man Jugendliche genauer beobachtet, kommt man zu der überraschenden Erkenntnis, dass ihr Verhalten in einem bestimmten Grundmuster in frappierender Weise dem eines ein- bis dreijährigen Kindes ähnelt. Sie wechseln ständig zwischen Nähebedürfnissen und Kontaktsuche innerhalb der Familie und einer entschlossenen Vermeidung jeder familiären Verbundenheit. An einem Tag können sie ihre Eltern umarmen, höflich, lieb und zärtlich sein, um sie am nächsten zu beschimpfen, ihnen die kalte Schulter zu zeigen und jedes Gesprächsangebot abzulehnen. An einem Tag wird ihnen der Eisschrank zum Hort unersättlicher oraler Bedürfnisse, während sie am nächsten kaum einen Bissen anrühren, sondern sich draußen mit Hamburgern und Schokoriegeln versorgen. An einem Tag unterstützen sie freiwillig ihre Eltern bei den Hausarbeiten, stellen übereifrig familiäre Gastlichkeit her, am anderen kann man sie zehnmal vergeblich bitten, den Mülleimer auszuleeren.

Es ist ein ewiges Hin und Her, das im günstigen Fall von den Eltern auf die Launen der Pubertät zurückgeführt und in Maßen toleriert wird. Aber bei näherem Hinsehen entpuppen sich die Launen als der natürliche Zyklus zwischen Weggehen und Wiederkommen auf dem Weg zu einer gelungenen Individuation. Das Auslaufen in fremde Gewässer und die Rückkehr in den geschützten Hafen folgen wie die Gezeiten von Ebbe und Flut. Die Erkundung, Eroberung und Aneignung der Umwelt erfolgen genauso schrittweise wie damals bei der Entdeckung des ersten Spielzeugs, beim Experimentieren mit Buntstift und Farbe, nur anders eben, altersgemäßer. Dieser erstaunliche Wechsel zwischen Bindung und Freiheit in der Pubertät ist nicht eigentlich eine Neuauflage oder Wiederholung frühkindlicher Entwicklungsschritte. In ihr treten sie nur noch einmal als charakteristisches Zeichen menschlicher Bewegungsgesetze besonders akzentuiert und sichtbar hervor. Späterhin verbirgt sich dieses Gesetz hinter den sublimierten Formen zwischenmenschlicher Kommunikation.

Dass Jugendliche und Heranwachsende noch lange Zeit immer wieder in die elterliche Häuslichkeit zurückkehren, wird nur zu verständlich, wenn man die komplexen Aufgaben berücksichtigt, vor denen sie stehen. Sie erfordern von ihnen den Entwurf eigener Regeln, Urteile und Werte, mit denen sie sich bei ihren neuen Erfahrungen in Partnerschaft und Sexualität, in Ausbildung und Beruf und in der gesellschaftlichen Öffentlichkeit und im politischen Leben orientieren können. Die eigenen Normen dienen nicht nur der Abgrenzung von denen der Eltern; sie erwachsen aus dem Bewusstsein, innovative Konzepte und Ideen entwerfen zu müssen, um gesellschaftliche Traditionen aufbrechen und weiterentwickeln zu können.

Dieses Privileg wird der Jugend von allen fortgeschrittenen Gesellschaften eingeräumt, weil ihre unverbrauchten Kräfte der eigenen Erneuerung dienen. Der Entwicklungsprozess, den jungen Menschen unter diesem Auftrag durchmachen, ist mit weitreichenden Veränderung ihres Selbstkonzeptes, ihrer Identität und mit der Übernahme neuer Rollen verbunden. Aber bis zur endgültigen Verselbstständigung ist es ein langer Weg. Schwellenängste, Unsicherheit, Verwirrung und Selbstzweifel werfen sie zurück und lassen sie wieder die Geborgenheit und Vertrautheit in der Familie aufsuchen, um dort emotionale Zuwendung und Anerkennung zu bekommen und neuen Mut aufzutanken. Progression und Regression halten sich lange Zeit die Waage. Bis die Anker halten, die sie in der freien Welt auswerfen, ob bei verlässlichen Freunden, in der Gruppe der Peers, in festen Partnerschaften, im Ausbildungs- und Arbeitsbereich oder in Vereinen und gesellschaftlichen Organisationen, müssen sie viele Enttäuschungen und Rückschläge hinnehmen. Dabei verändert sich nicht nur die Beurteilung und der Umgang mit der Außenwelt, sondern in deren kritischem Spiegel auch die eigene Selbstwahrnehmung und Selbsteinschätzung.

Bei diesem Wandel der Anschauungen spielt die Identifikation mit familienfernen Vorbildern eine führende Rolle.

Identifikationen sind ein unteilbarer Bestandteil menschlicher Reifung von Kindheit an. »Ich will so werden wie sie oder er.« Sie bilden einen ständigen Ansporn zur Entfaltung und Optimierung aller unserer Begabungen und Fähigkeiten und vermitteln uns eine Vision über unsere Möglichkeiten, so zu werden, wie wir sein wollen. Auch wenn wir diese Ziele nie erreichen, partizipieren wir doch an dem, was das Vorbild repräsentiert, werden durch die Identifikation zu einem Teil von ihm und dadurch bereichert.

Jugendliche und Heranwachsende sind deswegen besonders auf Vorbilder angewiesen, weil in diesen Umbruchphasen ihre Identität so stark umstrukturiert wird, dass sie zeitweilig verloren zu gehen droht. Identifikationen helfen, durch Aneignung eines Teils der anderen das Selbst zu festigen. Dabei wird sich ein vormals halbwegs stabiles Selbst nicht blindlings an das erste oder nur an ein Vorbild binden. Vielmehr ist ein solches Selbst wählerisch. Es identifiziert sich nur so lange mit einem Vorbild, solang es zum jeweiligen Entwicklungsstand passt. Entsprechend häufig wechseln Jugendliche ihre Vorbilder, eignen sich nur das von ihnen an, was sie zu ihrer eigenen Stabilisierung und Horizonterweiterung brauchen, um sie danach wieder aufzugeben.

Allerdings folgen Identifikationen dem Leitfaden der bereits angelegten Begabungen und verinnerlichten Wertvorstellungen. Insofern fungieren Vorbilder als Katalysatoren bei deren Weiterentwicklung. Vorbilder können Gleichaltrige und Erwachsene aus dem täglichen Umfeld sein oder Ikonen des Sports, der Popkultur, des Business, der Politik, der Medien, der alternativen Protestszene oder der verschiedenen Kunstsparten.

Im Schmelztiegel alter und neuer Erfahrungen, früherer und jetziger Vorbilder und gewandelter Identitäten kristallisiert sich langsam das erwachsene Selbst heraus. Erst nach Überwindung aller Hürden kann der inzwischen junge Erwachsene sein Leben eigenverantwortlich gestalten. Er hat den Ambivalenzkonflikt zwischen Anklammerung und Autonomie gelöst und kann in Freiheit über seine Zukunft entscheiden, ohne die innere Bindung an seine Primärobjekte aufzugeben. Die mehrfache und oft schmerzhafte Häutung bis zum Erreichen einer gelungenen Individuation und die Ablösung vom Elternhaus erfolgen umso konfliktfreier, je sicherer die frühen Bindungen waren. Auf diese Erkenntnisse der Bindungsforschung wurde bereits ausführlich hingewiesen. Junge Erwachsene, die dieses Glück hatten, können sehr realistisch einschätzen, dass das absolute Ideal der Freiheit ein Irrtum ist, weil es diese Freiheit nicht gibt, es sei denn um den Preis endgültiger Verlorenheit. Das Ideal der Freiheit schließt das Ideal einer verlässlichen Bindung ein.

2. Schwierigkeiten bei der Ablösung von den Eltern

a) Das Nesthockersyndrom

Auch Kinder müssen den Eltern die Freiheit geben. Nach Überwindung der Identitätskrise in der Pubertät und den Orientierungsschwierigkeiten in der Adoleszenz sollten sie als junge Erwachsene zirka ab dem 21. Lebensjahr über genügend innere Stabilität und Selbstständigkeit verfügen, um den Auszug aus dem Elternhaus zu wagen. Mit diesem Abschied und dem Aufbau einer eigenständigen Existenz entlassen sie die Eltern aus ihrer unmittelbaren Verantwortung und geben ihnen die Chance zurück, ihr Leben noch einmal ohne Kinder frei zu gestalten. So sollte es sein. Aber so ist es bei vielen jungen Menschen oft nicht.

Seit Mitte der achtziger Jahre des vorigen Jahrhunderts zeichnet sich in vielen westeuropäischen Ländern und in den USA ein Phänomen ab, das unter dem Begriff der

»Nesthocker« in die Alltagssprache eingegangen ist. Spätestens seit DER SPIEGEL 1988 eine neue »Generation der Nesthocker« festzustellen meinte, reißen populärwissenschaftliche Beiträge und das Interesse der Medien an dem Phänomen nicht ab. Amerikanische Sozialwissenschaftler prägten dafür den präziseren Begriff ILYA[16], mit dem »unvollständig abgelöste junge Erwachsene« bezeichnet werden.

Worum geht es dabei? Im Gegensatz zu dem sensationsträchtigen Medieninteresse fallen die Forschungsergebnisse noch recht mager aus. Ihre Aussage wird dadurch beeinträchtigt, dass die meisten Untersuchungen an Studenten durchgeführt wurden, also an einer Bevölkerungsgruppe, die sich noch in Ausbildung und entsprechender finanzieller Abhängigkeit von den Eltern befindet und in der Regel der Ober- und Mittelschicht angehört.

Einigkeit besteht bisher darin, dass es sich beim Nesthockersyndrom um ein komplexes Phänomen handelt, in dem verschiedene soziologische, kulturelle und psychologische Ursachenstränge zusammenfließen.

Sozial-strukturelle Gründe liefern in den letzten Jahrzehnten und in weiter steigendem Maß die häufigste Ursache für den verlängerten Verbleib junger Erwachsener im Elternhaus. In all diesen Fällen ist der Begriff Nesthocker irreführend, weil er nach allgemeinem Verständnis das freiwillige Verharren in der Familie und die Weigerung erwachsen zu werden suggeriert. Das Heer arbeitsloser junger Erwachsener, die ihr Leben mit Sozialhilfe fristen, die große Zahl derer, die in Mini- und Teilzeitjobs mit Niedriglöhnen abgespeist werden und schließlich junge Menschen mit verlängerten Ausbildungs- und Studienzeiten sind finanziell schlichtweg nicht in der Lage, die anfallenden Kosten für einen eigenen Haushalt zu tragen. Hier sind es keine privaten sondern soziale Ursachen, die junge Menschen an einer altersgemäßen Lebensführung hindern. Sie deswegen als

Nesthocker zu klassifizieren, birgt die Gefahr der individuellen Stigmatisierung ihrer angeblichen Unreife, statt für ihre Situation gesellschaftliche Ursachen und gesellschaftliches Versagen verantwortlich zu machen.

Die kulturhistorischen Gründe liegen in einem grundlegenden Wandel familiärer Wertnormen und Lebensformen im Laufe des letzten Jahrhunderts. In der vorindustriellen Zeit und in den ersten Jahrzehnten der Industrialisierung bildete der Kinderreichtum eine wichtige Basis für die ökonomische Sicherheit der Familie. Die emotionalen Bindungen der Eltern an ihre Kinder waren, folgt man der Psychohistorie der Kindheit, wegen deren Vielzahl lockerer, und deren Bindungen verteilten sich auf die vielen Mitglieder der Großfamilie mit Eltern, Großeltern und Geschwistern. Die »Lehr- und Wanderjahre« trieben die »fahrenden Gesellen« schon in jungen Jahren aus dem Elternhaus in die Fremde, wo sie sich in einer Handwerkslehre oder in anderen Berufen bewähren mussten und ihr Glück suchten. Es war selbstverständlich, dass sie ihre Eltern bei Krankheit und im Alter finanziell unterstützten. Oft war es die Armut der Eltern, die Unmöglichkeit, die vielen Mäuler zu stopfen, die die Kinder frühzeitig auf die Wanderschaft schickte, um ihr Brot selbst zu verdienen und ihren Tatendrang zu stillen.

Von diesem historischen Hintergrund erzählen die Abenteuermärchen der Brüder Grimm wie »Die drei Brüder«, »Die vier kunstreichen Brüder«, »Die drei Handwerksburschen«, »Die drei Glückskinder« und andere. Etwa im gleichen Zeitraum wie die Märchensammlung der Brüder Grimm entstand in der Romanliteratur die von Deutschland ausgehende Gattung des Bildungs- und Entwicklungsromans (zwischen den letzten Jahrzehnten des 18. und den ersten Jahrzehnten des 19. Jahrhunderts), wegweisend Goethes bedeutende Romane »Wilhelm Meisters Lehrjahre« und »Wilhelm Meisters Wanderjahre« (beide entstanden in den Jahrzehnten zwischen 1777 und 1821). Ob Märchen oder Entwicklungsroman, in beiden Gattungen findet die Initiation zum Erwachsensein, die seelische und geistige Reifung, durch die Auseinandersetzung mit der gesellschaftlichen Realität weit außerhalb der Familie statt.

Der gewaltige Sprung zur Jetztzeit nur in wenigen Stichworten. Die Großfamilie schmolz zur Kleinfamilie mit einem oder zwei Kindern und zur Kleinstfamilie mit allein erziehender Mutter, selten auch Vater, und einem, höchstens zwei Kindern zusammen. Die Kinder müssen nicht mehr in jungen Jahren zu Ausbildung und Beruf in weit entfernte industrialisierte Großstädte abwandern – sie leben in ihnen. Lehrstelle und Arbeitsplatz liegen im Vergleich zu früherer Zeit in der Regel nur einen Steinwurf vom Elternhaus entfernt. (Die in der Gegenwart vom Arbeitsmarkt geforderte höhere Mobilität der jungen Generation könnte hier eine Wende einleiten; sie wird auch in dem Trend zum Auslandsstudium von Kindern aus den privilegierten Schichten der Gesellschaft erkennbar.)

Die sozialen Sicherungssysteme haben die Eltern unabhängig von der Unterstützung ihrer Kinder gemacht. Ein Großteil der Bevölkerung lebt in ausreichendem Wohlstand und großräumiger Behausung. Die Grenze zwischen Familie und Gesellschaft hat sich zunehmend aufgelöst (Nähe von Arbeitsplatz und Heim; Berufstätigkeit der Frau; frühe außerfamiliäre Sozialisation der Kinder; Bevölkerungsdichte; Partizipation am öffentlichen Leben in Vereinen, kulturellen Veranstaltungen, politischen und anderen Institutionen; Medienwelt und technische Kommunikationsvielfalt). Das autoritäre Gefälle zwischen Eltern- und Kindergeneration ist einer Liberalität gewichen, die auf Partnerschaftlichkeit, Toleranz und Freizügigkeit setzt. Auch durch sie haben sich die Grenzen zur Außenwelt geöffnet; die Familie wird zum Treffpunkt und Tummelplatz für Freunde, Cliquen und gestattet schon Jugendlichen sexuelle Freiheit in den eigenen vier Wänden. Und nicht zuletzt haben die psychologischen Kenntnisse über die Bedeutung der Kindheit, die gesellschaftliche Stärkung der Kinderrechte und die ideologische und faktische Kindzentriertheit der heutigen Elterngeneration vielfach zu einer Verwöhnkultur geführt, die Kindern in allen Phasen ihrer Entwicklung einen unangemessen breiten Raum im Familienleben einräumen. Je weniger Kinder, umso mehr Raum dürfen sie beanspruchen.

Wenn man alle diese sich wechselseitig ergänzenden und verstärkenden Vorgaben bedenkt, werden bei aller Anerkennung der materiellen und demokratischen Fortschritte, die sie für breite Teile der Bevölkerung beinhalten, die Schwierigkeiten und Gefahren für die Verselbstständigung junger Erwachsener unschwer erkennbar. Die Vorgaben fördern das Anspruchsdenken und leisten durch ihre Verführungen dem Nesthockerdasein in manchmal bedenklicher Weise Vorschub.

Erst an dritter Stelle nach den sozial-strukturellen und kulturhistorischen Ursachen für das veränderte Auszugsverhalten heutiger junger Erwachsener stehen die psychologischen Gründe. Sie überschneiden sich allerdings häufig mit den kulturellen Bedingungen. So bei Peter.

Der 27-jährige Elektriker suchte mich zur Therapie auf, weil er unter Depressionen, Antriebslosigkeit, allgemeinem Desinteresse, Kontaktstörungen und einer Impotenzproblematik litt. Seine Mutter arbeitet als gelernte Verkäuferin halbtags in einem Supermarkt, sein Vater als Reisefachmann in einem Tourismusunternehmen. Peters drei Jahre ältere Schwester hat nach Abschluss ihrer Lehre bereits mit neunzehn Jahren das Elternhaus verlassen und ist in eine andere Stadt gezogen, wo sie vor einem Jahr heiratete. Er selbst wohnt noch zu Hause und verfügt dort über ein geräumiges Zimmer, das, wie ich erfahre, mit einer »superteuren« Hi-Fi-Anlage, einem Großbildfernseher und einem Computer ausgestattet ist, von dem er sich alle zwei Jahre das modernste Modell anschafft.

Aber das alles interessiere ihn eigentlich nicht mehr, sagt er, er würde gerne mehr rausgehen, Freunde haben und eine feste Freundin finden. Alle Kontakte mit Frauen seien bisher an seiner Impotenz gescheitert. Nach diesen Informationen liegt bereits in der ersten Stunde der Fokus, auf den ich mich konzentrieren muss, klar zu Tage: Warum ist er bisher nicht ausgezogen? Als ich ihn direkt danach frage, schaut er mich erstaunt an, als hätte ich einen absurden Gedanken geäußert.

»Ausziehen? Warum sollte ich? Nein, daran habe ich noch nie ernsthaft gedacht. Ich habe doch zu Hause alles, was ich brauche.«

»Nur keine Freunde und keine Freundin«, sage ich.

»Was hat das damit zu tun? Die könnte ich doch trotzdem haben, wenn ich nicht so viel Angst hätte, besonders wegen meiner Potenzstörung.«

»Vielleicht hängt das irgendwie zusammen.«

»Sie sprechen in Rätseln«, sagt er gereizt.

»Ich glaube, Sie stehen selbst vor dem Rätsel, wie Sie anderen Menschen näher kommen wollen, wenn Sie noch so eng an Ihre Eltern gebunden sind.«

»Das ist doch ganz natürlich. Ich liebe meine Eltern und sie lieben mich. Sie meinen, dann ist kein Raum mehr für andere? Entschuldigen Sie, aber das halte ich für Blödsinn.«

»Es gibt auch ein Zuviel an Liebe, eine Liebe, die einen niederdrückt wie bei einer Depression und die einem die Freiheit nimmt«, antworte ich gelassen. »Mich würde interessieren«, fahre ich fort, »wie Sie als Kind waren, zum Beispiel im Kindergarten und in der Schule.«

»Oh, das war eine ziemlich schreckliche Zeit. Ich wollte nie in den Kindergarten und habe mich so fest an meine Mama angeklammert, dass sie mich meistens wieder mit nach Hause nehmen musste. In den ersten Schuljahren wurde ich von den anderen Kindern viel ausgelacht, nur weil mich meine Mama oder mein Papa immer hinbrachten. Sie nannten mich den ›Händchenhalter‹. Aber was hat das mit heute zu tun?«

»Aus manchen Klammeräffchen werden später Klammeraffen und aus Muttersöhnchen Muttersöhne, wenn sie nicht rechtzeitig den Absprung finden. Es stimmt doch sicher, dass Ihre Mutter Sie mit Geschenken überhäuft und noch heute genauso versorgt wie in der Kindheit, mit Essen kochen, Wäsche waschen und bügeln, putzen Ihres Zimmers, gemeinsam Kleider kaufen und was sich sonst noch für eine fürsorgliche Mutter gehört?«

»Ja, das stimmt fast genau, und ich finde es auch sehr angenehm. Schließlich muss ich den ganzen Tag in der Firma arbeiten, oft mit Überstunden.«

»Und Ihr verdientes Geld? Müssen Sie davon zu Hause etwas abgeben?«

»Nein, meine Eltern verdienen gemeinsam genug. Ich lade sie gelegentlich zum Essen ein.«

»Ein wirklich bequemes Leben, das Sie da haben. Das möchte man natürlich nicht gerne aufgeben.«

»Ich sehe auch keinen Grund dazu.«

»Und Ihre Mama und Ihr Papa auch nicht?«

Peter nimmt diese Provokation gar nicht wahr, sondern antwortet: »Meine Mama beklagt sich schon mal, wie viel sie für mich tun muss, und deutet an, dass ich mal an das Ausziehen denken soll, um endlich erwachsen zu werden. Aber das vergisst sie schnell wieder. Meine Eltern genießen es doch auch, dass ich mich so viel zu Hause aufhalte, und wären sicher sehr traurig, wenn ich nicht mehr da wäre. Das kann ich ihnen nicht antun.«

»Das müssen Sie ihnen aber antun!«, sage ich entschieden. »Wenn Sie heute mit 27 Jahren noch von ›Mama‹ und ›Papa‹ sprechen, hört es sich für mich so an, als hätten Sie Ihre Kinderschuhe noch nicht abgestreift. Wie wollen Sie in diesem Zustand gleichaltrige Freunde finden oder gar eine Partnerin, die sich einen potenten Mann wünscht? Für

Ihre Verwöhnung zahlen Sie einen entschieden zu hohen Preis.«

Ich sage ihm zum Schluss der Stunde, dass ich einen Sinn in der Therapie nur sähe, wenn er sich zum Auszug entschließen könne. Das müsse nicht heute oder morgen sein, aber ich erwarte dazu in einem ersten Schritt seine Bereitschaft zur Trennung von den Eltern. Seine Probleme resultierten mit Sicherheit aus seiner mangelnden Ablösung. Aber wir kämen nur an sie heran, wenn sie durch die Auseinandersetzung mit der täglichen Realität eines selbstständigen Lebens auch deutlicher erkennbar würden. »Vielleicht ist da wirklich was dran«, räumt Peter nachdenklich ein, »aber ich glaube nicht, dass ich das schaffe.«

Wir verabreden, dass er sich alles noch mal durch den Kopf gehen lassen soll. Er könne sich nach einem entsprechenden Entschluss jederzeit wieder bei mir melden. Ich habe dann nichts mehr von ihm gehört.

Mancher Leser wird sich darüber wundern, vielleicht sogar erschrocken sein, warum ich Peter keine Therapie angeboten habe, obwohl doch seine Symptomatik und seine Lebensprobleme dringend dafür sprechen. Hätte nicht eine Therapie geradezu die Aufgabe, seine unbewussten Konflikte so weit aufzudecken und zu bearbeiten, dass er erst danach zur Ablösung von den Eltern und zur Übernahme einer erwachsenen Rolle in der Lage gewesen wäre? So berechtigt die Frage ist, so weit geht sie leider an den Erfahrungen und Grenzen der Psychotherapie vorbei. Ohne echten Leidensdruck und ohne die minimale Bereitschaft zur Mitarbeit des Patienten zur Veränderung seiner krankmachenden Situation muss jeder therapeutische Versuch scheitern. Peter verschanzte sich hinter einer meterhohen Abwehrmauer aus Passivität, Bequemlichkeit, Anspruchsdenken, Rückzug und Verleugnung und vor allem zog er aus seinem Lebensarrangement so viel Lustgewinn, dass eine Behandlung entweder völlig erfolglos geblieben oder von ihm vorzeitig abgebrochen worden wäre. Denn er hätte nicht nur auf vieles verzichten müssen, was seinem Leben bisher Sinn und Halt gab; er hätte auch die Ängste bei der Aufdeckung seiner Konflikte und die Auseinandersetzung mit seinen Eltern nach der Auflösung seiner infantilen Fixierungen aushalten müssen. Dazu war er nach meiner Einschätzung zum Zeitpunkt seiner Vorstellung bei mir nicht bereit und in der Lage. Vielleicht verfügte er noch über genügend Ressourcen zur Nachreifung; vielleicht siegte eines Tages bei den Eltern ihr Wunsch nach Abgrenzung über ihre Tendenz zum Festhalten; vielleicht traf Peter irgendwann auf Menschen, die ihm den Abschied erleichterten, weil sie etwas ersetzten und lohnenswert erscheinen ließen, was ihm bisher nur die Eltern geben konnten. Das Leben hält viele Optionen zu unvorhersehbaren Entwicklungen bereit, besonders im jungen Erwachsenenalter. Das war damals meine Hoffnung und ließ mich die Entscheidung leichter treffen.

Die psychologischen Gründe für das Nesthockersyndrom können sehr unterschiedlich sein. Auch wenn sich die äußeren Bilder oft gleichen, sind die unbewussten Motive für das Festhalten an den Eltern vielschichtig. Bei Peter blieben sie wegen der Kürze der Begegnung ungeklärt. Es lassen sich nur Vermutungen anstellen. Vielleicht war er im Unterschied zu seiner Schwester von Geburt an ein ängstliches, zartes und sensibles Kind, das die vermehrte Sorge und Zuwendung seiner Eltern, speziell seiner Mutter, auf sich zog. Durch diese frühe Angstbindung wurde das Angewiesensein auf ihren Schutz verstärkt. Möglicherweise war sein Vater ein zwar liebevoller, aber selbst schwacher Mann, der die Versorgung und Erziehung seiner Kinder an seine Frau abtrat oder sich ihren Vorstellungen unterwarf. Entsprechend gering fiel sein Beitrag aus, die Trennungsangst des schwächlichen Kindes bei seinen ersten Ablösungsversuchen von der Mutter abzupuffern und es durch Ermutigung und Förderung seiner expansiven Wünsche zu Risikobereitschaft und Neugier an der Außenwelt anzuregen.

Im Gegenteil zeigt seine häufige Begleitung von Peter zur Schule, wie stark er selbst inzwischen zu einem Teil des angstneurotischen Familienklimas geworden war und die autonomen Antriebe und Sozialkontakte des Sohnes blockierte.

Bei solchen Vorgeschichten kommt es zwangsläufig zu seelischen Komplikationen. Die heranwachsenden Kinder entwickeln ein zunehmendes Vermeidungsverhalten in Bezug auf engere Außenkontakte und verfestigen gegenläufig ihre Bindung an die Eltern. Diese Fixierungen verschaffen, wie wir gesehen haben, umso mehr Lustgewinn, als sich aus ihnen ein enormes Kapital schlagen lässt. Jungerwachsene wie Peter können zwar einem geregelten Beruf nachgehen, aber psychisch bleiben sie unreife Sonderlinge, die ihre Kindrolle nicht aufgeben wollen. Sie können keine erwachsene Verantwortung für sich übernehmen und nicht selbst über ihr Leben bestimmen. Das »Hotel Mama« bleibt der ewige Hort unversiegbaren Segens, zumal dieses Hotel erheblich von seinen Dauergästen profitiert. Verwöhnung bekommt man nicht umsonst. Gluckenmütter, die ein solches Hotel führen, haben vergessen, rechtzeitig die Nabelschnur zu durchtrennen. Wo keine Abnabelung stattfindet, droht eine Nabelschnurumschlingung.

Das Bild ist so krass gewählt, weil es in eine noch tiefere Schicht der unbewussten Konfliktdynamik des Nesthockers führt. Die Einschränkungen im äußeren Lebensradius werden, wie das Beispiel von Peter zeigt, durch die Vorteile der familiären Überversorgung ausgeglichen. Aber was geschieht mit den angeborenen Autonomiebestrebungen, mit den Wünschen nach Freiheit auf der unbewussten Ebene? Können sie durch die enge Bindung vollständig gelöscht werden? Die Antwort liegt nahe: Sie können es nicht. Auch das schwächste Kind, so wohlbehütet es sich in der Familie weiß, sehnt sich danach, so zu sein wie andere Kinder, stark, fröhlich, neugierig, mutig, unternehmungslustig und freundschaftsfähig. Es spürt, dass die Überfürsorge und Ängstlichkeit der Eltern zur Überfütterung wird, die dick und bequem macht und die Vitalität zum Leben abdrosselt. Das Kind möchte sich wehren, möchte sich befreien. Dazu braucht es Kraft und Mut. Aber die dafür notwendige aggressive Energie wurde verdrängt, weil man sich gegen Eltern, die einen mit Liebe erdrücken und mit Verwöhnung überschütten, kaum auflehnen kann. Auflehnung und Widerstand könnten den Verlust dieser Vorteile bedeuten. Peters Depressionen, seine Antriebs- und Interesselosigkeit, so könnte eine Vermutung lauten, sind das psychische Äquivalent seiner teils verdrängten, teils gegen sich selbst gerichteten Aggressionen. Es sind die nicht gelebten Affekte von Wut und Hass auf eine ihn umklammernde Mutter oder auf einen schwachen Vater, der ihm keine ödipale Auseinandersetzung ermöglicht hat. Die Depression drückt in diesem Fall einen krankhaften Kompromiss zwischen seinen regressiven Wünschen nach Versorgung und seinen progressiven Bedürfnissen nach Ablösung und Autonomie aus.

Es gibt viele andere Familienkonstellationen, die das Nesthockersyndrom fördern. So wird zum Beispiel in der Fachliteratur öfter das genaue Gegenteil zu den bisher genannten Gründen beschrieben. Hierbei führen besonders unsichere, emotional distanzierte Elternbindungen zu einem verlängerten Festhalten am Elternhaus. Als unbewusstes Motiv spielt dabei der Wunsch eine leitende Rolle, wenigstens durch die äußere Nähe den Mangel an innerer Verbundenheit auszugleichen, oder die Hoffnung, die immer vermisste aber nie erlebte Liebe doch noch zu bekommen.[17]

Ich verzichte hier darauf, weitere psychologische Hintergründe für das Nesthockersyndrom zu beschreiben. Damit bekäme es auch eine Bedeutung, die ihm im Rahmen des Buches nicht zukommt. Auch in der Medienöffentlichkeit wird das Thema ohne die nötigen Differenzierungen vermittelt und dabei überzeichnet. Solange die sozial-strukturellen Notlagen überwiegen, die jungen Erwachsenen den Einstieg in ein selbstständiges Leben verwehren, sollte der Begriff »Nesthocker« wegen der Gefahr der Stigmatisierung mit großer Zurückhaltung verwendet werden.

b) Die Nestflüchter

Während das Nesthockersyndrom seit Langem in Forschung und Öffentlichkeit diskutiert wird, ist der menschliche Nestflüchter bisher weitgehend unbekannt. Das Gegensatzpaar Nesthocker-Nestflüchter entstammt bekanntlich der Zoologie. Es bezeichnet dort unterschiedliche Reifestadien vieler Tierarten, ursprünglich der Vögel, bei der Geburt, die verschieden lange Brut- und Pflegezeiten notwendig machen. Die Übertragung auf den Menschen war in der Zoologie und Verhaltensforschung schon immer umstritten und kann speziell im erwachsenen Stadium nur metaphorisch verstanden werden. Unklar bleibt, warum der Bedeutungswandel bisher nur die Nesthocker berücksichtigt, obwohl die psychische und soziale Dimension des Nestflüchtersyndroms für Familie und Gesellschaft weit schwerwiegendere Probleme aufwirft.

Was sind Nestflüchter? Der deutsche Film »Rabenkinder« in der Regie von Nicole Weegmann von 2004 entwirft das bedrückende Portrait von zwei Schwestern im Alter von zwölf und fünfzehn Jahren. Sie wurden kurz nach der Geburt der jüngsten auf Veranlassung des Jugendamtes in zwei verschiedene Adoptivfamilien vermittelt, weil ihre Mutter an einer schweren Nachschwangerschaftsdepression unheilbar erkrankt war. Miriam, die ältere Schwester, wird als Kind von dem Stiefbruder missbraucht und durchläuft daraufhin eine Heimkarriere. Sie verwahrlost, wird kriminell, prostituiert sich und wird zu einer chronischen Ausreißerin. Die jüngere Schwester kommt zu einem reichen, gebildeten aber herzlosen Ehepaar. Obwohl sie dort alles bekommt und eine gute Schulbildung genießt, flüchtet auch sie eines Tages, weil sie in der Kälte der Familienatmosphäre zu erfrieren droht. Ohne voneinander zu wissen, begegnen sich die beiden durch Zufall, erkennen sich als Schwestern und machen sich gemeinsam auf die Suche nach ihrer Mutter.

Der Film steht in der Tradition der Teenagertragödien und Jugenddramen, die in den letzten Jahrzehnten in der internationalen Filmproduktion und Jugendliteratur auffallend häufig vertreten sind. Dieser Trend spiegelt rückhaltlos den Wandel und den zunehmenden Zerfall der Familie in allen westlichen Industrienationen wider.

Der Titel »Rabenkinder« verweist auf deren Abstammung von »Rabenmüttern«, »Rabenvätern« und »Rabeneltern«. Es sind die im Spätmittelalter entstandenen Symbolisierungen der damals irrtümlichen Meinung, Raben kümmerten sich wenig um ihren Nachwuchs und stießen ihn aus dem Nest, wenn sie ihn nicht mehr füttern wollten. Genau das entspricht dem Grundgefühl der meisten Nestflüchter: unwillkommen zu sein. Sie fühlen sich ungeliebt und emotional, oft auch materiell, unversorgt und vernachlässigt. Sie haben in der Regel Eltern, die wenig liebesfähig sind und keine verlässliche Beziehung zu ihren Kindern aufbauen konnten, weil sie selbst keine positiven Bindungserfahrungen gemacht haben. Ohne gute innere Objekte können sie auch das Kind nicht bedingungslos annehmen. Durch die Weitergabe ihrer Erfahrungen entsteht ein tragischer Traditionszirkel. Auch die Kinder können ihre Eltern wegen der unsicheren Bindung nicht lieben. Die Eltern wünschen sich aber diese Liebe aus eigener Bedürftigkeit und reagieren auf deren Verweigerung mit vermehrter Zurückweisung.

Solche gescheiterten Bindungen bilden den Ursprung

menschlicher Tragödien, wie sie die meisten Nestflüchter erleben. Dabei lösen sich die Bindungen nicht etwa auf, sondern sie werden im Gegenteil noch unauflöslicher durch die Enttäuschung, den Hass, die Rache und die nie gestillte Sehnsucht. Wenn also oftmals von der Bindungslosigkeit solcher Kinder gesprochen wird, ist nur ein scheinbares Phänomen benannt. Es gibt keine Bindungslosigkeit im Bereich menschlicher Beziehungen, es gibt nur die gestörte Bindung.

Bevor sich die Nestflüchter zur Flucht entschließen, haben sie meistens traumatische Erfahrungen in der Familie gemacht, die sie dort nicht mehr bewältigen können. Die ewigen, oft mit Gewalt verbundenen Streitigkeiten der Eltern, selbst erlittene Gewalt, Alkoholismus und andere Süchte eines oder beider Elternteile, Promiskuität in der Familie, sexueller Missbrauch, finanzielle oder moralische Asozialität oder schließlich eine heillose Scheidungskatastrophe, oft verbunden mit dem Verlust eines Elternteils, meist des Vaters – alle diese Familientraumata überfordern die psychoökologische Balance des heranwachsenden Kindes. Seine Flucht dient in erster Linie dem Versuch, sich ein Stück eigener Würde zu bewahren und sein Selbst, wenn auch durch die extremsten Risiken, zu stabilisieren. Genau darin steckt deren tieferer Sinn. Die »Überlebenskünstler«, wie sie der Psychoanalytiker Andreas Benz nennt, entwickeln eine erstaunliche Kreativität in der Erfindung und im Wagnis von Grenzerfahrungen; sie vermitteln ihnen die minimale Sicherheit, auch die schlimmste Gefahr noch aus eigener Kraft bewältigen zu können. Damit erhalten sie sich einen Rest an Selbstgefühl, das sonst unter der Last des Traumas rettungslos zerrieben würde.[18]

Eines Tages, eines Nachts verschwinden die Nestflüchter lautlos von zu Hause und bleiben für Eltern und Polizei unauffindbar. Als Trebegänger und Straßenkinder ziehen sie in fremde Großstädte und tauchen in einer der zahllosen sozialen Nischen unter. Dort treffen sie auf Gleichgesinnte, zum Beispiel in den heruntergekommenen Zimmern besetzter Häuser, in denen sie sich mit Räucherstäbchen, Kerzenschein, Alkohol und Haschisch das warme Nest nachbauen, das sie in der Familie vermisst haben. Aus den Lautsprechern tönt die Stimme von Konstantin Wecker, und sie fühlen sich durch seine Lieder in ihrem Selbstmitleid verstanden, aber auch in ihrem Mut und ihrer Stärke angesprochen, mit denen sie zu ihrer Selbstbefreiuung beitragen können.[19]

Viele Nestflüchter schließen sich Cliquen, Gangs, einem der zahllosen spirituellen Zirkel oder anderen Randgruppen an. Sie haben die Schule geschwänzt, die Schule oder eine Lehre abgebrochen, nie haben sie etwas abgeschlossen und immer mussten sie lügen, die Umwelt täuschen, um nicht zu zeigen, wie verzweifelt, rat- und rastlos sie im Dasein herumirrten, und nicht wussten, worin der Sinn ihres Lebens besteht. Ihre schwierigen Eltern haben ihnen die Welt nicht erklärt, mit ihnen konnten sie nicht über ihren Kummer reden, überhaupt haben sie schon lange nicht mehr zusammen gesprochen. Mit ihren Problemen, erwachsen zu werden, standen sie allein. Alles ein einziges Durcheinander.

Jetzt, nachdem sie abgehauen sind, haben sie endlich Menschen gefunden, die sie so akzeptieren, wie sie sind, weil sie in einem ähnlichen Chaos heranwuchsen und ihre Nöte teilen können. In dieser Gemeinschaft fühlen sie sich auch weniger unglücklich, weil sie nicht mehr unter dem Zwang stehen, etwas leisten, etwas erreichen und Erfolg haben zu müssen. Wo dieser soziale Druck entfällt, gibt es auch kein Scheitern mehr. Die Nestflüchter tauchen in eine Welt ab, in der sich die gesellschaftliche Realität verflüchtigt. Ihre Gegenwelt macht zwar die Mühsal des materiellen Überlebenskampfes nicht überflüssig, aber die in ihr blühenden Ideologien von Freiheit und Unabhängigkeit erschaffen das Gefühl, dem Nirwana nicht mehr fern zu sein. Psychologisch legt nach dieser Beschreibung das Nestflüchtersyndrom folgende Deutungen nahe. Kritische Lebensereignisse und traumatische Erfahrungen im Zusammenhang mit einer gestörten Eltern-Kind-Beziehung können in der Schwellensituation der Pubertät zu einem Stillstand der psycho-sozialen und psychosexuellen Reifung führen. Dabei werden die in diesem Zeitraum anstehenden Entwicklungsaufgaben wie die Übernahme altersgemäßer Rollen mit vermehrter Verantwortung, Leistungszuwachs, Zielsetzungen im Rahmen einer konkreten Zukunftsplanung und ein erwachsener Werteaufbau verweigert oder nicht bewältigt. Die Ablösung vom Elternhaus erfolgt nicht in sanften Stufen, sondern abrupt und gewaltsam durch die Flucht in Ersatzbindungen, die die ungesättigten Bedürfnisse nach familiärer Geborgenheit stillen sollen. Die enge Bezogenheit in der gleich gesinnten Gruppe schafft aber keine Anreize zur Weiterentwicklung, sondern fördert die Regression in kindliche Befriedigungsformen. So verharren die Nestflüchter in einem Stadium der Unreife und geraten in ihrem Lebensstil, den sie als Freiheit ausgeben, immer tiefer in einen Zustand der Unfreiheit.

Es gibt risikoarme und risikoreiche Lebenswege. Der Weg der Nestflüchter ist mit vielen Gefahren gepflastert. Die Verführung durch andere Gruppenmitglieder zu Mundraub und Diebstahl gehört zur Überlebensstrategie. Von hier ist der Schritt zu Alkoholmissbrauch und Drogensucht und, damit verbunden, zur Beschaffungskriminalität und Prostitution oft nicht weit.

In einer anderen Variante der Nestflucht wird nicht die Gruppe der Gleichaltrigen zum Familienersatz sondern erwachsene Personen, zu denen eine intensive, oft klammernde Ersatzbindung aufgebaut wird. Es sind Großeltern, Tanten, Onkel oder andere Erwachsene aus dem näheren Umfeld der Ursprungsfamilie, in deren Familien die Nestflüchter hineinschlüpfen. Solche Wahleltern können von unschätzbarem Wert sein, um dem Jugendlichen über seine

Krise hinwegzuhelfen, ihn zu stabilisieren und ihm eine neue Orientierung zu ermöglichen.

Nicht ungefährlich sind dagegen trügerische Ersatzbindungen zu Einzelpersonen, bei denen die Nestflüchter vom Regen in die Traufe geraten. Die meist sehr viel älteren Männer oder Frauen versprechen den Jugendlichen das Himmelreich auf Erden, überschütten sie mit Zärtlichkeit und materieller Verwöhnung und erwecken zunächst den Eindruck idealer Ersatzeltern. Mädchen verlieben sich in ältere Männer, Jungen in ältere Frauen und begeben sich in dieser ödipalen Konstellation unversehens in eine ausweglose Sackgasse der Abhängigkeit, in der ihre Liebe und Dankbarkeit erpresst und ausgebeutet wird. Fatal werden solche Ersatzbindungen, wenn sie sexuelle Formen annehmen. Nicht immer, aber häufig entpuppen sich dabei die »Väter« oder »Mütter« als latent oder manifest Pädophile, die, sobald die Bindung erst einmal fest genug ist, die Willigkeit ihrer Opfer ohne Einfühlung in ihre Bedürfnisse und Verletzlichkeit rücksichtslos missbrauchen.

Ob in gleichaltrigen Cliquen oder in solchen »elterlichen« Ersatzbindungen besteht für junge Mädchen nicht nur die Gefahr, in die Promiskuität abzugleiten. Eine besonders tragische Komplikation entsteht durch ungewollte Schwangerschaften. An dieser Stelle erscheint mir wegen der Bedeutung des Themas eine kurze Abschweifung angebracht. Ungewollte Schwangerschaften im Jugendalter werden in den meisten Fällen durch eine Abtreibung beendet. Die offiziellen Zahlen in Deutschland von Schwangerschaftsabbrüchen bei Mädchen unter achtzehn Jahren, oft unter fünfzehn Jahren, sind 2005 und 2006 gegenüber den Vorjahren zwar rückläufig gewesen, lagen aber immer noch bei weit über 7000.[20] Wenn man die Dunkelziffer hinzunimmt und alle Abbrüche auf die Jahre hochrechnet, in denen minderjährige Mädchen schwanger werden können, steigt die Zahl der Frauen, die in ihrer Jugend- und Adoleszenzzeit einen oder mehrere Abbrüche erlebt haben, auf eine erschreckende Höhe an. Erschreckend, weil trotz aller Liberalisierung der Sexualität und der Legalisierung der Abtreibung aus wissenschaftlicher Sicht Einigkeit darüber besteht, dass Schwangerschaftsabbrüche in diesem Alter im Leben nicht spurlos bleiben, sondern zu Dauerbelastungen mit Schuld- und Schamgefühlen, Sexual- und Partnerproblemen und zu Störungen im weiblichen Identitätsgefüge führen können.

Natürlich betreffen ungewollte Schwangerschaften nicht nur Nestflüchter, auch wenn sie bei ihnen als besondere Komplikation hinzukommen. Sie treten mehrheitlich bei noch familiär gebundenen Teenagern auf. »Alternative zu einer beruflichen Perspektive, Stabilität und Verlässlichkeit in einer Beziehung, Sehnsucht nach Geborgenheit in einer Familie – der Kinderwunsch wird von Mädchen als Lösung diverser anderer Probleme spontan zugelassen oder unbewusst eingesetzt, weil sie damit nicht erreichbare berufliche Perspektiven erleichtert hinter sich lassen können und sich dadurch aus der Welt der Vernunft und der rationalen Anforderungen verabschieden können in eine vermeintlich heile Welt der Emotionen.« schreibt Gisela Gille von der Ärztlichen Gesellschaft zur Gesundheitsförderung der Frau e.V. (ÄGGF).[21]

Aus psychoanalytischer Sicht sind unter den genannten Motiven besonders die unbewusste Sehnsucht nach einer verlässlichen Beziehung und der Geborgenheit in der Familie hervorzuheben. Sie spielen erfahrungsgemäß eine zentrale Rolle bei der Entscheidung, eine Schwangerschaft auszutragen. Den seelischen Hintergrund für eine solche Entscheidung bilden in den meisten Fällen tiefe Enttäuschung und Einsamkeit in einer emotional dürftigen oder schwer gestörten Eltern-Kind-Beziehung. In dieser Verfassung sollen das Kind und der Partner die Defizite ausgleichen oder am eigenen Kind soll wieder gutgemacht werden, was man selbst vermisst hat. Insofern handelt es sich hierbei um ein verdecktes Nestflüchtersyndrom. »Ich wollte unbedingt raus aus der Familie, und das war in meinem Alter nur mit einem Kind möglich«, lautet die häufigste Erklärung für die Geburt des Kindes und für den damit meist verbundenen Auszug aus dem Elternhaus.

Der Wunschtraum junger Mütter von einer heileren Familie gehört zu den jugendlichen Verwirrungen und Irrtümern und scheitert häufig schon während der Schwangerschaft oder oft kurze Zeit danach. Es gibt keine Statistiken darüber, wie häufig die jungen Väter durch die auf sie zukommenden Aufgaben überfordert sind und aus Angst oder Verantwortungslosigkeit die Beziehung noch während der Schwangerschaft beenden. Aber ihre Zahl dürfte nicht klein sein. Sie zerstören ein erträumtes Familienidyll und hinterlassen eine ebenfalls überforderte und verzweifelte Mutter und ein zeitlebens vaterloses Kind. Damit hat sich für alle Betroffenen der Mythos Familie in einem düsteren Schatten aufgelöst.

Solche Verläufe finden sich vergleichbar auch bei vielen minderjährigen Ehen, die statistisch eine weit höhere Scheidungsrate und eine deutlich kürzere Dauer haben als in allen anderen Altersgruppen.

Nur wenigen jungen Müttern gelingt ihre verdeckte Nestflucht, indem sie sich ein eigenständiges Leben mit Kind, ob mit oder ohne Partner, aufbauen. In der Regel bleiben sie schließlich an ihre Ursprungsfamilie gebunden, besonders wenn sie sich in Ausbildung befinden oder berufstätig sind. Dann übernehmen ihre Mütter den größten Teil der Versorgung ihres Enkels, wodurch die leiblichen Mütter in eine oft konfliktreiche Sandwichposition zwischen ihren Eltern und dem Kind geraten. Davon soll später ausführlicher die Rede sein.

Es gibt so viele Verwicklungen im Eltern-Kind-Verhältnis bei der Lösung des Grundkonfliktes zwischen Bindung und Freiheit, dass sie nicht in tausend Buchdeckel passen. Deswegen schließe ich das Kapitel mit einem Hinweis auf eine dritte Gruppe von Nestflüchtern ab. Neben den offenen und verdeckten Formen der Nestflucht darf man die unfreiwilligen Nestflüchter, die eigentlichen »Rabenkinder«, nicht vergessen. Es sind alle die Kinder, die wegen familiärer Notlagen, schwerer elterlicher Erkrankungen oder anderer Familienkatastrophen zur Adoption freigegeben werden, in Pflegefamilien unterkommen oder im Verlauf ihrer gefährdeten Entwicklung befristet oder auf Dauer in Kinder- und Jugendeinrichtungen landen. Sie haben nur selten ein warmes und geborgenes Nest kennengelernt, in dem sie regelmäßig gefüttert wurden, bis sie ihre Flügel zum freien Flug in die Welt ausbreiten konnten. Sie wurden in diese Welt gestoßen, bevor sie flügge waren, und tragen wohl ihr ganzes Leben schwer an diesem Trauma.

Aber bei allen drei Formen der Nestflucht, der offenen, der verdeckten und der unfreiwilligen, so schlimm die Erfahrungen in der Familie und später auf der Flucht auch waren, hält das Leben positive Überraschungen offen. Es mischt die Karten so unterschiedlich, dass trotz aller wissenschaftlichen und therapeutischen Erkenntnisse im Einzelfall eine sichere Prognose oft kaum möglich ist. Für viele Jugendliche stellt sich im Rückblick die Nestflucht nicht nur als Rettungsversuch, sondern als gelungene Rettung aus unerträglich gewordenen Verhältnissen heraus. Bei anderen war die Flucht ein notwendiges Übergangsstadium, nach dessen heilsamen Erfahrungen sie bis zum endgültigen Abschied versöhnt ins Elternhaus zurückkehren und ihre Beziehung zu den Eltern neu gestalten können. Viele andere brauchen diese Zeit, bis sie sich durch die Ausschöpfung ihrer Anlagen, ihrer Entwicklungsmöglichkeiten und durch verbindliche Beziehungen zu Freunden und Partnern oder durch leitende Vorbilder selbst finden. In jedem Fall brauchen Nestflüchter neben ihrem eigenen Potenzial und ihrem Willen zur Veränderung ein unterstützendes Umfeld, das die gestörten Eltern-Kind-Bindungen auszugleichen und die Traumatisierung zu heilen in der Lage ist.[22]

c) Scheidungskinder

Ein Buch über den Urkonflikt zwischen Bindung und Freiheit in der Eltern-Kind-Beziehung kann angesichts von Familienumbau und Familienauflösung mit wachsenden Scheidungsraten in der postmodernen Gesellschaft das Thema Scheidung nicht ausklammern. So intensiv es erforscht und in das familienpolitische und öffentliche Bewusstsein eingegangen ist, so rätselhaft und letztlich unverstehbar bleibt dabei ein Problem, auf das ich im Folgenden zentrieren möchte – das Verhältnis der Scheidungseltern zu ihren Kindern.

Warum Ehen scheitern und unverheiratete Paare mit gemeinsamen Kindern auseinandergehen, ist so breit bekannt und wird, wenn auch als beklagenswertes Faktum, gesellschaftlich so selbstverständlich akzeptiert, dass diese Seite des Problems im vorgegebenen Rahmen nicht vertieft werden muss. Schließlich treffen bei jeder Paarbildung zwei Menschen mit unterschiedlichen Charakteren und unterschiedlichen Biographien aufeinander, die zunächst nichts eint als die Gegenwart ihrer Person und ihrer wechselseitigen Anziehung. Ob diese Bestand hat, oder sich erst im Laufe des Zusammenlebens die unbewussten Motive der Partnerwahl als unvereinbar erweisen, gehört zu den großen Mysterien der Geschlechterbeziehung. Wie dabei Glück oder Unglück verteilt werden, ist Teil unseres selbst inszenierten Schicksals.

Zu ihm gehört, dass Paarbeziehungen nicht-verwandtschaftliche Systeme sind, die im Unterschied zu familiären über keine frühen Bindestrukturen verfügen. Damit fehlt ihnen die in der Frühkindheit angelegte emotionale Verwurzelung im Liebesobjekt und macht sie in ihrem ökologischen

Gleichgewicht labiler, unverbindlicher und anfälliger für Störungen.

Das Zerbrechen einer Ehe oder langen Partnerschaft ist fast immer mit Trennungsschmerzen, Verlassenheitsängsten, schmerzhaften Verletzungen, Kränkungen, zerstörten Illusionen und gescheiterten Hoffnungen verbunden. Es ist das Risiko, das wir eingehen und das uns in allen tieferen Beziehungen begleitet. Wenn man es als Lebensprinzip erkennt und als zu unserem Menschsein gehörig akzeptiert, kann man bei einer Trennung den Partner ohne falsche Schuldzuweisungen aus der Liebe entlassen und dennoch mit gegenseitiger Anerkennung, Achtung und Respekt an der gemeinsam übernommenen Verantwortung für die Kinder festhalten. Es gibt heute unzählige Paare, die dieser Maxime folgen. Ihre Loyalität zueinander und ihre sicheren Bindungen zu den Kindern lassen sie kooperative Lösungen finden, wie die kindlichen Bedürfnisse nach einem regelmäßigen und liebevollen Kontakt zu beiden Eltern in ausreichender Weise befriedigt werden können. Nur solche Kinder überstehen die Scheidung langfristig ohne Trennungstrauma und halten an der stabilen Bindung zur Mutter und zum Vater fest. Der psychologisch entscheidende Punkt für solche günstigen Verläufe liegt darin, dass durch die Toleranz und den weiterhin freundlichen Kontakt der Eltern die Triangulierung zwischen Mutter, Vater und Kind erhalten bleibt. Das Dreieck, das im ersten Lebensjahr des Kindes gebildet wurde, wirkt im gesamten Lebensverlauf als Sicherheitsbasis und als tiefes Gefühl familiärer Zusammengehörigkeit weiter.

Das rätselhafte und scheinbar unverständliche Phänomen im Rahmen der Scheidungsthematik, das uns hier näher beschäftigen soll, ist die Tatsache, dass solche glücklichen Ausgänge nur für den geringeren Teil der Scheidungskinder zutreffen, den größeren dagegen das als »typisch« zu bezeichnende und traumatisch wirkende Scheidungsschicksal ereilt. Wie kann es dazu kommen? Es ist hinlänglich bekannt, dass die Scheidung für das Kind zum Trauma wird, wenn es durch die unversöhnlichen und jahrelangen Zerwürfnisse der Eltern in schwere Loyalitäts- und Ambivalenzkonflikte gestürzt wird. Dabei erleidet es ein Gefühlschaos aus Trennungsangst, Trauer, Depression, Einsamkeit, Wut und Hass. Die meisten Eltern dürften auch inzwischen wissen oder zumindest ahnen, dass solche seelischen Erschütterungen nicht folgenlos bleiben. Bei vielen dieser Kinder kommt es zu Konzentrationsstörungen und Leistungsabfall in der Schule, oft bis zum schulischen Versagen, zu psychischen und psychosomatischen Störungen, Kontaktproblemen, sozialen Verhaltensauffälligkeiten und späterhin zu Partnerschwierigkeiten, beruflichen Misserfolgen bis zum Scheitern, Suchtneigung und anderen Folgen.

Alles das ist so oft beschrieben worden, dass diese Stichworte ausreichen. Entscheidend ist hier die Frage, die uns so viele Rätsel aufgibt: Wie ist es zu erklären, dass Eltern bis weit in die gebildeten und aufgeklärten Schichten hinein ihre Kinder diesem Schicksal aussetzen?

Bei der Suche nach Antworten sollte man nicht von primär konfliktreichen Paarbeziehungen mit einer entsprechend gestörten Eltern-Kind-Bindung ausgehen. Die gibt es auch, und sie lassen nichts Gutes für den Scheidungsausgang erwarten. Aber man kann sie nicht verallgemeinern. Für den Normalfall lässt sich eine am Anfang harmonische Ehe voraussetzen, in der sich beide Partner positiv auf die Schwangerschaft einstellen, sich über die Geburt freuen und eine fürsorgliche und sichere Bindung zu dem Kind entwickeln. In gemeinsamer Verantwortung beziehen sie es in ihre bisherige Zweisamkeit ein und bilden so ein Dreieck, in dem sich das Kind geborgen und beschützt fühlt. In tausend Schritten vertieft sich die wechselseitige Verbindung, die sich durch die Verinnerlichung als elementar und unverbrüchlich erweisen soll. Davon war bereits ausführlich die Rede.

Wie ist es nun zu verstehen, dass diese gleichen Eltern ein paar Jahre später, wenn ihre Ehe zerbricht, ihre positive Bindung an die Kinder rücksichtslos aufs Spiel setzen? Denn es sollte ihnen, eine genügende emotionale Intelligenz vorausgesetzt, doch klar sein, dass Aggressivität, Bösartigkeit, Rache, Hinterlist, Lügen und Ausbeutung, die scheinbar nur den Partner treffen sollen, die Kinder nicht verschonen. Im Gegenteil. In die meisten dieser Scheidungskämpfe werden die Kinder aktiv einbezogen, indem falsche Loyalitäten von ihnen erzwungen, sie als Mittler zwischen den Fronten missbraucht oder gezielt gegen den anderen Partner eingenommen werden.

Hier hat das von dem amerikanischen Psychiater Richard Gardner zuerst beschriebene und inzwischen viel diskutierte PAS, das »elterliche Entfremdungssyndrom«, seinen Ursprung. Es bezeichnet Formen der Manipulation und Beeinflussung, die das Kind dazu bringen, künftig von sich aus jeden Kontakt zu dem anderen Elternteil zu verweigern.

Besonders schicksalbestimmend wirkt sich die Scheidung für Kinder auch durch den unfreiwilligen Verlust eines Elternteils, meist des Vaters, aus. Entweder bricht dieser die Verbindung zur Familie für immer ab, oder ihm wird der Kontakt zu den Kindern durch den anderen Elternteil, meist die Mütter, auf Dauer verwehrt.[24]

Wir sprechen hier von Dramen der Eltern-Kind-Beziehung, von denen wir täglich umgeben sind. Es macht uns immer wieder fassungslos, wie unbedenklich Eltern ihre Kinder auf dem Altar ihrer gescheiterten Ehe opfern. Sie haben ihre Kinder geliebt, sie lieben und versorgen sie immer noch, und doch beschädigen sie das »heilige Band« zwischen sich und zertrümmern das Dreieck, das die Familie ursprünglich in einem großen Versprechen zusammenhielt. Warum?

An anderer Stelle habe ich Medea zitiert, die dem griechischen Mythos entsprungene Urgestalt der bis zur Raserei gekränkten Frau. Nachdem Jason sie verlassen hat, tötet sie ihre geliebten Kinder, um sich an ihrem Mann zu rächen. In der gleichnamigen Tragödie von Euripides klagt sie:

»Doch wo das Recht des Ehebunds gekränket ist,
Ist in der Welt auch kein Gemüt rachsüchtiger.«

Alle Zweifel vor ihrer grausigen Tat können sie nicht zurückhalten:

»Doch mächtiger als die Einsicht ist die Leidenschaft:
sie ist die Ursach jedes größten Fluchs der Welt!«[25]

Ist es das, was wir als Erklärung gesucht haben? Sind es die archaischen Gewalten, die mit ihrer ganzen Wucht hervorbrechen, wenn das Selbst in schwerer Weise verletzt wird? Das Verlassenwerden durch den Partner kann zweifellos als unerträgliche Verletzung erlebt werden und bricht »Leidenschaften« aus der Verdrängung, deren destruktive Gewalt nicht mehr beherrschbar ist. Nur so lassen sich die oft erschreckenden Scheidungskämpfe begreifen, die zwischen den Partnern entbrennen.

Aber warum werden auch die Kinder in diesen Kampf mit hineingezogen? Sollten nicht die tiefe Bindung an sie und die Verantwortung, die die Eltern für sie übernommen haben, stärker sein? Verdienen sie nicht umso mehr Schutz und Schonung, als sie völlig unschuldig am Scheitern der Ehe sind? Kann das Chaos der Gefühle sich so grenzenlos ausweiten, dass die Liebe zu den Kindern nicht mal eine Insel der Vernunft und »Einsicht« für ihre Interessen und Bedürfnisse übrig lässt?

Zweitausend Jahre vor der Erfindung der Psychoanalyse wusste der griechische Dichter Euripides es bereits besser. Der Mensch ist seit prähistorischer Zeit ein Triebwesen geblieben, das sich im Unterschied zum Tierreich einen Überbau aus Intellekt, Erfahrung, Vernunft und einer Vielzahl von Abwehr- und Anpassungsmechanismen geschaffen hat, um sein Überleben in der sozialen Gemeinschaft zu sichern. Die Geschichte der Menschheit zeigt dagegen bis in die Gegenwart, wie machtlos in Krisenzeiten dieser Überbau letztlich den Triebkräften ausgeliefert bleibt.

Man muss die Kinder nicht gleich töten, wenn das Ich in der Scheidungskrise jede Kontrolle über sein monströses Triebverlangen verliert. In Einzelfällen zeigt aber auch die Realität, dass in Trennungssituationen die Tötung der Kinder nicht nur als Metapher zu verstehen ist. Bei jeder Art ihrer Opferung spielt noch folgender psychologischer Mechanismus hinein. Das von den Triebmächten überrollte und dadurch geschwächte Ich gerät, wie wir aus der Stressforschung wissen, in einen Zustand der Hilf- und Hoffnungslosigkeit, in dem es sich nicht nur wehrlos den Binnenkräften sondern auch den Außeneinflüssen ausgesetzt fühlt. Es wird also nach allen verfügbaren Mitteln suchen, durch die es gestärkt und widerstandsfähiger wird. Diese Logik beinhaltet die traurige Erkenntnis, dass die Kinder die geradezu idealen Mittel sind, um das eigene Ich zu retten und im Kampf gegen den Partner aufzurüsten. Ideal, weil Mütter und Väter durch kaum etwas verletzbarer sind als durch ein Unglück oder gar den Verlust des eigenen Kindes. So geht Jason, nachdem Medea in schäumender Wut ihre Kinder getötet hat, an seinem Kummer zugrunde. In alltäglichen Scheidungsauseinandersetzungen werden die Kinder von einem oder beiden Partnern als Faustpfand gehandelt, mit dem sich der andere am besten unter Druck setzen, mit Schuldgefühlen beladen und erpressen lässt. Dabei betrachten die Mutter oder der Vater oder beide das Kind als alleinigen Besitz, mit dem man beliebig wuchern kann. In dieser Weise als verfügbares Objekt ent-individualisiert und instrumentalisiert, gerät das Kind in eine Kreidekreissituation, in der es sich von beiden Eltern schonungslos in zwei Richtungen auseinandergerissen fühlt. Dabei können die Eltern in einem oft erschreckenden Ausmaß verleugnen, wie sehr sie durch ihr Verhalten die Bindung des Kindes beschädigen. Die Triangulierung ist endgültig zerbrochen. Die ursprüngliche Einheit des Dreiecks zerfällt in seine Einzelteile – verzweifelte Fragmente einer zerfallenen Familie.

Mit diesem Ausgang haben sich auch die Rätsel und unsere Ratlosigkeit angesichts der Scheidungsdramen, wenn auch auf wenig ermutigende Weise geklärt: Eine noch so feste und befriedigende Bindung an die Kinder ist nicht davor gefeit, in Krisenzeiten der Eltern im irrationalen Kampf der Leidenschaften zerrieben zu werden. Hier setzen die Bemühungen der Ehe- und Scheidungsberater, Mediatoren und Familientherapeuten an, die schlimmsten Folgen zu mildern.

Die Frage bleibt, wie sich Jugendliche, die durch ein solches Scheidungsschicksal traumatisiert wurden, jemals in altersgemäßer Form von ihren Eltern ablösen sollen. Ihre vormals sicheren Bindungen sind zwar stark demontiert, deswegen aber keineswegs aufgelöst. Eher kettet ihr durchlittenes Gefühlschaos sie noch unnachgiebiger an die zerstrittenen Partner, unabhängig davon, ob sie beide noch verfügbar sind oder einer von ihnen für immer verschwunden ist. Übersehen werden meist die irrationalen Schuldgefühle solcher Jugendlicher. Viele geben sich die Mitschuld am Scheitern der Ehe; viele glauben, die eigentliche Ursache dafür gewesen zu sein; andere leiden nachträglich darunter, die Machtspiele der Eltern mitgemacht oder sogar aktiv geschürt zu haben. Schuldgefühle bilden eine zähe Kittmasse, die einen nicht loslässt und den Schritt in die Unabhängigkeit und Freiheit verhindert.

Neben den Schuldgefühlen sind es die nachgetragene Enttäuschung und der Hass. Man kann die Eltern nicht verstehen und ihnen deswegen auch nicht verzeihen, dass sie, wenn schon die Ehe nicht zu retten war, einen als Kind verraten haben. Denn das bedeutet die Scheidung auch, den Verrat an den kindlichen Bedürfnissen nach Schutz und Sicherheit, den Verrat an dem Vertrauen, das man den Eltern entgegengebracht hat, und schließlich den Verrat an den Versprechungen von Liebe, Fürsorge und familiärer Zusammengehörigkeit, die einem die Eltern mit der Geburt gegeben haben. Ein solcher Verrat wiegt schwer, und man wird ihn nie restlos verwinden.

»Besonders im Jugendalter beeinträchtigt die Scheidung der Eltern das innere Bild und den Wert von Bindungen«, schreiben die Bindungsforscher Karin und Klaus Grossmann. Auch deswegen ist die Ablösung so schwierig. Aus der ehemals sicheren Bindung ist eine hochambivalente und unsichere Bindung geworden, in der sich Hader, Hass und Zweifel an den Eltern festbeißen, als könne man dadurch die Geschichte zurückdrehen. Dieser Wunsch aller Scheidungskinder erzeugt nie zu stillende Sehnsüchte und Erwartungen und bindet sie umso unlösbarer an imaginäre Elternbilder.

Bei solchen Vorgeschichten verwundert es nicht, dass die konkreten Eltern-Kind-Bindungen langfristig pathologisch entgleisen. Dies gilt besonders für die Beziehung zu dem getrennt lebenden Elternteil; aber es gilt auch jenseits aller Scheinharmonie und eingegangener Kompromisse für den Elternteil, bei dem das Kind nach der Scheidung bis zum endgültigen Auszug geblieben ist. Die Selbsttäuschungen über die Qualität der Beziehung und die Verleugnung der Konflikte brechen spätestens dann zusammen, wenn das erwachsene Kind die Eltern mit harten Anklagen und Vorwürfen über ihr damaliges Trennungsverhalten konfrontiert und ihnen ihre Versäumnisse vorhält. Beispiele hierfür und wie man diese Konflikte lösen kann, sollen im letzten Teil des Buches ausführlicher besprochen werden.

d) Kinder kranker Eltern – Eltern kranker Kinder

Die meisten Eltern in der westlichen Zivilisation genießen das unschätzbare Glück, gesunde Kinder zu haben, und selbst mindestens so lange gesund zu sein, bis die erwachsenen Kinder das Haus verlassen haben. In diesem Glück vergessen wir leicht die vielen anderen Kinder mit einem schwer erkrankten Elternteil und die Eltern, die sich um ein chronisch krankes Kind sorgen und ihm ein erhöhtes Maß an Zuwendung geben müssen.

Erst seit etwa zwei Jahrzehnten werden die seelischen Belastungen von Kindern schwer kranker Eltern gründlich erforscht. Als Konsequenz aus den Ergebnissen startete 2002 in acht europäischen Ländern ein COSIP (»Kinder körperlich kranker Eltern«) genanntes Forschungs- und Präventionsprogramm, in dessen Rahmen bis 2006 700 Familien mit zirka 1000 Kindern untersucht und beraten wurden.[27] Nach den Ergebnissen treten bei mehr als dreißig Prozent der Kinder klinisch relevante Angstsymptome, depressive Verhaltensweisen und psychosomatische Beschwerden auf; fast fünfzig Prozent zeigen ohne beratende Hilfe deutliche Verhaltensauffälligkeiten, schulischen Leistungsabfall und soziale Isolation. Die meisten der kranken Eltern waren Mütter mit einer Krebserkrankung, deren Diagnose durch ihre tödliche Bedrohung die gesamte Familie zunächst in eine bodenlose Verzweiflung und Ratlosigkeit stürzt und bei allen akute Todesängste auslöst.

Die Beratung in psychosozialen Einrichtungen zielt darauf ab, Eltern zur Aufklärung ihrer Kinder über die Krankheit zu ermutigen, und mit ihnen und den Kindern selbst aktive Bewältigungsstrategien zu erarbeiten.

In Deutschland rechnet man mit jährlich etwa 150 000 Kindern, die allein durch eine Krebserkrankung der Eltern, mehrheitlich Müttern, betroffen sind. Diese Zahl vermittelt eine Ahnung davon, wie hoch der Anteil der Kinder mit Eltern ausfällt, die auch unter anderen schweren Krankheiten leiden.

Über die Zahl der Eltern mit schwer oder chronisch kranken Kindern sind mir keine Statistiken bekannt geworden. Auf jeden Fall müssen wir davon ausgehen, dass das Schicksal, einen schwer kranken Elternteil oder ein schwer krankes Kind zu haben, große Bevölkerungsteile betrifft. Da die Erkrankung regelhaft auch den Umgang und die Beziehungsqualität zwischen Eltern und Kindern beeinflusst, erscheint es mir angebracht, das Thema in das Buch mit aufzunehmen.

Um eine Ahnung von den möglichen Krankheitsformen zu bekommen, seien zunächst die schwersten und häufigsten genannt. Bei Kindern zählen dazu: angeborene oder durch Unfälle verursachte Körperbehinderungen; geistige Behinderungen; Beeinträchtigung der Sinnesorgane; chronische Hauterkrankungen; Stoffwechselstörungen; Krebserkrankungen und seelische Fehlentwicklungen mit psychischen, psychosomatischen und psychosozialen Symptomen. Bei Erwachsenen sind folgende Erkrankungen für die Kinder am belastendsten: schwere und chronische seelische Erkrankungen, Psychosen, Süchte, Multiple Sklerose, Krebserkrankungen, Anfallsleiden, schmerzhafte rheumatische Erkrankungen, Asthma, Aids und soziale Verhaltensauffälligkeiten bis zur Kriminalität. Die verschiedenen Varianten werden auch die Eltern-Kind-Beziehung in unterschiedlicher Weise beeinträchtigen. Aber das Leiden betrifft immer beide Gruppen. Sie lassen sich zum besseren Verständnis getrennt beschreiben.

Kinder kranker Eltern

Jedes Kind wir durch einen schwer kranken Elternteil in seinem Lebensgefühl und in der gesunden Entfaltung seiner seelischen und geistigen Kräfte in »Mitleidenschaft« gezogen. Dabei schwanken die Auswirkungen je nach Alter und der sensiblen Phase, in der sich das Kind gerade befindet. Dauerhaftes Mitleid ist keine günstige Voraussetzung für kindliche Fröhlichkeit und Unbekümmertheit. Da Kinder noch über eine ausgeprägte Fähigkeit zum Mitleiden verfügen, können sie sich dem Leiden der Mutter oder des Vaters nicht entziehen. Ihre grundsätzliche Bereitschaft zur Identifikation schließt die mit dem Leiden des kranken Elternteils ein. So kehrt sich das Mitleid in eigenes Leiden um. Es kann durch verschiedene Faktoren verstärkt werden, zum Beispiel durch magische Vorstellungen, an der Krankheit schuld zu sein, oder selbst an ihr zu erkranken. Die damit verbundene Angst wird durch die Angst übertroffen, die Mutter oder der Vater könnten an ihrer Krankheit sterben. Diese Todes- und Trennungsängste gehören bekanntlich zu den elementarsten Kinderängsten, weil der Tod absolute Schutzlosigkeit und Alleinsein bedeuten würde.

Die Gefühlsmischung aus Mitleiden, Schuldgefühlen, Leiden und existenziellen Ängsten dürfte die genannten psychischen Auffälligkeiten dieser Kinder ansatzweise erklären. Aber entscheidend kommt das Verhalten der Eltern und ihr Umgang mit der Krankheit hinzu. Sie sind durch die Krankheit, durch eine oft leidvolle Behandlungsodyssee mit Krankenhausaufenthalten, Operationen, langen Kuren und im Extremfall durch ihre Todesängste selbst überfordert und so stark mit sich beschäftigt, dass sie die Situation der Kinder nicht mehr wahrnehmen können. Häufig umgibt die Krankheit und vor allem die akute Lebensbedrohung ein Geheimnis, dessen Unheimlichkeit die Kinder noch mehr verängstigt.

Aber der Umgang mit den Eltern wird besonders bei chronisch und mit Schmerzen verlaufenden Krankheiten zusätzlich durch deren seelische Auswirkungen kompliziert. In diesen Fällen verändert sich häufig die gesamte psychische Verfassung und Selbstkontrolle des erkrankten Elternteils. Dieser wird mit der Zeit immer unleidlicher, unbeherrschter und uneinfühlend in die Belange der Kinder, die durch ihren Gefühlszustand den elterlichen Erwartungen und Forderungen noch widerstandsloser ausgeliefert sind. Sie müssen Rücksicht nehmen, leise sein, dürfen nicht herumtoben und sollen jederzeit zu allen Hilfeleistungen bereitstehen.

Eindringlich beschreibt Pascal Mercier in seinem bereits zitierten Roman »Der Klavierstimmer« die nach einem Unfall gehbehinderte und wegen ihrer Schmerzen morphiumabhängige Mutter. Bei jeder Kleinigkeit klopft sie oben in ihrem Zimmer ungeduldig mit dem Stock auf den Boden, woraufhin die Kinder herbeieilen müssen. Als Patrice als junger Mann ins Elternhaus kommt, holt ihn diese Geschichte wieder ein. Während eines Telefonats »hörte ich das erste Mal seit langer Zeit das dumpfe Klopfen von Mamans Stock auf dem Parkett. Ich verlor den Faden und verstummte ... Mit einem Schlag war mir alles wieder gegenwärtig: ... unser Schwanken zwischen Mitleid und Überdruss, wenn wir den Stock hörten, und auch unsere Wut, wenn Maman es übertrieb, um uns an ihre Schmerzen zu erinnern.«[28]

»Überdruss« und »Wut« der Kinder entstehen aber nicht nur durch solche erpresserischen und quälerischen Appelle; solche Gefühle entstammen auch ihrer Hilflosigkeit. Sie wollen der Mutter oder dem Vater helfen, wollen, dass sie wieder gesund werden, und erleben ihre Einschränkungen als schreckliches Unglück. Aber sie können nichts Entscheidendes tun, ihre kleinen Kräfte reichen nicht aus. Diese Hilflosigkeit macht aggressiv gegen sich selbst, weil man versagt hat, und gegen den, der sie auslöst.

Enttäuschung und Hass werden auch durch die Gewalttätigkeit besonders psychisch schwer kranker Eltern ausgelöst. In ihrer Unzufriedenheit, Verzweiflung und Verwirrung über das unheilbare Leiden können sie ihre Gefühlswelt nicht mehr regulieren. Sie übertragen nicht nur ihre Ängste auf die Kinder; sie werden auch ungerecht und entladen ihre inneren Spannungen, indem sie schon bei geringen Anlässen

ihre Kinder schlagen. Diese können ihre Gefühle nicht ausdrücken, sondern müssen sie verdrängen, weil sie die Liebe
des kranken und verletzlichen Elternteils nicht verlieren und
ihn nicht zusätzlich belasten wollen. Auf diese Weise fühlen
sie sich einerseits alleingelassen und andererseits unausweichlich in das kranke System verwickelt. So geraten sie
immer tiefer in eine pathologische Abhängigkeit und Bindung, die sie an einer altersgemäßen Ablösung und eigenen
Identitätssuche hindert. Im Gegenteil leiden solche Kinder
häufig unter einer schweren »Ausbruchsschuld«, besonders,
wenn der kranke Elternteil sich hilflos an das Kind als Stütze
und letzten Rettungsanker klammert.

Solche Kinder zeichnen sich häufig durch ihr stilles, in
sich gekehrtes traurig-depressives Wesen aus. Sie scheinen
wie unter einer Glasglocke zu leben, in der ihre expansiven
Bedürfnisse eingeschlossen sind. Je älter sie werden, umso
mehr nimmt ihre Verantwortung zu. Dabei kommt es oft zu
einem Rollenumtausch, bei dem die heranwachsenden Kinder zahlreiche elterliche Fürsorgepflichten übernehmen,
während der kranke Elternteil in kindliche Versorgungsan-
sprüche regrediert. Das Schlimme einer solchen Parentifi-
zierung ist dabei für Kinder und Jugendliche ihre ständige
Überforderung, der Verzicht auf altersgemäße Freiräume
und der Zwang zum vorzeitigen Erwachsenwerden. Noch
schlimmer aber ist der Verlust der Achtung, wenn man den
kranken Elternteil als Vorbild nicht mehr ernst nehmen
kann, und dadurch die ehemalige Sicherheit der Bindung
zerbricht.

Eine besondere psychische Belastung für Kinder schwer
kranker Eltern stellen ihre Schamgefühle dar. Die Psychose
der Mutter oder der Alkoholismus des Vaters bleiben der
Umwelt nicht verborgen. In der Kinderschar wird gelästert;
bei einem Arztbesuch, zu dem das Kind die Mutter begleiten
muss, wird ihm mitleidig über den Kopf gestrichen; in der
Kneipe, aus der es den Vater holen soll, wird ihm von ande-

ren betrunkenen Männern das erste Glas Bier aufgedrängt. Solche Demütigungen sind mit Scham verbunden, die das eigene Selbstgefühl in tiefer Weise verletzt.

Die bisherige Schilderung lässt erahnen, vor welche innerfamiliären Konflikte, persönliche Entwicklungsprobleme und Bindungsschwierigkeiten Kinder von schwer kranken Eltern oftmals gestellt sind. Sie alle zusammen erklären die Häufigkeit der eingangs genannten psychischen Krankheitssymptome und sozialen Auffälligkeiten.

Ich schließe die Skizze mit drei Beispielen von wahrhaft traumatischem Ausmaß ab, weil sie sich viel zahlreicher ereignen, als gemeinhin vermutet wird. Das erste betrifft Eltern mit schweren psychischen Störungen oder einer Psychose. Im Rahmen dieser Erkrankungen kommt es immer wieder zu Selbstmorddrohungen, in gesteigerter Form zu dramatischen Selbstmordversuchen und, nicht ganz selten, zum gelungenen Suizid. Das Entsetzen, das Grauen und die Ängste, die Kinder jeden Alters bei solchen Ereignissen erleben, erschüttern den Kern ihrer Existenz.

Ähnliches gilt für das zweite Beispiel – den frühen Tod eines Elternteils durch einen Unfall oder eine akute Erkrankung, in der Regel durch Krebs, von dem in jüngerem Alter besonders Mütter betroffen sind. Dieses gewaltsame Zerreißen der äußeren Bindung in Kindheit und Jugend leitet einen kaum jemals zu verarbeitenden Trauerprozess ein, der nur dann abgemildert wird, wenn eine sichere innere Bindung an das verinnerlichte Objekt mit ihren positiven Erinnerungsspuren das weitere Leben tröstend und unterstützend begleitet. Unverzichtbar für eine ausreichend stabile Weiterentwicklung dieser Kinder sind aber verlässliche Bindungen zu anderen Menschen, am günstigsten natürlich zu dem überlebenden Elternteil.

Das dritte Beispiel betrifft den Tod eines Geschwisters. Für das überlebende Geschwister hängt die Schwere des Traumas und die Möglichkeit, es zu verarbeiten, von seinem

Alter bei Eintritt des Todes, von seiner Stellung in der Geschwisterreihe und von seiner inneren Bindung zu dem Geschwister ab. Was langfristig traumatischer wirkt, obwohl es oft unbeachtet bleibt, sind bei vielen solcher tragischen Lebensereignisse die Reaktionen der Eltern, besonders der Mütter.

Der Tod eines Kindes stellt erfahrungsgemäß für Mütter stärker als für Väter die ultimative Katastrophe in ihrem Leben dar, über die hinaus es keine schlimmere gibt. Sie verfällt in eine »pathologische Trauer«, nach der sie erst nach langer Zeit als verwandelte Frau wieder auftaucht. Im Prozess dieser Verwandlung verändert sich sehr häufig auch ihre Beziehung zu den anderen Kindern. Es scheint so, als sei ihre ganze Libido in die Bindung zu dem toten Kind geflossen, mit dem sie weiterhin in engstem Kontakt lebt. Die Geschwister erkennen die Mutter oft nicht wieder, ihre ganze Zärtlichkeit und Fürsorge sind wie verweht. Viele der von diesem Schicksal betroffenen Kinder erinnern sich später als Erwachsene, dass sie von der Mutter kaum noch beachtet wurden, es sei so gewesen, als wenn sie für sie gar nicht mehr existierten. Andere fühlten sich von der Mutter nur noch akzeptiert, wenn sie mit ihrem ganzen Sein in die Fußstapfen des verstorbenen Geschwisters getreten seien. Erst solche Enteignungen der eigenen Person wurden für sie zum eigentlichen Trauma.

Kindern schwer kranker Eltern, so lässt sich resümieren, wird ein Stück ihrer Kindheit geraubt. Sie müssen früher als andere eine Verantwortung übernehmen, die sie psychisch überfordert. Die Qualität der Bindung zu dem erkrankten Elternteil verändert sich grundlegend und bekommt Risse, Dissonanzen und Ambivalenzen, die nicht ohne ernste Folgen für den eigenen Reifungsprozess und die erwachsene Eltern-Kind-Beziehung bleiben.

Es muss nicht betont werden, dass solche Entwicklungen nicht zwangsläufig so verlaufen müssen, sondern durch andere Faktoren günstig beeinflusst werden können. Aber dass schwere Erkrankungen der Eltern auch ihre Beziehungsfähigkeit häufig beeinträchtigen und damit eine tragfähige Bindung zu den Kindern gefährden, gehört leider zu den langfristigen Komplikationen.

Eltern kranker Kinder

Warum? Nur ein Wort, nur eine Frage. In ihr ballen sich Klage und Anklage zusammen. Es ist die Schicksalsfrage schlechthin. Sie stellt sich bei allen unbegreifbaren Ereignissen, die das Leben plötzlich und unabwendbar verändern und in eine undurchdringliche Zukunft lenken.

Angeborene Behinderungen und unheilbare Krankheiten der eigenen Kinder gehören zu den großen Ungerechtigkeiten des Elternseins. Warum? Immer wieder stellen die Eltern diese Frage, suchen nach Antworten, von denen sie längst wissen, dass es keine gibt. Nur sie allein können nach Lösungen suchen, um das Leiden zu mildern. Der Schock nach der Geburt eines behinderten Kindes, der Schock, wenn sich später eine Krankheit als unheilbar erweist, er ist jedes Mal schrecklich. Es braucht immer lange Zeit, bis die Eltern ihn überwunden und ihr seelisches Gleichgewicht wiedergefunden haben. Vielen gelingt dies nie mehr.

Die Fragen, die im Zusammenhang des Buches besonders interessieren: Wie schaffen es Eltern unter den gegebenen Umständen eine positive Beziehung zu ihrem Kind aufzubauen oder, bei einem späteren Eintritt der Krankheit, zu erhalten, und woran können diese Versuche scheitern?

Um sich Erklärungen anzunähern, ist es hilfreich, sich zunächst an den normalen Kinderkrankheiten und an den kleineren und größeren, aber heilbaren Unfällen der Kinder zu orientieren, von denen keins verschont bleibt. Auch wenn sich Eltern erwachsener Kinder kaum noch daran erinnern, wissen junge Eltern genau, wovon die Rede ist. Jede ernster verlaufende, wenn auch vorübergehende Erkrankung des Kindes mobilisiert bei den Eltern Ängste und Sorgen, erfordert zusätzliche Wachsamkeit, Fürsorge und vermehrte Zuwendung, macht Arzt-, manchmal auch Krankenhausbesuche notwendig, kostet Zeit und Kraft und alles zusammen erhöht den Verantwortungsdruck. Die Aufregung, der psychische Stress klingen erst nach der endgültigen Gesundung des Kindes wieder ab.

Auch wenn sie unvergleichbar erscheint, lässt sich diese Erfahrung doch auf Eltern mit sehr viel schwerer und chronisch erkrankten Kindern übertragen, weil die psychischen Reaktionen und der äußere Aufwand an Versorgung rein qualitativ ähnlich sind. Nur durch den Vergleich können Phantasie und Vorstellungskraft ahnungsweise das quantitative Ausmaß der Stressbelastung erfassen, dem solche Eltern dauerhaft ausgesetzt sind. Dazu kommen bei ihnen viele Zweifel und Fragen, auch wenn sie bei jedem Krankheitsbild anders ausfallen: Was haben wir falsch gemacht, was versäumt; hätten wir jemals Kinder bekommen dürfen; ist das Kind lebensfähig oder wird es sterben; wie reagiert die weitere Familie auf die Krankheit; wird das Kind jemals selbstständig werden; was passiert, wenn wir nicht mehr sind? Zu den zermarternden Selbstzweifeln, Selbstvorwürfen und Schuldgefühlen gesellt sich die Scham, nicht wie andere Eltern ein gesundes Kind zu haben, und der Neid und die Wut über diese Ungerechtigkeit.

Nach Jahrzehnten ärztlicher Tätigkeit erscheint es mir oft als ein Wunder, wie gelassen viele solcher Eltern mit den ungeheuerlichen Belastungen umgehen können, und wie ausgesprochen liebevoll und zärtlich ihre Beziehung zu dem Kind ist. Diese Beobachtung steht nicht allein. Das Forscherehepaar Grossmann ergänzt dazu: »Das überzeugendste Argument gegen eine einseitig vom Kind bestimmte Bindungsqualität kommt aus der klinischen Bindungsforschung. In den USA, Kanada und Europa sind bereits über

500 Kleinkinder mit geistigen und körperlichen Behinderungen einschließlich Down-Syndrom (Mongoloismus, H.P.) und Autismus, Frühgeburten, chronischen Krankheiten und anderen Beeinträchtigungen beobachtet worden. In allen berichteten Studien gab es stets einen großen Anteil von Kindern mit einem sicheren Bindungsmuster.«[29]

Solche Kinder könnten keine sichere Bindung entwickeln, wenn sie nicht von den Eltern in entsprechender Weise »gehalten« würden, ein Begriff, den der englische Kinderanalytiker D. W. Winnicott zur Beschreibung eines fürsorglich-stabilen Bindungsverhaltens geprägt hat. Damit ist jedoch noch nicht die Frage geklärt, warum vielen Eltern diese sichere Bindung gelingt, während man doch eher erwarten würde, dass die Summe ihrer Belastungen und die damit verbundene Erschöpfung eine eindeutig positive Beziehung geradezu unmöglich machen. Ich vermute, dass es auf diese Frage keine schlüssige Antwort gibt, und dass es sich dabei um eins der wunderbaren Geheimnisse der menschlichen Natur handelt, bei dem alle Erklärungsversuche nur Hilfskonstruktionen bleiben.

Biologen und Verhaltensforscher würden vielleicht einen basalen Instinkt annehmen, angeborene Verhaltenspattern, die das Schutzverhalten umso stärker aktivieren, je abhängiger und hilfloser das zu versorgende Kind ist. Aber eine solche These klingt sehr spekulativ und widerspricht vielen Erfahrungen sowohl im Tierreich als auch in der Menschheitsgeschichte, nach denen das schwache, behinderte und kranke Leben leicht der Ausstoßung oder gar der Tötung verfällt. Streng orthodoxe Psychoanalytiker könnten aus dieser Erfahrung eher eine Gegenthese ableiten. Sie geht von dem in der zivilisierten Welt bestehenden Tötungstabu gegenüber behindertem Leben aus, das nicht zuletzt durch die Euthanasieprogramme im Dritten Reich verschärft wurde. Die bestehenden Tötungsimpulse, so die Gegenthese, müssen also abgewehrt werden. Dazu eignet sich besonders die Reaktionsbildung, ein Abwehrmechanismus, der einen tabuierten Impuls in sein Gegenteil umwandelt. Im konkreten Fall ließen sich so die negativen Gefühle und Ambivalenzen der Eltern eines schwer kranken Kindes durch die Reaktionsbildung entschärfen, indem sie durch eine betont liebevolle und fürsorgliche Einstellung ersetzt würden.

In Einzelfällen mag ein solcher Mechanismus zugunsten des Kindes in das positive Bindungsverhalten der Eltern hineinspielen. Aber sicher nicht allein. Die Reaktionsbildung würde sehr schnell versagen, wenn die sichere Bindung nicht durch andere Bedingungen abgestützt wird. Zu ihnen zählen in erster Linie ein reifes Verantwortungsgefühl und eine Ich-Stärke, mit denen es den Eltern gelingt, ihre primären Gefühle von Hilflosigkeit und Ohnmacht zu überwinden. Dieser Stärke entstammt auch ihre Verzichtsbereitschaft auf eigene Interessen und Bedürfnisse, die durch die Freude über kleinste Erfolge des Kindes belohnt wird. Ich-starke Eltern mit einem stabilen Selbstvertrauen sind in ihrer Konflikt- und Leidensfähigkeit auch in der Lage, ihr Schicksal mit einem chronisch kranken Kind als Lebensaufgabe anzunehmen und sich Hilfe dort zu suchen, wo immer sie erreichbar ist. Unter diesen Voraussetzungen ist die Erfahrung nicht überraschend, dass die Kinder den Eltern nicht nur ihre ganze Zärtlichkeit und Liebe zurückspiegeln und sie damit für ihren Einsatz und ihre Aufopferung entschädigen; sie machen auch deutlich bessere Fortschritte in ihrer geistigen und körperlichen Entwicklung und bei der Abmilderung ihrer Krankheitssymptome als Kinder ohne diese optimale Förderung.

Sie gibt es leider auch in großer Zahl. Ihre Eltern haben es nicht vermocht, ihre primären Phantasien, Wünsche und Träume von einem gesunden Kind zu verabschieden. Das Unglück sitzt als narzisstische Narbe zu tief, als dass sie ihre Ambivalenz überwinden und eine feste Loyalität zu dem Kind entwickeln könnten. Viele steigern sich in eine Hyperaktivität, weil sie das Unerträgliche nicht wahr haben wollen. Sie laufen von Arzt zu Arzt, suchen verzweifelt nach den modernsten Heilmethoden, um sich dann wieder enttäuscht abzuwenden und die Fachleute mangelnder Kompetenz zu beschuldigen. Andere verleugnen die Schwere der Störung und verhindern damit eine Hilfe, die durchaus möglich wäre.

Ein anschauliches Beispiel dafür erlebte ich unlängst bei der Supervision in einer kinderpsychiatrischen Klinik. Der neunjährige Ramon war hierhin wegen einer schweren Anorexie von einer Kinderklinik verlegt worden, nachdem dort sein lebensbedrohliches Körpergewicht durch künstliche Ernährung mit einer Nasensonde ausreichend stabilisiert werden konnte. Die Symptomatik musste schon lange bestehen, weil der hochintelligente Junge, wie für Anorexiepatienten typisch, inzwischen über die raffiniertesten Tricks verfügte, wie er seine Nahrungsverweigerung vertuschen konnte. Das mit diesen Krankheitsbildern erfahrene Stationsteam war bei Ramon völlig ratlos, nachdem es dem Jungen gegen alle Auflagen und Überwachungsmethoden immer wieder gelang, eine vorübergehende Gewichtsverbesserung schon am nächsten Tag wieder zunichte zu machen.

Noch hilfloser machte das Team das Verhalten der Eltern. Sie boykottierten jede Zusammenarbeit, wollten den Jungen so schnell wie möglich aus der Klinik herausnehmen und bagatellisierten die zweifellos ernste und inzwischen chronisch gewordene Erkrankung als »momentane Verrücktheit«, wie die Mutter sie bezeichnete. Wie konnte es zu dieser Verkennung der Tatsachen kommen? Das Team war so aussichtslos in den Kampf mit Ramon und seinen Eltern um eine geregelte Nahrungsaufnahme verstrickt, dass es bisher die familiendynamischen Hintergründe kaum beachten konnte. Im Gegenteil hatte das abwehrende Verhalten aller Familienmitglieder einen Widerstand im Team ausgelöst, sich ausführlicher mit möglichen Gründen zu beschäftigen.

Während der Sitzung merkte ich, wie hilflos ich selbst angesichts der Verhärtung beider Fronten wurde.

Zum Glück kommt einem in solchen Situationen manchmal Meister Zufall zu Hilfe. Denn es war reiner Zufall, dass ein Mitarbeiter nebenbei erwähnte, ein Bruder des Vaters leide unter Schizophrenie. Jetzt war es mir möglich, dem Team eine erste Hypothese über die scheinbar unverständlichen Reaktionen der Eltern anzubieten. »Der Bruder des Vaters ist schizophren«, sagte ich. »Stellen Sie sich die Angst und Bedrohung der Familie vor, eins ihrer Kinder könnte auch an dieser erblichen Störung erkranken! Diese Angst werden die Eltern niemals los. Und plötzlich leidet eins ihrer Kinder an einem offensichtlich schweren psychischen Krankheitsbild. Ist es ein Zufall, dass die Mutter von einer ›momentanen Verrücktheit‹ ihres Sohnes spricht? Könnte es nicht sein, dass sie damit unabsichtlich und unbewusst einen Hinweis auf ihre schreckliche Angst gibt? Sie ist so unerträglich, dass sie sie mit allen Mitteln verleugnen muss. Sie sieht zwar, dass der Junge zu dünn ist, aber der dazugehörige Affekt der Angst wird isoliert und nicht mehr wahrgenommen. Diese Verleugnung führt auch dazu, dass sie die Hilfe des Teams ablehnen muss, weil jede weitere Auseinandersetzung mit der Krankheit die Gefahr enthält, dass die schreckliche Wahrheit an den Tag kommen könnte.«

Das Team schweigt betroffen. Plötzlich scheint allen klar zu sein, wie unsinnig, wenn auch notwendig, der Kampf um das Essen sein muss, solange man nicht verstanden hat, um welche tieferen Konflikte es hinter der Fassade gehen könnte. Wie zur Bestätigung sagt die Stationsärztin anschließend: »Diagnostisch haben wir auch schon daran gedacht, ob sich hinter der Schwere der Anorexie bei dem jungen Alter von Ramon nicht vielleicht eine psychotische Entwicklung anbahnt.«

Wenn es Eltern schwer- und chronisch-kranker Kinder nicht gelingt, irgendwann ihr Schicksal anzunehmen und eine ausreichend stabile Bindung zu dem Kind zu entwickeln, häufen sie zusätzliches Leiden auf sich selbst und gefährden außerdem ihre Ehe und die Beziehung zu den gesunden Geschwistern. Deshalb ist es die vordringliche Aufgabe eines sozial unterstützenden Umfeldes, die Eltern wenigstens soweit zu motivieren, dass sie alle verfügbaren Hilfsangebote konstruktiv nutzen. An solchen präventiven und therapeutischen Einrichtungen fehlt es in unserer Gesellschaft zum Glück nicht.

3. Einzelkinder und alleinerziehende Eltern

Während weltweit das Bevölkerungswachstum weiter explodiert, sterben die Deutschen aus. So das Horrorszenario, das Fachleute und Politiker gegen die Vermehrungsmüdigkeit hierzulande auf den Plan ruft. Schon geht das Schlagwort von der »Einzelkindgesellschaft« um. So weit sind wir noch nicht, auch wenn in den letzten Jahren die Sterbefälle die Geburtenraten überstiegen. Aber wie in allen Bereichen der gesellschaftlichen Entwicklung ist auch bei der Bevölkerungsplanung mit konjunkturellen Schwankungen zu rechnen.

Gegenwärtig hält jedoch der Trend zur Kinderlosigkeit und zur Einkindfamilie an. Gleichzeitig nimmt die Zahl der Familienhaushalte mit einem alleinerziehenden Elternteil zu. Sie machen zunächst eine Klarstellung notwendig. Der Begriff »alleinerziehend« ist verwirrend, weil er verschiedene Tatbestände meinen kann. Bevölkerungsstatistiken erfassen unter dem Begriff nicht nur real Alleinerziehende, sondern auch Haushalte von nicht-verheirateten Paaren mit Kindern und Paare mit einem leiblichen Elternteil und einem nichtleiblichen Partner. Diese weit definierte Familienform umfasste 2004 in Deutschland 3,3 Millionen Haushalte oder knapp 30 Prozent aller Familien mit Kindern.[30]

Dagegen zählen wissenschaftliche Statistiken nur tatsächlich alleinerziehende Eltern dazu. Durch sie schrumpft die Kleinfamilie zur Kleinstfamilie. Auf sie beziehen sich die folgenden Überlegungen. Nach einer älteren Statistik von 1996, die das Bundesministerium für Familie 2001 veröffentlichte, betrug die Zahl alleinerziehender Eltern im strengen Sinn 1,6 Millionen (85 % Mütter, 15 % Väter). Von ihnen waren 61 Prozent geschieden oder lebten in Trennung vom verheirateten Partner, 20 Prozent waren ledig und 18 Prozent verwitwet. Von diesen Eltern hatten 65 Prozent nur ein Kind, 27 Prozent zwei Kinder und knapp 8 Prozent drei und mehr.[31] Wir können also davon ausgehen, dass die weitaus größte Mehrheit, nämlich über 80 Prozent dieser Eltern geschieden, getrennt lebend oder ledig sind und zwei Drittel von ihnen nur ein Kind haben. Da immer breitere Teile der Bevölkerung von dieser Entwicklung betroffen sind, kann ein Buch über Eltern-Kind-Beziehungen die genannte Kombination von Einzelkindern und alleinerziehenden Eltern nicht übersehen. Auch hier wieder sollen beide Gruppen getrennt diskutiert werden.

Einzelkinder

Der wachsende Anteil von Einzelkindern an der Gesamtheit der jungen Generation datiert in die 70er-Jahre zurück. Familienumbau, sexuelle Revolution, die Frauenemanzipation mit höheren Ansprüchen an Bildung und Beruf, Wohlstandsdenken und zunehmende Individualisierung von Interessen und Selbstverwirklichung sind nur einige der Stichworte, die den Wertewandel und die veränderten Lebensentwürfe seit dieser Zeit umreißen. Der Verzicht auf mehr Kinder wurde damals zum Programm und Einzelkinder kamen in Mode. Ob die Beschränkung auf sie freiwillig ausfiel oder ein Ergebnis der ersten Scheidungslawinen war, die jede Lust auf weitere Kinder unter sich begruben – fest stand bald und entsprach dem ideologischen Kampf gegen die traditionelle Familie, dass alle diese vereinzelten Kinder möglichst früh außerfamiliär sozialisiert werden sollten.

Tagesmütter, Krippen, Krabbelstuben, Kindergärten, Kinderläden, Kindertagesstätten und Horte bekamen, oft angelehnt an ostdeutsche Modelle, Konjunktur.

Bis zu dieser Zeit galten Einzelkinder als bedauernswerte Wesen. Jetzt endlich sollten sie die gleichen Chancen wie Geschwister in der Familie bekommen, nur viel besser. Dieser Optimismus übertrug sich auch auf die Wissenschaft. Einzelkinder wurden früher oft als verwöhnte, verhätschelte, verzogene, eitle, egoistische, kontaktgestörte, streitsüchtige und ehrgeizige Streber beschrieben, die ewig an den Rockschößen der Mutter und an den Hosenbeinen des Vaters und später an erwachsenen Autoritäten hingen, weil sie nie gelernt hatten, mit Geschwistern zu teilen, Rücksicht zu nehmen, sich zu lieben, zu streiten und sich zu vertragen. Dieses hier leicht überzeichnete Bild änderte sich mit dem Perspektivwechsel in der Forschung, die erst in den letzten Jahrzehnten unter dem Eindruck der wachsenden Zahl von Einzelkindern deren Entwicklung systematischer untersuchte. Dabei entdeckte man auch ihre positiven Seiten. Durch die enge Bindung an die Eltern, durch die starke Identifikation mit ihnen und deren besondere Förderung verfügen sie gegenüber Geschwistern häufig über ein höheres Maß an Selbstvertrauen, Autonomie, flexibler Intelligenz, Leistungsfähigkeit, Verantwortungsgefühl, psychischer Reife und Kreativität.

Die früheren und heutigen Befunde müssen sich nicht widersprechen. Sie mögen als Hinweise auf die Einzelkindposition in einer vollständigen Familie ausreichen. Hier interessiert in erster Linie das Schicksal der Einzelkinder mit einem alleinerziehenden Elternteil. Da mir zu dieser speziellen Fragestellung keine Untersuchungen bekannt sind, bin ich im Folgenden auf allgemeines tiefenpsychologisches Wissen und Alltagserfahrungen angewiesen.

Dabei ist zunächst zu betonen, dass Verallgemeinerungen schwer möglich sind, da die konstitutionellen Anlagen des Kindes im Zusammenspiel mit den psychologischen und sozialen Umgebungsfaktoren jeder Entwicklung ihr individuelles Gepräge geben. Es macht einen großen Unterschied, ob ein Kind wenigstens in den ersten Lebensjahren durch die Triangulierung in einem vollständigen Eltern-Kind-Dreieck innere Strukturen aufbauen konnte, die sich als tragende Elemente für den weiteren Reifungsprozess erweisen, oder ob es immer nur in einer Dyade mit der Mutter gelebt und den Vater nie kennengelernt hat. Es macht ebenfalls einen großen Unterschied, ob die alleinerziehende Mutter ihr Lebenskonzept freiwillig gewählt hat und in innerer Harmonie mit sich ist, oder ob sie als verlassene Frau zu dieser Entscheidung gezwungen wurde und ihre Enttäuschung und Trauer weiter mit sich herumträgt. Es macht ebenfalls einen erheblichen Unterschied, ob die Mutter über einen qualifizierten und befriedigenden Beruf mit finanzieller Unabhängigkeit verfügt oder in Sozialhilfeabhängigkeit und Armut geraten ist, was für viele zutrifft.

Alle diese Bedingungen wirken sich fördernd oder hemmend auf die Entwicklung der Einzelkinder aus. Darüber hinaus gibt es allgemeine psychologische Gefahren im Bindungsgefüge zwischen Mutter und Kind oder, in der Minderheit, zwischen Vater und Kind, von denen alle Einzelkinder betroffen sein können. Einzelkinder sind für den alleinerziehenden Elternteil, wenn sie nicht unter den später zu schildernden Einschränkungen aufwachsen, sein »ein und alles«, sein Kleinod, sein Augapfel und Liebling, dem naturgemäß die ganze Zuwendung, Zärtlichkeit und Fürsorge zufließt. In seiner Sonderstellung und seinem konkurrenzlosen Dasein bekommt es Vergünstigungen, von denen Geschwister nur träumen können. Durch alle diese Vorteile kann es aber in eine derart festgefügte Bindung zu dem alleinerziehenden Elternteil geraten, dass die notwendigen

Schritte zur Individuation erheblich blockiert werden. Die Macht dieser Eltern wird so stark, dass alle Impulse zur Ablösung und Befreiung schuldgefühlshaft erlebt werden können. Eher unterwirft sich das überbehütete Kind deren Erwartungen und Ansprüchen, die in der Regel hoch angesetzt sind, weil es beweisen muss, dass es etwas »Besonderes« ist. Das erklärt den Ehrgeiz des Kindes und seinen Versuch, Spitzenleistungen auf intellektuellem, künstlerischem oder sportlichem Gebiet zu erreichen. Wenn diese ausbleiben, womit in der Regel zu rechnen ist, weil die Größenvorstellungen des narzisstisch überstimulierten Kindes ins Unermessliche reichen können, sind tiefe Enttäuschung und Selbstzweifel vorprogrammiert.

Da diese Kinder häufig im Licht stehen und Anerkennung bekommen wollen, sie aber durch ihre bevorzugte Position nicht gelernt haben, Frustrationen und Konflikte zu ertragen, nimmt ihre Unzufriedenheit mit sich und der Welt ein quälendes Ausmaß an. Dabei wachsen ihre Ansprüche an sich und die anderen weiter an. Wenn sie erst einmal in dieser Spirale gefangen sind, werden sie ihr inneres Unglück und ihre Einsamkeit nach außen kehren. Aus dem ehemaligen Musterkind wird ein kleiner Tyrann, der nun seinerseits seine Macht gegen den ihn versorgenden Elternteil ausspielt. Denn hier liegt die eigentliche Falle im Verhältnis von Einzelkindern zu alleinerziehenden Eltern. Da der Dritte, in der Regel der Vater, als neutralisierender Puffer entfällt, der, wie wir an früherer Stelle sahen, die Mutter-Kind-Bindung lockern und die wechselseitige Ablösung erleichtern soll, hat die Mutter ihre primär symbiotische Bindung häufig nicht aufgeben können. Dadurch gerät sie, so allein wie sie ist, ihrerseits in eine fast unauflösbare Abhängigkeit von dem Kind, die diesem eine enorme Macht verleiht. Auf diese Weise entsteht eine Machtkollusion, in der zwei Menschen, deren gemeinsames Merkmal das »Alleinsein« ist, sich in einer anklammernden Bindung gegenseitig beherrschen.

Vielleicht versteht man bei solchen Gefahren am besten die ausgeprägte Sehnsucht von Einzelkindern mit alleinerziehenden Müttern nach einem Vater. Er könnte der Erlöser sein, der beide aus ihrem Gefängnis befreit.

Aber auch der bei den meisten Einzelkindern dringliche Wunsch nach Geschwistern kann besonders bei solchen mit einem alleinerziehenden Elternteil einen wichtigen Grund in der gefesselten Bindung haben. Obwohl sie wissen, worauf sie mit Geschwistern verzichten müssen, sehnen sie sie herbei, um ihr abgeschottetes Inseldasein mit der Mutter oder Vater verlassen und zu neuen Ufern der Freiheit aufbrechen zu können.

Alleinerziehende Eltern

»Alleinerziehen« nimmt seit zirka drei Jahrzehnten in allen westlichen Industriestaaten ein breiter werdendes Spektrum innerhalb anerkannter Lebens- und Familienformen ein. Wie wir sahen, sind die Bedingungen hierfür sehr verschieden verteilt. Entsprechend unterschiedlich fallen die psychischen Dispositionen der Alleinerziehenden und die Gestaltung ihrer Beziehung zu den Einzelkindern aus. Aus feministischer Sicht wird das Alleinerziehen als Ausdruck und Freiheit vom Zwang der Ehe glorifiziert. Bei dieser Diskussion bleiben auffallenderweise die Belange der Kinder entweder völlig unberücksichtigt, oder sie werden nach der Formel »eine glückliche Mutter hat auch glückliche Kinder« mit bunter Farbe übertüncht.

Zu dieser Ideologie gehört folgerichtig die Auffassung von der Entbehrlichkeit eines Vaters, die sich gegen alle inzwischen gesammelten Beweise, wie wichtig er für die kindliche Entwicklung ist, als erstaunlich immun erweist. Man kann davon ausgehen, dass diese Position besonders von ledigen oder geschiedenen Frauen vertreten wird, die mehrheitlich das Privileg von beruflicher Qualifikation und Erfolg oder die finanzielle Absicherung durch ihre getrennten und reichen Ehemänner genießen. Durch die Verleugnung der Bedeutung des Vaters machen sie aus der Not eine Tugend.

Soziologen untersuchen dagegen mehr die andere Seite des Spektrums, weil die bedrohliche Zunahme der arbeitslosen und von Sozialhilfe abhängigen Alleinerziehenden für die Sozialpolitik immer größere Regulierungsprobleme aufwirft. Einige der hier interessierenden psychologischen Auswirkungen, die im Rahmen eines Forschungsprojekts zur beruflichen Integration von alleinerziehenden Sozialhilfeempfängerinnen gewonnen wurden, umreißt die Psychologin Gudrun Klein wie folgt: »Durch die Komplexität und Vielschichtigkeit der Lebenssituation der Alleinerziehenden entsteht bei den Frauen über kurz oder lang ein Gefühl des Ausgeliefertseins bis hin zu depressiven Stimmungslagen oder gar Depressionen. ... Das bestimmende Lebensgefühl der Alleinerziehenden des Projekts war dementsprechend ein Gefühl von Verlassenheit, im Stich gelassen zu sein mit der nun übergroß wahrgenommenen Verantwortung für das Wohl des bzw. der ebenfalls verlassenen Kinder. ... Dieses Gefühl übertrug sich auf alle Aspekte des Lebens und hatte zur Folge, dass die Frauen nur sehr geringe Widerstandsressourcen – innerpsychische und externe – aufbauen konnten und zur Verfügung hatten.«[32]

Die privilegierte »glückliche« Mutter mit großem Ressourcenreichtum und die depressiv-verzagte Sozialhilfeempfängerin ohne materielle und psychische Reserven – zwischen diesen beiden Polen ist das Schicksal der Alleinerziehenden angesiedelt. Auf der einen Seite stehen die behüteten, optimal geförderten und oftmals verwöhnten Einzelkinder, auf der anderen diejenigen, die mit hoffnungslos überforderten Müttern in sozialen Notlagen und Armut aufwachsen. Entsprechend konträr fallen die Bindungsmuster beider Gruppen aus. Auch sie schwanken zwischen den Extremen und treffen besonders Einzelkinder, weil diese, wenn schon kein Vater vorhanden ist, auch nicht durch Geschwister entlastet werden. So droht den privilegierten Einzelkindern eine zu starke Bindung, die ihre Ablösung erheblich erschweren kann, weil ihre Mütter ihre ganze libidinöse Energie, ihren Stolz und ihren Narzissmus auf das einzige Kind konzentrieren. Die Gefahr ist besonders gegeben, wenn diese Mütter aus ideologisch verbrämten Gründen auf jede dauerhafte Partnerschaft und Sexualität verzichten und sich nach einer enttäuschenden Ehe für immer auf die Dualunion mit dem Kind zurückziehen. Dann wird dieses nicht nur durch die überschüssige und überschwängliche Liebe gebunden, sondern auch durch Rollendelegationen und Aufträge, die es übernehmen muss, um unerfüllte Wünsche und Bedürfnisse der Mutter zu befriedigen und ihre Einsamkeit und Leere auszufüllen.

Als besonders konfliktreich habe ich in diesem Zusammenhang vielfach Mutter-Sohn-Konstellationen erlebt. In ihnen scheint es fast unvermeidbar, dass der Sohn zum Partnersubstitut wird und in dieser unglücklichen Rolle fixiert bleibt, weil er durch das Fehlen des Vaters und den Mangel an ödipaler Auseinandersetzung die rechtzeitige Abnabelung von der Mutter verpasst. Als Prototyp dieser Bindung gilt der aus der griechischen Heldensage bekannte Telemachos, der Sohn von Penelope und Odysseus. Während der Vater zehn Jahre lang im Trojanischen Krieg kämpft und danach viele Jahre in der Welt herumirrt, wobei die meisten ihn längst für tot halten, nimmt der Sohn die Rolle des Beschützers ein, der seine Mutter gegen alle männlichen Bewerber verteidigen muss.

Eine andere Variante ist die spätere Homosexualität von Jungen, die in der libidinösen Fixierung an die alleinerziehende Mutter sehr häufig eine ihrer tieferen Wurzeln hat.

Unbewältigte Konflikte mit dem anderen Geschlecht, die in letzter Konsequenz die Asexualität einschließt, dürfte für manche alleinerziehende Frauen der Grund sein, warum sie ihr Kind dem getrennten Vater vorenthalten und damit die Bindung an ihn zerstören wollen. Davon war bereits die Rede. In Mutter-Sohn-Konstellationen spielt dabei die Angst hinein, den als Ersatzpartner fungierenden Sohn durch den Kontakt mit dem Vater zu verlieren.

In Mutter-Tochter-Konstellationen überwiegt in solchen Fällen die Projektion des sexuellen Missbrauchs durch den Vater. Inzwischen ist bekannt, wie häufig alleinerziehende Mütter dieses Argument zur Verhinderung des Besuchsrechts einsetzen, wie unbegründet der Verdacht sich meistens erweist und wie viel Schaden den Kindern und betroffenen Vätern damit zugefügt wird. Wenn man solche Frauen berät oder behandelt, soweit sie zu dieser Hilfe bereit sind, stellt sich als tieferer Grund für ihre Einstellung und ihr Verhalten sehr häufig eine traumatische Vatererfahrung heraus. Weil das Trauma meist verdrängt wurde, aber unbewusst weiterwirkt, müssen diese Mütter die Sehnsucht der Kinder nach dem Vater radikal verleugnen.

Und die Einzelkinder am anderen Ende des Spektrums der Alleinerziehung? Eine übermäßige Zuwendung und Förderung durch ihre Mütter oder Väter dürften sie wohl nur selten erfahren, weil deren seelische und materielle Kapazitäten für die Bewältigung ihrer eigenen Probleme und der Alltagsrealität kaum ausreichen. Dennoch ist man immer wieder überrascht, wie eng sie sich ihrem Kind verbunden fühlen, und wie sehr sie darunter leiden, nicht mehr für es tun zu können. Aber weil ihre Möglichkeiten begrenzt sind, können sie das Kind auch leichter loslassen und ihm rechtzeitig die Verantwortung für sein eigenes Leben übergeben. Es ist immer wieder erstaunlich, wie aus dieser Haltung trotz oder wegen der emotionalen und sozialen Knappheit zuverlässige Bindungen entstehen können. Die Kinder – am Ende dieses Spektrums sind es in der Regel mehrere – leiden zwar unter dem Mangel, aber sie fühlen sich ihrerseits für den alleinerziehenden Elternteil, für die Sicherung des Überlebens und für den Erhalt einer guten Beziehung zur Mutter oder zum Vater verantwortlich. Auch wenn ihnen die frühzeitige Übernahme von Verantwortung und Pflichten einen Teil ihrer Kindheit raubt, werden sie später durch ein erwachsenes Selbstbewusstsein und eine berufliche und partnerschaftliche Stabilität belohnt.

Solche positiven Entwicklungen sind allerdings nur zu erwarten, wenn der alleinerziehende Elternteil trotz aller Einschränkungen und Belastungen sich und die Kinder nicht aufgibt. Die eigentlichen Tragödien beginnen dort, wo solche Eltern nicht mehr in der Lage sind, dem seelischen und sozialen Druck standzuhalten, sondern dem Weg in Krankheit, Sucht, Verwahrlosung oder gar Kriminalität wehrlos ausgeliefert sind.

Einzelkinder und alleinerziehende Eltern. Aus der Darstellung ist wohl deutlich geworden, wie unterschiedlich jedes Einzelschicksal ausfallen kann. Aber mir scheint doch, dass alle Situationen ein gewisses Gefahrenpotenzial beinhalten, über das sich jeder alleinerziehende Elternteil mit professioneller Hilfe aufklären lassen sollte. So selbstverständlich dieses Familienmuster inzwischen zu einer breit akzeptierten Lebensform geworden ist, so wenig besteht Anlass zu ihrer Idealisierung, weder aus psychologischer noch aus soziologischer Sicht. Das grundlegende Problem für alle Eltern, den elementaren Konflikt zwischen Bindung und Freiheit in der Beziehung zu den Kindern für alle befriedigend zu lösen, stellt sich für Alleinerziehende in besonderer Weise. Auf der schwierigen Gratwanderung tun sich Abgründe auf, die man nicht durch Unkenntnis oder falsche Ideologien vernebeln sollte.

4. Die Fallstricke finanzieller Abhängigkeit

Geld macht nicht glücklich. Noch schlimmer: Geld macht abhängig. Dieser Wirkung verdankt Geld seine Macht. Den finanziellen Zusammenhang von Macht und Abhängigkeit erfahren Kinder mit ihrem ersten Taschengeld. Sie sollen frühzeitig lernen, mit eigenem Geld umzugehen, lautet die offizielle Begründung. Aber Taschengeld zu bekommen, gehört nicht zu den einklagbaren Kinderrechten. Es entspricht einer gesellschaftlichen Übereinkunft. Ab wann es gezahlt wird, in welcher Höhe, welche Bedingungen daran geknüpft sind, ob es teilweise oder ganz gestrichen werden kann, in welchen Stufen es wann und um wie viel erhöht wird – alle diese Entscheidungen treffen die Eltern. Mit ihnen lassen sie die Kinder ihre Macht spüren. Die vielen Streitigkeiten und Tränen ums Geld haben zunächst eine materielle Seite. Aber hinter ihnen verbirgt sich auch der Kampf gegen die Abhängigkeit. Je älter das Kind ist, umso demütigender und kränkender erlebt es diese ständige Abhängigkeit und die Macht der Eltern, mit der sie sie durch Geld ausüben.

Doch durch noch eine andere Komponente bekommt in vielen Familien die Auseinandersetzung um das Taschengeld eine Schärfe, die kein Außenstehender mehr versteht. Neben dem materiellen Wert besitzt Geld auf der affektiven Ebene eine hohe Symbolkraft als Äquivalent der Liebe. Dieser Zusammenhang ist so selbstverständlich, dass er hier kaum erwähnenswert erscheint. Er drückt sich in jeder Gold- und Perlenkette, in jedem teuren Kleid, in jeder kostbaren Krawatte aus, die Verliebte sich schenken und an deren Wert sich der Grad der Liebe abschätzen lässt. Nur beim Taschengeld nehmen Eltern den Zusammenhang kaum bewusst wahr. Kinder erleben dagegen sehr deutlich, ob es »aus Liebe« oder nur aus Pflichtgefühl gegeben wird, ob es selbstverständlich ist, oder ob sie darum kämpfen müssen.

In der Regelung und im Umgang mit Taschengeld erfährt das Kind also zum ersten Mal den komplexen Zusammenhang von Geldwert, Macht, Abhängigkeit und Liebe. Taschengeld dient der Initiation in diesen Zusammenhang und wird zum Grundmuster späterer Gelderfahrungen. Eine erste Brisanz bekommt das Thema im Jugendalter und in der Adoleszenz. In diesen Altersphasen prallen die Verselbstständigungs- und Ablösungswünsche von den Eltern mit der harten Realität der Abhängigkeit von ihrem finanziellen Wohlwollen und ihrem Einkommen aufeinander. Die ersehnte Freiheit endet am elterlichen Geldbeutel. In einer Gesellschaft, in der die Geldkultur zum Götzenkult geworden ist und jeder anderen Religion den Rang abläuft, können sich auch Eltern-Kind-Beziehungen dem Tanz ums goldene Kalb nicht entziehen. So werden beide Seiten unausweichlich in die Ränkespiele eingesponnen, bei denen jeder auf seine Weise versucht, die eigenen Regeln zu bestimmen.

Für Eltern haben sich zwei Hauptregeln besonders bewährt. Hauptregel Nummer eins: »Setze Geld und Geschenke immer als Liebespfand ein, dann wird dein Kind dir immer dankbar sein und sich dir verbunden fühlen.«

Hauptregel Nummer zwei: »Sollte Regel eins mal versagen, vergiss nie, dass der Entzug von Geld und Geschenken eine gerechte Strafmaßnahme darstellt, die den Erfolg deiner Wünsche garantiert.«

Die zwei Hauptregeln von Jugendlichen und Heranwachsenden lauten: Hauptregel Nummer eins: »Versuche so viel und so lange Geld und Geschenke von den Eltern zu bekommen wie möglich, egal, wie viele Zugeständnisse du dafür machen musst.«

Hauptregel Nummer zwei: »Wenn du den Eindruck hast, du bekommst zu wenig, verzichte eine Zeit lang auf jegliches Geld und alle Geschenke. Deine Eltern werden schon merken, was sie davon haben, und der Verzicht wird dich reichlich belohnen.«

Die Paradoxie der Formulierungen soll auf den verborgenen Wahrheitsgehalt der Regeln hinweisen. Die Kommunikation über Geld zwischen Eltern und Kindern stellt ein Bindungselement von kaum zu überschätzender Wirkung dar, auch wenn der schnöde Mammon so gar nicht in unser Idealbild dieser Beziehung passen will.

Als Beispiel möchte ich hier eine persönliche Erfahrung einflechten, die sich mir unauslöschlich eingeprägt hat. Nach dem Tod meiner Mutter führte ich eines Abends ein Gespräch mit meinem Vater über die Gründe der unterschiedlichen Beziehungen von uns drei Geschwistern zu beiden Eltern. Plötzlich brach aus ihm heraus, was ihn Jahrzehnte gequält haben musste. Mit zitternden Lippen und Tränen in den Augen sagte er: »Es ist doch klar, warum Ihr eurer Mutter näher standet. Für mich, für sie und für euch war immer selbstverständlich, dass ich von meinem Gehalt die Familie und euer Studium finanziert habe, das fiel nicht weiter auf. Aber eure Mutter konnte euch von ihrem vorzeitigen Erbe immer mal Geld zustecken und die großen Geschenke machen. Damit hat sie eure Liebe gewonnen.«

Auch wenn es viele andere Gründe gab, warum unsere Bindung an die Mutter stärker war als an den Vater, beunruhigen mich noch heute die Fragen, ob sie nicht, für uns Kinder unauffällig und undurchschaubar, die Hauptregel Nummer eins gut beherrschte, und er auf seine Weise nicht recht hatte. An jenem Abend erschrak ich und mein Vater tat mir unendlich leid. Am traurigsten macht mich der Gedanke, wie sehr er unter dem Geldthema gelitten haben muss, das uns in seinem Gewicht für die Beziehung zu unseren Eltern nie bewusst war und von Bedeutung schien.

Die Hauptregel Nummer eins der Eltern ist deswegen so wirksam und wird als Bindemittel eingesetzt, weil sie zu Recht mit der Bestechlichkeit und oralen Unersättlichkeit der Kinder jeden Alters spekuliert. Was mit der Brust und der Milchflasche begann, setzt sich im Eltern-Kind-Gefüge ein Leben lang fort. Der frühe Anspruch auf eine affektiv befriedigende Bindung hat immer ein materielles Korrelat und wird es immer behalten.

Allerdings verfallen viele Eltern bei der Befolgung der Regel dem Irrtum, fehlende Nähe durch materielle Güter kompensieren zu können. Sie verwöhnen die Kinder, würden ihr letztes Hemd opfern, um deren Liebe zu gewinnen und sie zu halten. Oft treiben ihre Schuldgefühle sie dazu, weil sie genau spüren, was sie den Kindern an Einfühlungsfähigkeit, Gefühlswärme und Herzlichkeit vorenthalten haben.

Wenn auch die Verwöhnung nicht hilft, und die Liebe und Dankbarkeit der Kinder ausbleibt, lässt sich für Eltern die Hauptregel Nummer zwei anwenden. Zumindest ist die Versuchung sehr groß, Geld und Geschenke als Poker einzusetzen, wenn die Kinder den notwendigen Anforderungen nicht entsprechen, sich auflehnen, sich verweigern und alles dazu tun, um die Liebe der Eltern auf die Probe zu stellen. Oftmals geht die Regel tatsächlich auf. Das verleiht ihr ihre Rechtfertigung. Kinder »kriechen zu Kreuze«, werden »vernünftig« und »geben klein bei«, wenn sie merken, dass der Geldstrom versiegt. Hier liegt der Irrtum der Eltern darin, dass sie den scheinbaren Erfolg und die Anpassung mit der Verbesserung der Beziehung verwechseln. Durch Erpressung und Machtdemonstration verstärkt man Abhängigkeiten, wo Freiräume und Loslösung gefragt wären.

Eine Sonderform der zweiten Hauptregel ist der Geiz. Kein Mensch hält sich selbst für geizig, sondern rationalisiert seine Einstellung als notwendige Maßnahme, um Missbrauch einzudämmen. In diesem Sinne entziehen Eltern ihren Kindern Geld und Geschenke, um sie »zur Raison zu bringen«. Aber der materielle Geiz hat meistens das Gegenteil des erwünschten Verhaltens zu Folge, weil er in der Regel mit emotionalem Geiz gepaart ist. Durch diese Mischung kann die Beziehung bis zur Erstarrung verarmen.

Hier erreicht die Formel »Geldentzug gleich Liebesentzug« ihre reinste Gültigkeit.

Zwischen den Hauptregeln der Eltern im Umgang mit Geld und denen der heranwachsenden Kinder bestehen deutliche Entsprechungen. Nach der ersten Hauptregel sind Letztere für Geld und Geschenke auch dort zu Zugeständnissen bereit, wo es ihrer selbstständigen Entwicklung nicht gut tut. Sie sind »immer ein bisschen zu« brav, ordentlich, dankbar, fleißig und liebevoll und »immer ein bisschen zu wenig« aufmüpfig, kritisch, konfliktbereit und eigenwillig, weil sie wissen, dass sie sich auf diese Weise die meisten Vergünstigungen sichern können.

Die Bezeichnungen »immer ein bisschen zu wenig« und »immer ein bisschen zu viel« betreffen charakteristische Merkmale jeder Neurose. Jemand ist »immer ein bisschen zu höflich und bescheiden« oder »immer ein bisschen zu streitsüchtig und eifersüchtig« etc., ohne dass er selbst es merkt. Er wundert sich nur über die Schwierigkeiten, die andere Menschen mit ihm haben. Es sind die feinen Haltungen, die der Außenwelt signalisieren: Da stimmt was nicht, das ist nicht echt. Tatsächlich setzen sich in solchen unbewussten Haltungen verdrängte Bedürfnisse und Impulse durch, die genau das Gegenteil des Oberflächenphänomens ausdrücken oder die eigentlichen Impulse nur in stark abgeschwächter Form erkennen lassen. So versteckt sich hinter der »etwas zu großen« Höflichkeit der Wunsch nach Auflehnung und Rebellion, hinter der Bescheidenheit ein Riesenanspruch nach Haben-Wollen, hinter der »etwas zu heftigen« Streitsucht ein gefährliches Aggressionspotenzial, hinter der scheinbar milden Eifersucht ein Abgrund an Neid.

Der kleine Exkurs in die Neurosenlehre scheint mir hilfreich, um an dem Beispiel der Zugeständnisse eines Jugendlichen an materielle Vergünstigungen die Entstehung neurotischer Fehlentwicklungen illustrieren zu können. Denn genau das passiert mit demjenigen, der die erste Hauptregel

befolgt. Was zuerst ein bewusst kalkuliertes Handeln darstellt, entwickelt sich schleichend zu Haltungen, in denen
die ursprünglichen Impulse verdrängt bleiben. In diesem
Fall fällt der Preis sehr hoch aus. Solche Jugendliche bleiben
im Bann ihrer Eltern und verzichten auf eine altersgemäße
Individuation. Das Geld hat eine Macht über sie gewonnen,
der sie ihre Freiheit geopfert haben.

Die zweite Hauptregel von Jugendlichen ist raffinierter
und weniger neurotisierend. Detlef beherrscht sie meister-
haft. Schon als Jugendlicher verzichtete er freiwillig und
ausdrücklich auf zusätzliche Geldzuwendungen zum Taschengeld und auf jegliche Geschenke zu Weihnachten und
zum Geburtstag. Seine hartnäckige Weigerung bei der Frage
der Eltern »Was wünscht Du Dir«? brachte diese zur Verzweiflung. Was hatten sie falsch gemacht? War ihr Sohn nur
besonders bescheiden oder war es Trotz? Aber Trotz weswegen und wogegen? In ihrer Ratlosigkeit fielen ihre Geschenke, wie zu erwarten war, immer besonders üppig aus.
Auf meine Frage, wie er reagieren würde, wenn die Eltern
ihn beim Wort nähmen und sein Geburtstags- und Weih-
nachtstisch leer blieben, sagte er: »Ich wäre natürlich sehr
gekränkt.«

Inzwischen war er dreißig Jahre alt, hatte einen freien Beruf, in dem er für seinen Lebensunterhalt genügend verdiente. Aber seine Eltern zahlten weiter die teure Miete für
eine Luxuswohnung, bezahlten seine Krankenkasse, über-
wiesen ihm gegen seinen Willen monatlich einen nicht un-
beträchtlichen Geldbetrag und wollten ihm mit allen Mitteln
eine private Rentenversicherung und ein Auto aufdrängen.
Ihre Geschenke zu den Festtagen übertrafen weiter das normale Maß. Dabei lag er in ständigem Hader mit ihnen. In
seiner Unreife blieb er ambivalent an sie gebunden und litt
darunter, Frauen und Freunden gegenüber kein erwachsenes
Selbstbewusstsein zu haben.

»Warum zahlen Sie nicht selbst Ihre Miete und schicken

die Überweisungsbeträge zurück? Wie wollen Sie bei dieser Abhängigkeit jemals ein Mann werden?«

»Da verlangen Sie aber viel von mir. Warum soll ich darauf verzichten, wenn meine Eltern es so wollen. Es ist doch nur eine kleine Entschädigung für das, was sie mir früher angetan haben, und außerdem erleichtert es das Leben.«

Hinter seiner ertragreichen Bescheidenheit stand letztlich die Frage: »Was bin ich meinen Eltern wert?« Nur durch ihren freiwilligen Tribut konnte er den »Wert« abschätzen, den er für sie hatte. Durch seine Ausgerichtetheit und Abhängigkeit von den Eltern versäumte er dabei, sein eigenes Selbstwertgefühl weiterzuentwickeln. Und dieser Selbstwert wird nicht durch materielle Güter geschaffen. Er entsteht durch die Geduld, die Herzensgüte, das Verständnis und den Gefühlsreichtum der Eltern, die durch kein Geld aufgewogen werden können.

Zweifellos stellt Geld ein notwendiges Sozialisierungsmittel dar. Der vernünftige Umgang damit, die Begrenzung auf das Notwendige, die Verhinderung von missbräuchlichem Einsatz durch die Eltern und von missbräuchlicher Ausnutzung durch die Kinder gehören in den elterlichen Verantwortungsbereich. Eine verlässliche und dauerhafte Eltern-Kind-Bindung über die Jugendzeit hinaus hängt auch von der Frage ab, wie durch die Vermeidung des Missbrauchs die Eigenständigkeit des Heranwachsenden gefördert und die Balance zwischen Bindung und Freiheit gewahrt wurde.

IV. Eltern und erwachsene Kinder

1. Eltern bleiben Eltern – Kinder bleiben Kinder

Wohin Kinder auch ziehen, wenn sie das Haus verlassen, sie nehmen die Eltern mit. So weit sie sich auch entfernen, sie bleiben doch zu Haus. Innerlich. Denn Bindung und Freiheit in der Eltern-Kind-Beziehung sind unteilbar. Der Strom, der Eltern und Kinder ab jetzt verbindet, läuft mehr durch innere als durch äußere Landschaften. Es sind die Gedanken, Phantasien, Erinnerungen, Träume und symbolischen Verkörperungen, die inneren Bilder von den Eltern, die inneren Bilder von den Kindern, die sich in ihrer Vielfalt einen eigenen Kosmos erschaffen, in dem die Familie als unauflösbare Einheit weiterlebt.

Diese innere Welt wird durch äußere Rituale dauerhaft bestätigt. Von gegenseitigen Besuchen, Telefonaten, E-Mails und Briefen über gemeinsame Ferien, Weihnachtsfeste und Muttertage, bis zu den kleinen und großen Geburtstags- und Familienfeiern spannt sich von Jahr zu Jahr die Kette der Begegnungen, die die Kontinuität der Beziehung als Gesetz definieren.

Zu diesem Gesetz gehört, dass Eltern Eltern und Kinder Kinder bleiben, solange die Beziehung besteht und selbst unter der Bedingung, dass Alter und Krankheit der Eltern zeitweilig einen äußeren Rollentausch erzwingen. Eltern denken immer in der Kategorie »unsere Kinder«, so alt diese auch sind, und Kinder jeden Alters sprechen selbst Fernstehenden gegenüber sehr häufig noch von »meiner Mama« und »meinem Papa«. Und das trotz der Liberalisierung und Demokratisierung der modernen »Verhandlungsfamilie«, die im Gegensatz zu den autoritär orientierten Modellen der Vergangenheit zu größeren Freiheitsgraden für alle Familienmitglieder, zu mehr Verständigung, Partizipation, Kompromissen und Aushandeln von Konflikten führten.

Diese Erneuerungen leisten aber auch einer Nivellierung der Beziehung Vorschub, die die psychologischen Unterschiede verwischt. Freundschaft, Partnerschaft und Kameradschaft heißen heute unter dem Einfluss neuer Rollenbilder die Insignien einer positiv besetzten Beziehung zwischen Eltern und Kindern. Aber kann eine Mutter für die Tochter die »beste Freundin«, ein Vater für den Sohn der »beste Kamerad und Kumpel« sein, und können Eltern und Kinder zu »gleichberechtigten Partnern« werden? So wenigstens liest man es immer öfter in der Boulevardpresse, die in Interviews mit Prominenten auf Hochglanzfotos mit strahlenden Gesichtern die Harmonie einer neuen Familienidylle preisen. Auch die Sachliteratur benutzt häufig den wohlmeinenden Begriff der Freundschaft als Ideal einer zu erreichenden Verbundenheit zwischen Eltern und ihren erwachsenen Kindern. Dagegen scheinen mir einige Einwände angebracht.

Man kann zwar in einem erweiterten Sinne von einer »Freundschaft zwischen den Generationen« sprechen, von einer sozialen Utopie, die in einem kollektiven Zusammenhang um den gerechten Ausgleich der unterschiedlichen gesellschaftlichen Interessen zwischen der jungen und der älteren Generation bemüht ist.[33] Auf die familiendynamische Ebene übertragen, schleichen sich jedoch mit dem Begriff einige psychologische Irrtümer ein. Freundschaft basiert unter normalen Voraussetzungen auf dem freiwilligen Bündnis gleichberechtigter und gleichwertiger Partner. Eltern-Kind-Beziehungen unterscheiden sich davon in einigen grundsätzlichen Eigenschaften. Ihre Intimität verdanken sie primär nicht freiwilligen, sondern schicksalhaft vorgegebenen personalen Bindungen. Die von Beginn an ungleiche Beziehung kommt, wie wir sahen, über komplexe bio-psycho-soziale

Mechanismen der Objektwahl zustande. Die Ungleichheit besteht in dem riesigen Machtgefälle und Erfahrungsvorsprung der Eltern und in einer existentiellen Abhängigkeit von ihnen über einen prägenden Zeitraum von zwei bis drei Jahrzehnten.

Alle diese Bedingungen, und das ist das Entscheidende, führen bei Eltern und Kindern zu fundamental verschiedenen Verinnerlichungsprozessen und Objektrepräsentanzen. Theoretisch formuliert werden die Elternimagines der Kinder und die Kindimagines der Eltern in das Selbst integriert und bilden dort fortan Teile der Selbstobjekte, die die Steuerung der Selbst- und Außenwahrnehmung übernehmen. Auf diesem psychodynamischen Hintergrund berührt der Begriff Freundschaft daher nur die obersten Schichten der Fremdwahrnehmung und Übereinstimmungen. Wesentlich bleiben die inneren Bilder von sich und den anderen und die eingeschriebene Identität als Eltern- oder Kindperson.

Die Herausarbeitung dieser Unterscheidung erscheint mir wichtig, weil ihre Verleugnung, ob durch Eltern oder Kinder, bedeutet, die eigene Rolle nicht mehr akzeptieren zu wollen. Wenn die Tochter sich als Freundin der Mutter definiert, und diese sich als Freundin der Tochter anbietet, wenn der Sohn seinen Vater als Kamerad und Kumpel betrachtet, und der Vater diese Zuschreibung annimmt, gehen alle einen Pakt ein, der über das eigentliche Wesen der Beziehung hinwegtäuschen soll. Der Sinn des Manövers liegt in der Abschaffung von Unterschieden, wie sie durch die jeweilige Rolle und durch die Altersdifferenz mit entsprechend verschiedenen Lebensphasen und biographischen Erfahrungen vorgegeben sind. Eltern, die einen solchen Pakt eingehen, passen sich häufig in einer Weise an die Auffassungen, Lebensformen, Wertnormen und Moden ihrer Kinder an, die ihnen einen Teil ihrer Identität raubt. Sie zählen zu den zahlreichen Opfern des gesellschaftlich verbreiteten Jugendkults. Seine Gefahren für die eigene Weiterentwicklung und die Beziehung zu den Kindern liegen auf der Hand. Die Relativierung und Schwächung der eigenen Mutter- oder Vateridentität gehen mit einem Verzicht auf die für die Kinder notwendige Autorität und Vorbildfunktion und den eigenen Wertekanon einher. Dieser Verzicht und die mangelnde Auseinandersetzung mit Fragen des Alterns können späterhin zu schweren Einbrüchen im Selbstwertgefüge und zu Lebenskrisen führen. In solchen Situationen bricht auch die Illusion der Freundschaft zu den Kindern in sich zusammen, und diese werden durch die oft plötzlich einsetzenden Veränderungen der Eltern ebenso enttäuscht wie belastet.

Andersherum gehen erwachsene Kinder den Freundschaftspakt in dem Bestreben ein, sich endlich aus der Kindrolle und von der Autorität der Eltern zu befreien und sich ihnen gleichzustellen. Solche Kinder sind meist stolz auf ihre Eltern, partizipieren an deren Erwachsenenstatus einschließlich ihrer Erfolge und fühlen sich durch das erwiderte Freundschaftsgefühl aufgewertet und stärker anerkannt. Dabei überblicken sie noch nicht, wie sehr sie bei späteren Lebenskrisen weniger den freundschaftlichen als vielmehr den elterlichen Halt brauchen, den Zuspruch, das verstehende Lächeln und das lang ersehnte, befreiende Wort, wie es nur Eltern geben können: »Ich vertraue Dir, Du wirst es schafften!«. Nicht mehr die eigene Unterlegenheit verleugnen müssen, sondern wieder einmal Kind sein und schwach sein dürfen wie damals, als man von der Schaukel fiel, sich die Knie aufschlug und in der tröstenden Umarmung der Eltern aufgefangen wurde. Dieses durch nichts zu ersetzende Glücksgefühl, das Geschenk, solche Eltern sein eigen zu wissen, wird man später noch in vielen kritischen Momenten herbeisehnen. Deswegen erscheint mir trotz der veränderten Rollenbilder von Müttern und Vätern eine Freundschaft im engeren Sinne mit den eigenen Kindern ein Missverständnis zu sein.

An dieser Stelle möchte ich ein Thema aufgreifen, das

bisher nur gestreift wurde. Wenn es zutrifft, dass auf Grund der frühen Bindungsmuster und ihrer Niederschläge in den psychischen Instanzen normalerweise im subjektiven Erleben Eltern immer Eltern und Kinder immer Kinder bleiben, stellt sich noch einmal die genauere Frage nach den Unterschieden zwischen Müttern und Vätern.

In der bisherigen Darstellung wurde immer wieder betont, dass die Bindung an die Mutter und den Vater von gleichrangiger Bedeutung für die gesamte psychosoziale Entwicklung des Kindes ist. Dabei haben wir aber auch gesehen, dass sich die Qualität der Bindung unterscheidet, wobei sich beide Beziehungsqualitäten in idealer Weise ergänzen. Vom Ergebnis her scheint allerdings im Allgemeinen über alle Stufen der Kindheit bis zum Erwachsenenalter die Bindung an die Mutter enger zu sein als zum Vater. Diesen Eindruck vermitteln viele Forschungsergebnisse, Alltagserfahrungen und therapeutische Erkenntnisse. Der Befund tauchte im Text bereits an einigen Stellen auf. Er bedarf aber einer Vertiefung, weil nach meinem Eindruck seine weitreichenden Konsequenzen bisher zu wenig reflektiert wurden.

Wenn man die Bindungsfaktoren zwischen Mutter und Kind noch einmal zusammenfasst, kommt man zu folgender Ergänzungsreihe. Die biophysische Einheit beginnt mit der Zeugung und entfaltet ihren reichen psychosomatischen Zusammenklang während der Schwangerschaft. Die Geburt wird für die Mutter zu einem Schöpfungserlebnis unvergleichlicher Art. Die Urtrennung zwischen Mutter und Kind aktiviert bei beiden elementare Bindungsimpulse, um das Überleben des Kindes zu sichern. Dieses genetische Programm einschließlich der Ernährung durch die »Muttermilch« wird durch psychologische Bindungsfaktoren und soziales Rollenverhalten verstärkt und ihr Zusammenwirken der fortschreitenden Entwicklung des Kindes angepasst. Um seine angeborenen Motivsysteme nach Schutz, Sicherheit und Geborgenheit zu erfüllen, bietet die Mutter ihm in erster Linie einen emotionalen Rückhalt, weil sein Urvertrauen die zentrale Voraussetzung aller weiteren Reifungsschritte bildet. Das Symbol des Paradieses ist aufs Engste mit der Mutter assoziiert.

Die Ergänzungsreihe mit ihren dem Kind altersangepassten Ausdifferenzierungen unterscheidet sich, wie wir früher schon sahen, grundlegend von den Bindestrukturen zwischen Vater und Kind. Seine biophysische Nähe zu ihm ist durch den Wegfall von Schwangerschaft und körperlichen Ernährungsfunktionen nur über die Zeugung vermittelt. Sein Bindungssystem wird aber auch deswegen später als das der Mutter aktiviert, weil das Kind erst im Laufe des ersten Lebensjahres ein Erkundungsverhalten entwickelt, mit dem es das für Väter charakteristische Bindungsmuster explorativer Art anregt.

Wenn man diese unterschiedlichen Bindungsstrategien und Bindungserfahrungen von Müttern und Vätern auf einen kurzen Nenner bringen will, wobei Überschneidungen hier nicht ausdrücklich betont werden müssen, kann man unter Berücksichtigung aller vorliegenden Befunde davon ausgehen, dass die Mutterbindung mehr innengerichtet, die Vaterbindung mehr nach außen orientiert verläuft.

Mit dieser Schlussfolgerung erhellt sich mit einem Schlag die bisher ungeklärte Frage nach der engeren Mutter-Kind Bindung. Die frühe und tiefe, körperliche und seelische Verwurzelung der Mutter im Kind und ihre stärkere Disposition zum Gefühlsaustausch über Haut- und Körperkontakt, Sprache, persönliche Anteilnahme, Verständnis und andere affektive Signale erschaffen einen dichten Raum der emotionalen Wärme und Nähe, in dem die Befriedigung menschlicher Urbedürfnisse als Möglichkeit immer aufscheint. Diese engere Verbundenheit mit der Mutter besteht nach breiten Forschungsergebnissen für beide Geschlechter und über alle Altersstufen.

Dagegen hat der Vater schlechte Karten. Er bietet dem

Kind zwar auch Schutz und Sicherheit, aber weniger, indem er Ängste und Krisen emotional abpuffert, sondern ihnen durch konkrete instrumentelle Maßnahmen vorbeugt. Sein handlungsorientiertes Bindungsrepertoire erschließt dem Kind den Umgang mit der Außenwelt, weckt durch Wissensvermittlung seine Neugier und Interesse an der praktischen Bewältigung von Lebensaufgaben und führt es als Vertreter gesellschaftlicher Normen in soziale Strategien und Regeln zur selbstständigen Gestaltung seiner Zukunft ein. Mit diesen Funktionen mangelt es diesem Bindungstyp aber in der Regel an dem, was die Mutter-Kind-Beziehung auszeichnet – ihre tiefe Emotionalität und Verbundenheit, die die engere Bindung erklären.

Bei der stärkeren Innenorientierung des Kindes in der Beziehung zur Mutter und seiner stärkeren Außenorientierung in seiner Vaterbindung lässt sich also im Kontext der Thematik von Bindung und Freiheit schließen, dass die Mutter mehr den Pol der Bindung repräsentiert, während der Vater stärker den Gegenpol der Freiheit vertritt. Im Idealfall bilden beide Pole ein komplementäres Gefüge mit optimalen Entwicklungsvoraussetzungen für das Kind.

Manchem Leser mögen diese Ableitungen zu abstrakt erscheinen. Ihr Sinn wird sich ihm aber erschließen, sobald man die praktischen Konsequenzen ins Auge fasst. Ganz einfach formuliert, liefern sie uns immer wieder unzählige Hinweise darauf, dass von erwachsenen Kindern die Bindung an ihre Mütter häufig als zu nah, die zu ihren Vätern dagegen als zu fern erlebt werden. Die beiden entgegengesetzten Pole, an denen die Eltern stehen, scheinen also ihr jeweils eigenes Konfliktpotenzial zu enthalten. In Psychotherapien hat man es fast regelhaft mit solchen Konstellationen zu tun. Die Patienten, ob Frauen oder Männer, klagen nicht nur, sondern leiden erkennbar unter dem Problem, sich aus der Abhängigkeit von der Mutter lösen zu können. Gleichzeitig werden die meisten von ihnen nicht damit fertig, den Vater als zu abwesend und distanziert zu erleben und ihn emotional nicht zu erreichen. Nach meiner Erfahrung ist es eher selten, dass ein Patient nur mit einem Elternteil die genannten Schwierigkeiten hat. Die in diesem Zusammenhang häufig genannten Begriffe »Mutter- oder Vaterkomplex«, die in die Alltagssprache eingegangen sind, erscheinen mir wenig sinnvoll, da sie eine Vielzahl möglicher Konflikte nur sehr ungenau umschreiben und außerdem im Rahmen einer Popularpsychologie zur Stigmatisierung der betreffenden Personen beitragen.

Was sagen diese Erfahrungen mit Patienten aus? Bei ihnen ist der Abhängigkeits-Autonomiekonflikt durch die Persönlichkeitsstruktur der Eltern und eigene biographische Erfahrungen besonders ausgeprägt und an der Symptomatik beteiligt, die sie zur Therapie geführt hat. Aber grundsätzlich anders als in großen Teilen der Bevölkerung ist der Konflikt nicht. Seine Verbreitung spricht für mindestens dreierlei: erstens für die genannte und bereits in der Volksweisheit gespeicherte Einsicht, dass Eltern immer Eltern und Kinder immer Kinder bleiben, psychologisch ausgedrückt, dass weder Eltern noch Kinder ihre verinnerlichten Rollen und Identitäten aufgeben können; zweitens, dass der Konflikt zwischen Bindung und Freiheit in der Eltern-Kind-Beziehung nie auflösbar ist, wobei beide Seiten darin involviert sind; drittens lassen sich in der Art der Konflikte typische Muster zwischen Müttern und Vätern unterscheiden.

Typische Beispiele für Vorwürfe, die erwachsene Kinder aus dem ungelösten Konflikt an ihre Mütter ableiten, klingen so: »Du hast mich immer nur für Dich behalten wollen«; »Du hast mir meine Selbstständigkeit nie gegönnt«; »Du kannst nicht akzeptieren, dass ich inzwischen erwachsen bin«. Die häufigsten Vorwürfe an die Väter lauten dagegen: »Du hast mich nie geliebt«; »Immer wenn ich Dich brauchte, warst Du nicht da«; »Du bist nur daran interessiert, was aus mir wird, aber wie es mir persönlich geht, ist Dir gleichgültig«.

In solchen Vorwürfen wird generell erkennbar, dass es Eltern ihren Kindern nur selten recht machen können und an allen Widrigkeiten des Lebens schuld sind. Einen eindrucksvollen Beleg für diese verbreitete Grundhaltung lieferte die begeisterte Rezeption der Bücher der Schweizer Psychoanalytikerin Alice Miller in den Achtziger- und Neunzigerjahren des vorigen Jahrhunderts, allen voran »Das Drama des begabten Kindes« von 1979. In ihren Schriften spannte die Autorin die Eltern auf das Prokrustesbett ihrer Unzulänglichkeiten und warf sich zur Befürworterin unserer unterdrückten Kindheit auf. Jeder Leser erkannte plötzlich in sich das bedauernswerte Kind und konnte sich in seinem Selbstmitleid baden. Ganze Generationen von Therapeuten haben von diesem Trend gelebt und leben noch heute gut davon.

Die zitierten Vorwürfe zeigen aber auch, wie letztlich unversöhnt viele Menschen mit dem Konflikt zwischen Bindung und Freiheit leben. Sie fühlen sich von der Mutter nicht ausreichend in ihren Ablösungswünschen unterstützt und vom Vater emotional zu wenig aufgefangen. So konservieren sie kindliche Bedürfnisse und Ansprüche in ihrem Widerspruch bis ins Erwachsenenalter, weil sie die Aufgabe nicht gelöst haben, einen selbstständigen Ausweg aus diesem Konflikt zwischen regressiven und progressiven Kräften zu finden.

Die individuelle und sozialpsychologische Tragweite solcher Beobachtungen kann gar nicht hoch genug eingeschätzt werden. Durch eine breitere Aufklärung über die geschilderten Zusammenhänge könnten viele missverständliche Ansprüche und daraus resultierendes Leiden gemindert werden. Nicht nur privat, sondern auch von der Wissenschaft und der Öffentlichkeit sahen sich früher Mütter mit dem stereotypen Vorwurf ihres besitzergreifenden und klammernden Verhaltens konfrontiert. Mit Beginn der modernen Frauenbewegung wurden die Väter zur Zielscheibe der Kritik. Sie seien emotional nicht verfügbar und glänzten hauptsächlich durch Abwesenheit. Beide Beschreibungen enthalten etwas Richtiges. Nur ihre Interpretationen, soweit sie verallgemeinert werden, gehen am heutigen Erkenntnisstand vorbei.

Das Verhältnis der Eltern zu ihren Kindern wird durch ein unterschiedliches geschlechtsspezifisches Verhalten bestimmt, das durch eine Vielzahl von Faktoren festgelegt wird und nur in begrenztem Umfang zu flexiblen Anpassungen in der Lage ist. Von der Mutter ausgeprägte väterliche Bindungseigenschaften zu erwarten und vom Vater mütterliche, käme einer Quadratur des Kreises gleich. Aber genau das wird von vielen Menschen und in der öffentlichen Meinung versucht. Es kann doch einfach nicht sein, dass die Mutter nicht auch väterlich und der Vater nicht auch mütterlich ist! Wo kämen wir denn hin, hätte der Kommunikationsforscher Paul Watzlawik in seiner paradoxen »Anleitung zum Unglücklichsein« sinngemäß formulieren können, wenn wir keinen Grund zu Klage mehr hätten und keinen mehr anklagen könnten? Wer wäre dann zuständig für unser ganzes Unglück?

Ein Perspektivwechsel könnte nicht mehr vor der Erkenntnis haltmachen, wie ungeheuer groß der Gewinn ist, der in der mütterlichen und väterlichen Funktionsaufteilung liegt. Wir müssten uns eingestehen, welchen Reichtum uns die Mutter für unser emotionales Wachstum geschenkt hat, und wie unfähig wir in der Welt herumtapsen würden, wenn uns der Vater nicht den praktischen Sinn fürs Leben beigebracht hätte. Uns würde bewusst, dass beides zusammengehört, und wir nichts wären ohne ihre Ergänzung. Dann könnte es uns passieren, dass wir sogar noch dankbar für diese Unterschiede sein und die Grenzen akzeptieren müssten, vor denen jede Mutter und jeder Vater bei der Vermittlung ihrer spezifischen Möglichkeiten stehen. Wir sollten uns gut überlegen, ob wir das überhaupt wollen!

Offenbar hindert uns unsere Verliebtheit in unseren Opferstatus daran, zu erkennen, was wir der engeren emotionalen Beziehung zur Mutter verdanken. Beim Vater können wir oft nicht wahrnehmen und wertschätzen, in wie vielen konkreten Hilfen er uns den Weg durchs Leben geebnet hat. Die heutigen Forderungen nach mehr Gefühlsaustausch und Präsenz des Vaters verkennen diese Realität, weil durch die überbetonte Psychologisierung der Eltern-Kind-Beziehung ihre emotionale Intensität und Qualität zu allein entscheidenden Kriterien avanciert sind, obwohl wir ohne den Gegenpol der Freiheit nicht leben wollten. Die Konsequenz dieser Einsichten könnte einen neuen Zugang zum Verständnis der unterschiedlichen Beziehungen zu Müttern und Vätern erschließen und die Versöhnungsbereitschaft erwachsener Kinder mit dieser Tatsache begünstigen.

2. Eltern-Kind-Konflikte im Erwachsenenalter

a) Das unverarbeitete Kindheitsschicksal der Eltern

Erwachsene Kinder bleiben oftmals auch in ihrer Blindheit gegenüber dem Lebensschicksal ihrer Eltern noch Kinder. Eltern pur. Das gehört zu ihrer Einbildung, ihren heimlichen Wünschen und uneingestandenen Sehnsüchten. Eltern ohne eigene Geschichte, die nur für sie alleine da sind. Bis sie eines Tages ihre eigenen Fehler, Irrtümer und Versäumnisse erkennen und sich eingestehen können, ob selbst als Eltern oder in anderen Beziehungen. Plötzlich, oft zu spät, sehen sie auch die Eltern in einem anderen Licht. Sie begreifen, wie deren Stärken und Schwächen als Ergebnis komplexer biographischer Entwicklungsverläufe in ihr elterliches Verhalten eingeflossen sind.

Aktuell ist das Thema in den letzten Jahren durch die Erforschung der Kriegskindheit der älteren Elterngeneration geworden.[34] Bei ihr lässt sich eindrucksvoll nachweisen, wie tief und dauerhaft traumatische Kindheitserfahrungen die seelische Struktur prägen und das spätere Befinden und die zwischenmenschliche Kontaktfähigkeit beeinflussen. Je nach Art und Intensität der Erlebnisse schlagen sich diese Spuren in der Eltern-Kind-Beziehung natürlich unterschiedlich nieder. Durch blutige Kriegsereignisse, Verlust eines Elternteils, Flucht und Vertreibung oder Hunger und Kälte gezeichnete Kinder werden auf die Traumata noch im Erwachsenenalter mit Gefühlseinschränkungen oder psychischen Symptomen, besonders mit Ängsten und Depressionen, reagieren, die eine emotional dichte Bezogenheit auf die Kinder blockieren können. Weniger traumatisierte Kinder versuchen als Eltern alles zu tun, um ihren Kindern die Schrecken der eigenen Zeit zu ersparen. Ihre Neigung zu Überängstlichkeit und Überfürsorglichkeit kann aber auch deren freie Entfaltung erheblich behindern.

Ein sozialpsychologisch anschauliches Beispiel für solche Gegenreaktionen war die Erziehungseinstellung in breiten Teilen der Generation der Kriegskinder ab den siebziger Jahren des vorigen Jahrhunderts. Als sie in dieser Zeit selbst Eltern wurden, kehrten sie den früh erfahrenen Totalitarismus in ihrer eigenen Erziehung in einen antiautoritären Gestus um, der über weite Strecken ihre eigentlichen Bindungsverpflichtungen einem rigorosen Freiheitsideal opferten.

Solche historisch bedingten Erbschaften stehen neben den familiär tradierten, die am Beispiel einiger Therapiebeschreibungen schon mehrfach anklangen. Elternidentität und elterliche Bindungsfähigkeit entstehen nicht an einem Nullpunkt, der mit der Geburt des Kindes einsetzt. Sie haben eine lange Vorgeschichte, in die alle Erfahrungen, ob positiver oder negativer Art, eingestanzt sind, die Eltern im Laufe ihrer Entwicklung gemacht haben. Das zu erkennen, diese Erfahrungen überhaupt zur Kenntnis zu nehmen, fällt

160

erwachsenen Kindern häufig deswegen schwer, weil eine komplexe Sichtweise sich jeder Vereinfachung widersetzen würde.

Es gehört zu den geläufigen tiefenpsychologischen Einblicken in die Eltern-Kind-Dynamik, dass selbst hoch intelligente Patienten bei der gefühlsmäßigen Einschätzung ihrer Eltern zu groben Vereinfachungen und Fehlurteilen tendieren. Entweder sie werden über den grünen Klee gelobt und kein Staubkörnchen darf das Bild von ihnen trüben, oder ihr Charakter erscheint als düstere Welt, in die kein Lichtstrahl fällt.

Auch diese Beschreibung vereinfacht natürlich den Sachverhalt. Aber sie trifft einen verbreiteten psychologischen Mechanismus, komplizierte Zusammenhänge auf einen einfachen Nenner herunterzubrechen. Jeder Versuch zur Differenzierung stört das psychoökologische Gleichgewicht, weil er das Individuum zwingt, mit widersprüchlichen Gefühlen und Einsichten umzugehen, für die es keine einfachen Erklärungen gibt. Darin scheint mir ein wichtiger Grund zu liegen, warum viele erwachsene Kinder sich nur sehr ungenaue Vorstellungen über die Lebensumstände ihrer Eltern vor der Familiengründung verschaffen. Dadurch entstehen aber verfälschte Bilder von ihnen, die die Beziehung erheblich belasten können. Deshalb gehört es zur Aufgabe jeder Psychotherapie, durch die Einbeziehung der elterlichen Vorgeschichte falsche Idealisierungen oder gnadenlose Demontagen als Konstrukte der Phantasie und der Projektionen aufzudecken. Nur so gelangt der Patient zu einem gerechteren und realistischen Blick auf die Eltern. Erst durch ein neues Verständnis lassen sich auch die entstandenen Beziehungskonflikte leichter lösen.

Aber was ist mit den Eltern? Dass erwachsene Kinder durch die Berücksichtigung von deren Entwicklungsbedingungen diese besser verstehen lernen, ist nur die eine Seite der Medaille. Auf ihrer anderen ist das unverarbeitete Kindheitsschicksal der Eltern selbst eingraviert. Diese alten, verstaubten und abgegriffenen Gravuren zu entziffern, ist ihre eigene Aufgabe. Aber – hier liegt ein entscheidendes Hindernis – sie ist nie vollständig lösbar. Alle Methoden, die von der Psychoanalyse und den ihr folgenden Heilverfahren entwickelt wurden, um die Verschüttungen abzutragen, die sich auf die frühen Erfahrungen gelegt haben, führen immer nur zu Teilergebnissen.

Der Rekonstruktion der Kindheit steht eine Reihe von Abwehrmechanismen im Wege, die jeder Mensch entwickelt, um die bei vielen Erlebnissen auftretenden Ängste, Bedrohungen, seelischen Schmerzen und andere negative Gefühle nicht ständig erinnern und neu durchleiden zu müssen. Insofern sind Abwehrmechanismen wie Vergessen, Verdrängen, Verleugnen, Ins-Gegenteil-Verkehren und viele andere zunächst sinnvolle und zuweilen lebenswichtige Notmaßnahmen, um das Individuum vor der Überschwemmung mit nicht mehr zu verarbeitenden Eindrücken und Erfahrungen zu schützen. Wie eingangs am Beispiel der Kriegstraumata bereits skizziert, liegt der Nachteil der Abwehrmechanismen jedoch darin, dass sie den Einzelnen an der lebendigen Entfaltung seiner ursprünglichen Möglichkeiten behindern. Im Gegenteil formen sie den Charakter in eine bestimmte Richtung und können ihn im Extremfall bis zur psychischen und physischen Bewegungslosigkeit umpanzern. Ein eindrückliches Beispiel liefert hierfür das ausgeprägte Krankheitsbild der Depression.

Die Kindheitsschicksale der Eltern, die hier gemeint sind, wurden auch deswegen nicht in eine gesunde Persönlichkeit integriert, weil sie sich als Kinder in ihrer Kleinheit, Schwäche, Hilflosigkeit, Ohnmacht und Abhängigkeit nicht in angemessener Form gegen die sie einschüchternden, erdrückenden und ängstigenden Einflüsse der Außenwelt wehren konnten. Deshalb mussten sie nicht nur lernen, die Erinnerung an oft traumatische Erfahrungen mit ihrer Umwelt, meist der Familie, aus ihrem Erleben zu löschen; sie mussten die innere Gefahr ihrer aggressiven Triebimpulse von Zorn, Wut, Hass und Rache und ihre Gefühle von Trauer, Verlassensein und Einsamkeit abwehren, weil sie sonst auch noch den Rest an Schutz, Sicherheit und Liebe der Eltern verloren hätten.

Alles das ist mit Verschüttung gemeint, der hermetischen Abriegelung früher Erfahrungen und eigener Trieb- und Gefühlsreaktionen vom aktuellen Erinnern und Erleben. Sie allesamt sind durch die Abwehr unbewusst gemacht worden. Die Tragik dieser Unbewusstmachung liegt in ihren Folgen. Denn das Unbewusste ist keine leblose Materie geworden, sondern vulkanischem Gestein vergleichbar, heißem Magma, das aus dem Untergrund andrängt, sich manchmal nur in Rauchschwaden bemerkbar macht, sich aber unvermittelt auch als glühende Lava entladen kann.

Bildhafter lässt sich nicht beschreiben, was passiert, wenn diese inzwischen erwachsen gewordenen Kinder als Eltern in Konflikte mit ihren eigenen Kindern geraten. Ihr »Geduldsfaden reißt«, sie »rasten aus«, ihnen »brennt eine Sicherung durch«, sie »verlieren die Nerven«, sie könnten vor Ungeduld, Wut und Verzweiflung »auf die Palme klettern«, es kommt zu einem »Kontrollverlust« und wie die Sprachwendungen alle heißen, die den psychologischen Vorgang des Affekt- und Triebdurchbruchs beschreiben, wenn die Abwehr versagt. Dann kann es Eltern passieren, dass sie die Kinder in unangemessener und ungerechtfertigter Weise anschreien, niederbrüllen, körperlich durchschütteln, schlagen, prügeln oder regelrecht, meist mit Gegenständen, misshandeln. Die Eltern wissen in solchen Augenblicken nicht, was sie tun, die Tragweite ihres Handelns bleibt ihnen unklar, sie agieren »blind« und »besinnungslos«. Ohnmächtig sind sie den Mächten ausgeliefert, die in ihnen schlummern, den brodelnden Lavaströmen ihrer verdrängten Triebkräfte und Emotionen. Alle ihre Schuldgefühle, die sie im nachhinein überfallen, ändern nichts daran, dass sie, je nach Heftigkeit und Häufigkeit solcher Durchbrüche, ihre Kinder in der gleichen Weise seelisch beschädigen, wie sie selbst beschädigt worden sind. Gleichzeitig gefährden sie ihre Beziehung zu den Kindern, weil sich diese nicht mehr geschützt, sondern gedemütigt und fallengelassen fühlen, weil sie statt Verlässlichkeit Willkür erleben, auf die sie mit dauerhafter Angstbereitschaft reagieren.

Seit der systematischen Erforschung der Familie sind viele Bücher mit der Beschreibung der unzähligen Möglichkeiten gefüllt worden, die sich bei der Weitergabe unverarbeiteter und unbewusst gemachter Kindheitserfahrungen ergeben. Deswegen ist es nach heutigem Kenntnisstand so wichtig geworden, bei allen konflikthaften Eltern-Kind-Beziehungen den Generationen-Zusammenhang mitzudenken. Die unbewusste Weitergabe von traumatischen Erlebnissen und Bindungserfahrungen lässt sich im Rahmen psychoanalytischer Aufarbeitung über mindestens drei Generationen zurückverfolgen. Besonders erschütternd ist dieser Nachweis in jüngerer Zeit durch die Behandlung von Personen gelungen, die der dritten Generation von Holocaustopfern angehören.[35] Die unbewussten Botschaften, Geheimnisse, Delegationen und Aufträge, die die Überlebenden auf Grund ihrer erlebten Grauen an ihre Kinder übermittelt haben, führen bei diesen zu schweren Identitätsbrüchen und psychischen Problemen, die sie an ihre eigenen Kinder weitergeben.

Die Tradition von Erfahrungen über drei Generationen und die unbewussten Haltungen, Erwartungen und Übertragungen, die sich daraus in der nachfolgenden Generation gebildet haben und an die nächste weitergegeben werden, gelten nicht nur für die genannte Personengruppe. Sie scheinen bei ihr nur besonders ausgeprägt und unverfälscht nachweisbar zu sein.

Das unverarbeitete Kindheitsschicksal der Eltern als Mehrgenerationenkonflikt zu sehen, lässt den Begriff der

Freiheit in der Eltern-Kind-Bindung noch einmal in einem wesentlich neuen Licht erscheinen. Der Leser erinnert sich an den ersten Definitionsversuch am Beginn des zweiten Kapitels: »Freiheit bezeichnet innerhalb des vorgegebenen Rahmens von familiärer Bindung und gesellschaftlicher Verantwortung die Möglichkeiten jedes Einzelnen, seine Fähigkeiten optimal zu nutzen und über seine Lebensziele, Wertsetzungen und zwischenmenschlichen Beziehungen selbstständig zu entscheiden.«

Inzwischen sind wir mit der Analyse des Buchthemas weiter fortgeschritten. Besonders das Elternschicksal in seiner familiären, gesellschaftlichen und historischen Bedingtheit von Kindheit an schränkt die bisherige Definition von Freiheit erheblich ein. Mehr noch. Die tiefenpsychologischen Auswirkungen werfen die grundsätzliche Frage nach der Existenz von Freiheit im Rahmen menschlichen Denkens, Fühlens und Handelns auf. Wieweit sind diese Kategorien durch unbewusste Motive, verdrängte Erlebnis- und Erfahrungswelten, unverarbeitete Verletzungen und nicht in ein reifes Ich integrierte Triebenergien und Affekte determiniert und machen Freiheit zu einem rein abstrakten Begriff? Wie stark tendieren Eltern unter diesen psychischen Bedingungen zu unbewussten Rollenaufträgen, Erwartungen und Stigmatisierungen ihrer Kinder und machen sie durch die engen Bindungen unbewusst zu Opfern, Verbündeten oder Mittätern, dass die Freiheit, die sie ihnen gewähren, sich unwillentlich in Unfreiheit verwandelt? Gibt es unter all diesen Vorzeichen so etwas wie die Freiheit der Entscheidung, die Freiheit des Willens und der Wahl, die Freiheit zur vollen seelischen, geistigen und sozialen Entfaltung der eigenen Persönlichkeit?

Die Fragen reichen in die Anfänge menschlichen Denkens zurück und sind in allen fortgeschrittenen Kulturen diskutiert worden. Sie wurden vor allem durch das mittelbar mit ihnen zusammenhängende Problem der Verantwortung angetrieben. Dieser hauptsächlich philosophisch, speziell staatsphilosophisch geführte Diskurs soll uns hier nicht weiter beschäftigen. Festzuhalten bleibt der Umbruch, den die Psychoanalyse für die Diskussion des Freiheitsbegriffs brachte. Wurde mit der Renaissance und Aufklärung und ihrer Entdeckung des Individuums noch seine Freiheit in glühenden Tönen gefeiert, machte sich mit der Erforschung des Unbewussten und seiner Determinierung menschlichen Verhaltens eine tiefe Ernüchterung breit. Für Freud selbst war diese Determinierung so selbstverständlich, dass er sich mit dem Phänomen der Freiheit kaum auseinandersetzte. Für ihn war sie schlicht eine Illusion, die Menschen sich machen, weil sie an dem Glauben festhalten, frei über ihre Wünsche und Handlungen entscheiden zu können. In einer seiner »Vorlesungen zur Einführung in die Psychoanalyse« bescheidet er seine Zuhörer mit den Bemerkungen: »Sie haben eben die Illusion der psychischen Freiheit in sich und mögen auf sie nicht verzichten. Es tut mir leid, daß ich mich hierin in schärfstem Widerspruch zu Ihnen befinde.«[36]

Etwas deutlicher äußert er sich später über den Zusammenhang von Freiheit und Kulturentwicklung: »Die individuelle Freiheit ist kein Kulturgut … Der Freiheitsdrang richtet sich also gegen bestimmte Formen und Ansprüche der Kultur oder gegen Kultur überhaupt … (Der Mensch, H. P.) wird wohl immer seinen Anspruch auf individuelle Freiheit gegen den Willen der Masse verteidigen. Ein gut Teil des Ringens der Menschheit staut sich um die eine Aufgabe, einen zweckmäßigen, d. h. beglückenden Ausgleich zwischen diesen individuellen und den kulturellen Massenansprüchen zu finden.«[37]

Freud bleibt gegenüber den Möglichkeiten individueller Freiheit im Verhältnis zu den Einflüssen der Kultur skeptisch, zumal Kultur nicht nur von außen wirkt, sondern ihre Gesetze, Moral und Werte die innere Struktur des Über-Ich formen und von dort das Handeln maßgeblich bestimmen.

Weit ausführlicher als Freud hat sich Erich Fromm aus psychoanalytischer und sozialpsychologischer Sicht mit dem Freiheitsbegriff auseinandergesetzt. Eins seiner Hauptwerke »Die Furcht vor der Freiheit« aus dem Jahr 1941 wurde bereits zitiert. Ich beschränke mich im hiesigen Zusammenhang auf eine seiner späteren Schriften »Die Seele des Menschen« aus dem Jahr 1964, weil er in ihr den entscheidenden Einfluss des Unbewussten auf die menschliche Freiheit, Unabhängigkeit und Individualität klarer herausarbeitet.

Fromm geht wie Freud zunächst von der »realistischen und einleuchtenden Auffassung« aus, »daß der Mensch nicht die Freiheit der Wahl habe, dass seine Entscheidungen an jedem beliebigen Punkt von früheren äußeren und inneren Ereignissen verursacht und determiniert seien«. Als Beispiel führt er aus: »Hat nicht die Psychoanalyse gezeigt, daß ein Mensch, der sich nie aus seiner Mutterbindung gelöst hat, unfähig ist, selbständig zu handeln und zu entscheiden, daß er sich schwach fühlt und in eine stets wachsende Abhängigkeit von Mutterfiguren hineingetrieben wird, bis es für ihn keine Umkehr mehr gibt?« Aber schon in den folgenden Passagen relativiert er den einseitigen Determinismus und spricht von der Möglichkeit einer Veränderung durch die Fähigkeit des Menschen, »sich die Kräfte bewußt zu machen, die ihn sozusagen hinter seinem Rücken antreiben, und auf diese Weise seine Freiheit zurückzugewinnen.«[38]

Fromm betont jedoch immer wieder, wie viel Wille, Kampfbereitschaft, Aktivität und Auflehnungsgeist notwendig seien, um durch die Bewusstmachung der uns prägenden Kräfte die Ketten abwerfen zu können, die den Menschen an der Entwicklung eines autonomen Selbst hinderten. In der Nachfolge von Freud und Fromm haben sich viele Analytiker mit dem schwierigen Problem der Freiheit angesichts der Macht des Unbewussten im familiären, gesellschaftlichen und therapeutischen Zusammenhang beschäftigt. Diese Diskussion soll hier nicht weiter verfolgt werden.

Die bisherige Darstellung hat deutlich machen können, dass Freiheit in ihrer psychologischen Dimension ein relationaler Begriff ist, der unbewusste Bedingungen innerpsychischer und zwischenmenschlicher Befindlichkeiten erfasst, die in einem wechselseitigen Verhältnis zueinander stehen. Diese Definition der Freiheit macht die erste nicht entbehrlich; aber sie erweitert sie um einen intersubjektiven Ansatz, der die unbewussten Kommunikationsstrukturen und deren Auswirkungen mit berücksichtigt. Weniger theoretisch formuliert und auf das vorliegende Thema übertragen, lässt sich dreierlei schlussfolgern. Erstens: Eltern sind in der freien Entfaltung ihrer Persönlichkeit umso mehr behindert, je traumatischer ihr familiäres, soziales und gesellschaftliches Kindheits- und Jugendschicksal ausfiel. Zweitens: Je unfreier sich die Persönlichkeitsstruktur der Eltern entwickelt hat, umso stärker werden diese ihre charakterprägenden Erfahrungen unbewusst auf ihre Kinder übertragen. Drittens: Der Grad der Freiheit oder Unfreiheit der Kinder steht in unmittelbarem Zusammenhang mit der lebensgeschichtlich erworbenen Qualität der elterlichen Beziehungsangebote.

So können sich die Möglichkeiten der psychischen Freiheit ebenso von Generation zu Generation tradieren wie die zu seelischem Leiden und Krankheit führende Unfreiheit. Im letzten Fall lässt sich der Kreislauf nur durch die Bewusstmachung der in die Unfreiheit mündenden Mechanismen im Beziehungsgefüge zwischen Eltern und Kindern unterbrechen. So fällt den Eltern die Aufgabe zu, die Zwänge und Tabus so weit wie möglich aufzudecken, die sie in ihrer eigenen Entwicklung eingeschränkt haben. Nur so können sie auch den Kindern ein größtmögliches Maß an Freiheit erhalten. Und die erwachsenen Kinder werden durch die bewusste Auseinandersetzung mit ihrer Geschichte genügend Widerstandskraft mobilisieren müssen, um dem Schicksal ihrer Eltern zu entgehen, eigene Freiheit zurückzuerobern und ihren eigenen Kindern zur freien Entfaltung ihrer Persönlichkeit zu verhelfen.

Es sind oft die »verkommenen Söhne und missratenen Töchter«, wie sie der Literaturwissenschaftler Peter von Matt in seinem gleichnamigen Buch nennt, die durch ihre Auflehnung nicht nur ihren eigenen Weg erkämpfen. Gleichzeitig halten sie damit ihren Eltern einen Spiegel vor, in dem diese ihr Versagen wiedererkennen und zur Wahrheit getrieben werden können. Auch wenn sie durch dieses »Familiengericht« erst einmal vom Podest ihrer eingebildeten Vollkommenheit stürzen, bekommen sie durch die Kinder die Chance, ihren Untergrund zu bewegen und zu größerer Klarheit über sich zu gelangen.

b) Das neue Leben der Kinder – Beruf, Partnerschaft und anderer Eigensinn

Der Sohn hat ohne Probleme die Mittlere Reife geschafft, einen Handwerksberuf erlernt und nach seiner Meisterprüfung einen selbstständigen Betrieb aufgebaut, der gut läuft. Oder er hat nach dem Abitur studiert und arbeitet inzwischen als Anwalt in einer Kanzlei oder als Computerfachmann in einer Softwarefirma. Die Tochter ist als selbstbewusste Vertriebsleiterin in einem Verlag oder nach dem Studium als Korrespondentin einer größeren Tageszeitung im Ausland beschäftigt. Alle leben seit Jahren in einer festen Partnerschaft mit einem Menschen, mit dem sich die Eltern gut verstehen. Die Kinder halten regelmäßigen Kontakt zu den Eltern und drücken ihnen gelegentlich ihre Verbundenheit und Dankbarkeit darüber aus, was sie ihnen bedeuten und ihnen mit auf den Weg gegeben haben.

So oder so ähnlich sehen erfolgreiche Biographien aus, nachdem die Kinder das Haus verlassen haben. So oder so ähnlich sieht das Glück der Eltern aus, die den Abschied von den Kindern in dem Gefühl verarbeiten konnten, ihnen das notwendige Rüstzeug für ein eigenständiges Leben vermittelt zu haben. Einfach beneidenswert! Und es gibt glücklicherweise unzählige Familien, die solche gelungenen Entwicklungen auf ihrem Lebenskonto gutschreiben können. Die Voraussetzungen dafür haben wir ausführlich erörtert. Solche Familien brauchen nie eine Unterstützung von außen, keinen Ratgeber, keine Therapie, kein Arbeits- oder Sozialamt. Sie sind problemlos zufrieden. Deswegen ist so wenig von ihnen die Rede. Auch im Rahmen dieses Buches lassen sie sich nicht weiter beschreiben als in den Bedingungen, die zur harmonischen Lösung des Konfliktes zwischen Bindung und Freiheit führen.

Aber da gibt es die vielen anderen, die Millionen Eltern und ihre Kinder, die nicht so gut davongekommen sind. Zum Beispiel Familie K.

Die Eltern, ein gleichaltriges 57-jähriges Ehepaar, sucht mich wegen ihrer 30-jährigen Tochter Sylvia auf. Im Gegensatz zu vielen Familien, in denen eher die Söhne zu Problemen in ihrer sozialen Entwicklung neigen, war Sylvia schon seit der Pubertät ein Sorgenkind der Eltern. Während der zwei Jahre ältere Bruder nach einer kaufmännischen Ausbildung eine feste Anstellung in einer größeren Firma gefunden, inzwischen geheiratet und vor Kurzem das erste Kind bekommen hatte, war Sylvias Weg von Irrungen und Wirrungen gezeichnet. Nach einer heftigen Protestphase in der Pubertät, in der sie Anschluss an randständige Cliquen fand, schaffte sie mit Müh und Not das Abitur und ging zum Studium ins Ausland. Monatelang hörten die Eltern nichts von ihr. In den Semesterferien tauchte sie für kurze Zeit auf und zog mit ihrer Gitarre über Straßen, Plätze und U-Bahn-Stationen, wo sie sich mit selbst komponierten Liedern einige Groschen verdiente.

»Was bereitet Ihnen jetzt die meisten Sorgen?«, frage ich die Eltern nach dieser einleitenden Schilderung.

170

»Dass sie bis heute keinen festen Beruf hat«, sagt der Vater spontan. »Nach drei Jahren stellte sich heraus, dass sie das Studium schon nach dem ersten Semester geschmissen und uns die ganze Zeit belogen hatte. Ich stellte sofort die Zahlungen ein und zwang sie dadurch, nach Berlin zurückzukommen. Inzwischen hat sie mehrere Lehren abgebrochen und tingelt weiter mit ihrer Gitarre herum, weil sie sich einbildet, eine gute Songsängerin zu werden.« – »Sie glauben das nicht?«

»Nein, dazu hat sie nicht genügend Talent. Wir haben ihr bis vor Kurzem jahrelang ihren Gitarren- und Gesangsunterricht bezahlt. Aber ihre Fortschritte sind minimal. Wie lange sollen wir denn noch für ihr Leben aufkommen?«

»Mich beunruhigt fast noch mehr ein anderes Problem«, unterbricht Frau K. ihren Mann. »Sylvia hatte mit dreizehn Jahren ihren ersten intimen Freund und hat seit dieser Zeit ihre Freunde gewechselt wie andere Menschen …, na ja, ich will nicht übertreiben, aber es ist wirklich beängstigend. Länger als zwei Jahre hielt keine Beziehung. Die meisten Freunde haben wir nie kennengelernt. Mit fünfzehn war sie zum ersten Mal schwanger, danach mit siebzehn. Wie viele Unterbrechungen sie bis heute machen musste, wissen wir nicht. Dass sie offenbar nicht beziehungsfähig ist, bedrückt mich am meisten.«

Beruf und Partnerschaft. Es sind die beiden Eckpfeiler, zwischen denen das Netz des Lebens aufgespannt ist. Freud fasste es kurz und bündig zusammen, wenn er von der »Liebes- und Arbeitsfähigkeit« des Menschen als Voraussetzung psychischer Gesundheit sprach. Von der Festigkeit, mit der die Pfeiler eingepflockt sind, hängt alles ab – unser Gefühl, in der Welt zu sein, unsere Sicherheit, unser Selbstbewusstsein, unser Vertrauen, unsere Zukunftshoffnung, das Gefühl der Zusammengehörigkeit. Es sind die Ziele, die Eltern am intensivsten bei ihren Bemühungen bewegt und antreibt, ihre Kinder zur Errichtung dieser Eckpfeiler zu befähigen.

Darin liegt der Sinn einer sicheren Bindung und das Versprechen der Freiheit.

Wenn dieser Entwurf scheitert, bedeutet es nicht nur für die Kinder eine psychische, meist auch soziale Katastrophe. Auch die Eltern stehen vor einem seelischen Bankrott. Hin- und hergeschüttelt zwischen andauernden Ängsten und Sorgen, was aus den Kindern wird, und zermarternden Schuldgefühlen, Selbstzweifeln, Selbstvorwürfen, Selbstanklagen und nicht zu beantwortenden Fragen geraten sie in einen Strudel der Verzweiflung und Hilflosigkeit, der sie bis auf den Boden schwerer seelischer Erkrankungen hinunterziehen kann.

Viele, besonders Mütter, können sich ihr reales oder eingebildetes Versagen nicht verzeihen und betrachten ihr Leben als verfehlt. Nie hätten sie geahnt, welche verheerenden Auswirkungen ihre Beziehung zu den Kindern auf deren gesamtes weiteres Leben haben könnte.

Die inneren Tragödien, die sich angesichts des Scherbenhaufens in den Eltern abspielen, können nach meinen Erfahrungen durch zwei gegensätzliche Reaktionen noch vertieft und verewigt werden. Die häufigere Variante besteht in der Beschwichtigung der Schuldgefühle durch Hyperaktivität. Solche Eltern lassen nichts aus, um ihren Kindern zu beweisen, wie besorgt und zu jeder Hilfe sie bereit sind: überhöhte finanzielle Unterstützung, warmes und kaltes Essen in die Wohnung des bemitleidenswerten Kindes bringen, dort das Chaos beseitigen, Geschirrberge spülen, putzen, die schmutzige Wäsche mit nach Hause nehmen, Termine beim Arbeitsamt, Ärzten und Therapeuten verabreden, Stellenanzeigen aus dem Internet und aus Zeitungen herausschreiben, Ratschläge erteilen, immer gut zureden und alle möglichen und unmöglichen Hindernisse aus dem Weg räumen. Eine aufreibende, oft sinn- und ziellose Tätigkeit, weil das erwachsene Kind, ob aus Eigensinn, Trotz oder schlechtem Gewissen, viele der Hilfen gar nicht annehmen kann oder will. Im Gegenteil. Je mehr sich die Eltern bemühen, umso offensichtlicher gestehen sie damit ihre Schuld ein, umso leichter lassen sie sich mit dem Totschlagargument einschüchtern: »Ihr habt mich nie gesehen, nie gemeint, nie wahrgenommen – nie geliebt!« Nein, so lassen sich die ewigen Verweigerer nicht aus der Reserve locken und ihrer Triumphe berauben.

Die zweite Variante, auf das Scheitern des erwachsenen Kindes in Beruf und Partnerschaft zu reagieren, kann brutal und herzlos sein. Sie ist besonders bei Eltern zu finden, denen ihre Kinder ohnedies oft fremd geblieben sind. Mit der ausgesprochenen oder unausgesprochenen Verdammung »Du bist nicht mehr unser Kind« entladen sie ihre ganze Enttäuschung und ihren Zorn, geben das Kind auf, weil es ihre Erwartungen nicht erfüllt hat, lassen es fallen und geben ihm keine Chance mehr, aus seiner Sackgasse herauszukommen.

Das Ehepaar K. neigte zu keiner der beiden Varianten. Sie hatten einen mittleren Weg gefunden und dosierten nach meinem Eindruck Nähe und Distanz im Umgang mit Sylvia in angemessener Form. Sie kamen auch nicht zu mir, um sich über ihr eigenes Leiden zu beklagen, obwohl ihnen dies deutlich anzumerken war. Sie wünschten sich eine fachliche Einschätzung von Sylvias Situation und Informationen über mögliche Hilfen.

Bevor wir im Gespräch auf diese Themen übergingen, fragte ich beide nach einem Traum über ihre Tochter, weil ich mir davon einigen Aufschluss über die Qualität der Bindung und prognostische Kriterien zu Sylvias inneren Ressourcen erhoffte. Denn wenn Eltern die Kinder in ihre Träume mitnehmen, ist zu erwarten, dass die Traumwelt sowohl etwas von der Beziehungsebene als auch Aspekte des verinnerlichten Objekts widerspiegelt.

Herr K. holte seine Brieftasche aus dem Jackett und entfaltete ein Blatt Papier. »Diesen Traum habe ich aufgeschrieben und trage ihn seit zwei Monaten bei mir, weil er mir Hoffnung gibt, dass sich doch alles zum Positiven wenden wird«, sagte er. »Die Träume, die ich in den Jahren davor öfter von Sylvia hatte, waren schrecklich. Sie war darin immer ein kleines Kind, fast gnomenhaft, ihr Körper deformiert, ihr vergreistes Gesicht schaute erbärmlich drein. Diese Träume machten mich vor Mitleid und Gram fast krank. »Das haben wir aus ihr gemacht«, dachte ich immer und glaubte nicht mehr, dass sie ihr Leben jemals bewältigen wird.« Herr K. wischte sich den Schweiß von der Stirn und las seinen letzten Traum vor: »Ich saß an Sylvias Bett. Sie war etwa vier Jahre alt. Wir machten Quatsch miteinander und erfanden Wortspiele so wie früher, zum Beispiel ›Krabbelknabberknusperkiste‹ oder ›Erdnussüberlauftüte‹, als wir eine Tüte aufmachten und einige Erdnüsse auf den Boden sprangen. Plötzlich war wieder ihr Lachen da, das unbeschwerte und fröhliche Lachen des Kindes, an das ich mich nicht mehr erinnern konnte, weil es seit der Pubertät durch die düstere Stimmung, die unsere Tochter verbreitete und durch unsere Ängste und unseren Kummer völlig überlagert war, als hätte es das nicht auch gegeben, dieses Lachen. Und ich dachte im Traum ›Alles wird gut!‹ und fühlte mich zum ersten Mal wieder entlastet.«

Herr K. schwieg verlegen und steckte das Blatt Papier in die Tasche. Seine Frau war sichtlich bewegt und sagte nur: »Das hast Du mir nie erzählt.«

»Ich konnte es nicht, weil es Dich noch mehr belastet hätte.« Ich ließ die beiden eine Weile in ihrer gemeinsamen Trauer, bis ich Frau K. ansprach: »Haben Sie auch von Sylvia geträumt?«

»Ja«, sagte sie, »oftmals. Meine Träume sind ganz anders, aber merkwürdigerweise nimmt der letzte vor ungefähr einer Woche auch eine positive Wende. In den früheren Träumen ging es oft um die Gitarre. Sylvia ist erwachsen wie in der Wirklichkeit und sie steht meistens im Dunkeln auf einer einsamen Straße, kein Mensch ist zu sehen, sie klimpert einfache Melodien und singt dazu mit einer leisen, piepsigen Stimme unverständliche Worte. Dann tauchen oft irgendwelche Männer auf, zerlumpt, verdreckt, und unheimlich; sie versuchen, sich ihr sexuell zu nähern. Alpträume, die ich nie vergessen werde.«

Frau K. macht eine Pause und kämpft mit den Tränen. »Mein letzter Traum war anders«, sagt sie dann, »ich erinnere mich nicht mehr genau, aber es ging darum, dass Sylvia mit stolzen Schritten eine breite Treppe vor einem palastartigen Gebäude hochging. Im Gegenlicht der Sonne konnte man die Silhouette eines Mannes erkennen, der einen Blumenstrauß in der Hand hielt. Sylvia blickte sich um, sah mich unten an der Treppe stehen und lächelte mir zu.«

Die Traumszenarien beider Eltern berührten mich gleichermaßen. Beide brachten in ihrer Untröstlichkeit das Eingeständnis der Beteiligung und Schuld am Scheitern des bisherigen Lebensentwurfs der Tochter zum Ausdruck und drückten damit die Echtheit der Bindung zu ihr aus. Die positiven Traumbilder aus jüngerer Zeit deuteten auf eine innere Wende in Sylvias Einstellung und Lebensplanung hin, die den Eltern und möglicherweise auch der Tochter selbst noch nicht bewusst waren. Ihr Lachen in den beiden letzten Träumen der Eltern deutete ich für mich außerdem als Teil eines früheren Lebens, in dem es dem Gefühl des Geliebtwerdens entsprang und zu einem Element wurde, das Sylvia ihre Krisen bisher immer halbwegs überstehen ließ.

Ich teilte den Eltern meinen Eindruck von den Träumen und meine Hypothese über Sylvias aktuelle psychische Situation mit. Daraus leitete ich mein Angebot ab, ihre Tochter in Therapie zu nehmen, falls sie dazu bereit sei. Die Behandlung begann zwei Wochen später.

Familie K. ist kein Einzelfall. Deswegen erscheint mir an dieser Stelle die Erörterung eines Begriffes notwendig, der in der psychologischen Nomenklatur seit einigen Jahrzehnten fast inflationär gebraucht wird – die Resilienz. Die Resilienzforschung geht von der immens wichtigen Frage aus, die auch Eltern, Lehrer und andere Erziehungspersonen beschäftigt: Wie kommt es, dass Kinder jeden Alters so unterschiedlich auf gestörte Beziehungsmuster in der Familie oder belastende Lebensereignisse reagieren? Warum scheinen den einen negative Erfahrungen oder gar traumatische Erlebnisse kaum etwas auszumachen und sie in ihrer Entwicklung nicht zu behindern, während andere schon auf weniger schlimme Eindrücke mit schweren Krisen, psychischen Symptomen oder Reifungsverzögerungen reagieren?

Der Begriff Resilienz wird allgemein im Sinne von Widerstandsfähigkeit verstanden. Wie kommt sie zustande und wo versagt sie? Heute weiß man, dass sie durch eine Reihe von Schutzfaktoren bedingt wird. Zu ihnen zählen in erster Linie angeborene Eigenschaften wie eine robuste körperliche Konstitution, Gesundheit und Attraktivität, weiterhin vitale Temperamentsanlagen, zu denen Unbekümmertheit, Fröhlichkeit, Angstfreiheit, Neugier und Kontaktoffenheit gehören, sowie die Summe aller ererbten geistigen Fähigkeiten wie Intelligenz, Talente und Begabungen. Diese angeborenen Voraussetzungen werden durch soziale Schutzfaktoren ergänzt und wechselseitig verstärkt. Den wichtigsten stellt die elterliche Bindung dar. Wenn diese unsicher oder desorganisiert ist oder ganz entfällt, lässt sie sich in Grenzen durch andere verlässliche Bindungen ersetzen. Zu den entscheidenden sozialen Schutzfaktoren, und damit kommen wir auf das vorliegende Thema zurück, gehören aber auch eine solide schulische Bildung, ein befriedigender Beruf, verbindliche Partnerschaften und ein soziales Netzwerk aus Freunden, Bekannten und organisierten Gruppen.

Es ist einleuchtend, dass je mehr solcher Schutzfaktoren zusammenkommen, umso stärkere Widerstandskräfte das Kind, der Jugendliche und Erwachsene entwickeln können, ohne an ungünstigen Lebensbedingungen, schweren Frustrationen oder belastenden Ereignissen psychisch zu erkranken. Die Schutzfaktoren befähigen sie zu positiven Anpassungs- und Bewältigungsstrategien – in der Stressforschung Coping-Mechanismen genannt –, mit denen sie selbst traumatische Situationen relativ unbeschadet überstehen. Um ein einfaches Bild zu wählen, das der genauen Übersetzung des lateinischen Begriffs Resilienz entspricht – diese Situationen »prallen« an ihnen »ab«.

Nach diesen Erklärungen versteht man noch besser die tieferen Gründe für die Panik von Sylvias Eltern. Sie ahnten, wie viele gesunde Kräfte für einen stabilen Berufsaufbau und dauerhafte Partnerschaften notwendig sind, ja, dass diese beiden Lebensbereiche die eindeutigsten Kriterien für ein gesundes Selbst liefern. Hinter der Sorge um Sylvias Berufs- und Partnersituation stand daher die grundsätzliche Befürchtung einer schweren seelischen Störung ihrer Tochter. Diese war umso beängstigender, als die Eltern nicht wussten, welche inneren Krisen und Konflikte Sylvia durchmachte, die sie an einer vernünftigen Lebensplanung hinderten. Außerdem konnten sie ihre Resilienz, ihre Widerstandfähigkeit, auf der Basis ihrer inneren Ressourcen und der Summe ihrer Schutzfaktoren in keiner Weise einschätzen, weil ihnen solche Zusammenhänge, wie wohl den meisten Eltern, unbekannt waren.

Die spontane Bereitschaft von Sylvia zur Therapie deutete auf ihren Leidensdruck und ihren Selbstbehauptungswillen hin, mit denen sie ihren Protest, ihre Verweigerung und ihren Eigensinn schließlich aufgeben konnte. Dabei zeigte sich, wie viel Substanz an Schutzfaktoren sich hinter ihrer Fassade der Verliererin verbarg. Aber nicht nur auf sie trifft zu, sondern grundsätzlich auf das Phänomen der Resilienz, dass trotz aller inzwischen gesammelter Erkenntnisse die amerikanischen Psychologen Werner und Smith solche Formen positiver Anpassung letztlich für ein »Wunder des Alltags« halten.[39]

Die Rolle, die Berufs- und Partnerschaftsprobleme der erwachsenen Kinder für konflikthafte Eltern-Kind-Beziehungen spielt, war in allen Kulturepochen schon immer ein Schwerpunktthema der Familie. In unserer Zeit bekommt sie eine zunehmende und geradezu bedrohliche Aktualität. Durch die fortschreitende Technisierung der Arbeitswelt und die Globalisierung der Märkte geht den westlichen Industriestaaten in atemberaubender Geschwindigkeit die Arbeit aus. Die psychologischen und sozialen Folgen der Arbeitslosigkeit für Jugendliche, Heranwachsende und Erwachsene, dort speziell für Familien mit Kindern, werden in Wissenschaft, Politik und Öffentlichkeit breit diskutiert.[39] Die Frage zum Beispiel, wie sich die Arbeitslosigkeit des Vaters oder der (alleinerziehenden) Mutter auf die Kinder und das Familienleben auswirkt, beschäftigt zahllose Familienpolitiker, Elternverbände und Kinderschutzgruppen. Nach meinem Eindruck völlig ausgeklammert aus der Diskussion bleiben die Eltern, deren jugendliche, heranwachsende oder erwachsene Kinder von Arbeitslosigkeit betroffen sind, oder in der ständigen Unsicherheit von Jobhüpfern leben.

Dabei geht es zunächst um die damit verbundenen finanziellen Belastungen der Eltern, für die sie auch gesetzlich aufkommen müssen. Aber das eigentliche Problem stellt für die meisten von ihnen ihre seelische Situation dar. Wurde ihnen nicht immer gepredigt, dass sie ihre Kinder zur Selbstständigkeit erziehen sollen, damit sie »nützliche Mitglieder« der Gesellschaft werden? War nicht immer ihr dringlicher Wunsch, die Kinder finden später einen ihren Möglichkeiten und Interessen entsprechenden und sie befriedigenden Beruf? Und plötzlich ist alles ganz anders. Die Kinder, gleich welchen Alters sitzen auf der Straße. Kein Ausbildungsplatz, keine Arbeitsstelle, nirgends. Die Kinder schreiben Bewerbung um Bewerbung – vergeblich. Die einen bemühen sich weiter, die anderen geben irgendwann auf. Sie werden ohnedies nicht gebraucht.

Die Eltern sind verzweifelt und mit den Monaten und Jahren verbittern sie wie ihre Kinder selbst. Rein intellektuell sehen sie ein, wie ihre Lage objektiv immer schwieriger geworden ist, wie ohne verlässliche Perspektiven, und wie verantwortungslos Wirtschaft und Politik den Ausverkauf der Zukunftschancen für die nachfolgenden Generationen betreiben. Aber in die Empörung über die Verhältnisse mischen sich eines Tages persönliche Zweifel an ihren Kindern. Liegt es nicht doch an ihnen, dass sie keinen vernünftigen Beruf haben oder wenigstens einen dauerhaften Arbeitsplatz? Nutzen sie ihre Situation zum Schaden der Eltern und der Gesellschaft nicht auch skrupellos aus und lassen es sich gut gehen? Solcher Verdacht fällt auf die Eltern selbst zurück. Was haben sie falsch gemacht, was versäumt?

Die objektive Lage ebenso wie die subjektiven Unklarheiten werden auf Dauer so zermürbend, dass sie auf der Beziehungsebene zu schweren Zerwürfnissen mit gegenseitigen Vorwürfen und Schuldzuweisungen führen und das Eltern-Kind-Verhältnis regelrecht vergiften können.

Bei dieser Beschreibung muss man sich klar machen, dass es hierbei nicht nur um familiäre Einzelschicksale mit gegebenenfalls schon primär gestörten Eltern-Kind-Beziehungen geht. In den weitaus meisten Fällen handelt es sich bei dieser Zerrissenheit vielmehr um ein ausschließlich gesellschaftlich produziertes Phänomen von einem inzwischen kollektiven Ausmaß. Diese Diagnose weist auf einen grundsätzlichen Konflikt hin, der sich schon jetzt und in Zukunft verstärkt zwischen die Generationen schiebt und dadurch den für jede Gesellschaft notwendigen Gemeinschaftssinn weiter aushöhlt.

Diese ins Gesellschaftliche gewendete Diagnose trifft in gewisser Weise auch auf die verbreiteten Partnerprobleme erwachsener Kinder zu. Die Individualisierungsschübe, die Werteverschiebungen und der Familienumbau haben zu erheblichen Veränderungen der Partnerschaftskonzepte in der jüngeren Generation geführt. Auch dieses Thema ist Gegenstand vieler sozialwissenschaftlicher und psychologischer Abhandlungen. Doch auch bei ihm bleibt die Eltern-Kind-Perspektive unberücksichtigt. Aber wie am Beispiel der Familie K. verdeutlicht, wird die Elterngeneration, die trotz der Liberalisierungstendenzen ab den 70er-Jahren noch die Tradition dauerhafter Partnerbindungen durch ihre eigenen Eltern verinnerlicht hat, durch die neuen Konzepte stark verunsichert. Sie sieht mehr deren Gefahren als deren Chancen für die Persönlichkeitsreifung und Identität ihrer Kinder. Ob zu Recht oder zu Unrecht, soll hier nicht weiter diskutiert werden, weil sich in den alternativen Partnerschaftsgestaltungen komplexe Umwälzungen in der Geschlechterbeziehung ausdrücken, deren Auswirkungen sich vermutlich erst aus einem längeren historischen Abstand bewerten lassen.

Sicher aber dürfte sein, dass der freiwillige oder unfreiwillige Verzicht der erwachsenen Kinder auf langfristige Partnerschaften für die Eltern ein dauerhafter Anlass zu Besorgnissen und Unverständnis wird, der zu erheblichen Störungen und Ambivalenzen im wechselseitigen Verhältnis führen kann.

Die tiefere Ursache für die Belastung der Eltern-Kind-Beziehung, die durch Probleme in Beruf und Partnerschaft der erwachsenen Kinder entsteht, berührt noch einmal die Grundfragen des Buches: Wie können Eltern die Bindung an ihre Kinder in altersgemäßer Weise lockern und ihnen die Freiheit zu einem erwachsenen Leben geben, wenn die Kinder weiterhin auf ihre Hilfe und Unterstützung angewiesen sind und die elterliche Bindung aus einem Mangel an reifer Partnerschaft benötigen? Und umgekehrt: Wie können sich erwachsene Kinder aus der Bindung an die Eltern lösen und ihnen ihre Freiheit zurückgeben, wenn sie in ihrer Unselbstständigkeit weiter an deren Verantwortung appellieren und sie als Sicherheitsbasis brauchen? Aus diesen Unvereinbarkeiten entsteht das eigentliche Drama der Eltern-Kind-Beziehung, wenn die Kinder an ihren Lebensaufgaben einer eigenständigen Berufsplanung und emotional befriedigender Partnerschaften scheitern.

c) Schwiegertöchter, Schwiegersöhne und die Enkel

Immer diese neuen Lebensabschnitte! Warum kann nicht alles beim Alten bleiben? Wer weiß denn, was jetzt auf einen zukommt? Man hat ja immer gehofft, dass die Kinder irgendwann heiraten werden. Aber wie groß das innere Flattern sein würde, wenn es soweit ist, ahnte man nicht. Der elterliche Sprung über den eigenen Schatten. Der Garantieschein für ewiges Glück wird doch nur im Himmel ausgestellt.

Eines Tages tritt die künftige Schwiegertochter oder der Schwiegersohn über die Schwelle des elterlichen Heimes, und plötzlich ist nichts mehr so wie früher. Wieder ein großer Abschied von den geliebten Kindern. Aber wenn es schon sein muss, dann sollte man sie nur in die besten Hände geben. Eine Prinzgemahlin, ein Prinzgemahl ist das Mindeste, was man erwarten kann. Warum sollten Märchen nicht doch mal wahr werden? Schön sollte sie sein, liebevoll, zärtlich, mütterlich, und vor allem sollte sie den Schwiegereltern mit spontaner Zuneigung begegnen. Und er groß, stark, und klug, ein gestandener Mann mit einer glänzenden Berufskarriere vor sich und den Schwiegereltern auf ewig dankbar für das Juwel, das sie ihm anvertraut haben.

Phantasien. Sie sind natürlich und erlaubt – wenn man über die Fähigkeit verfügt, sie mit der Realität in Einklang zu bringen. Und die Realität ist ein Lotteriespiel. Man kann große oder kleine Lose ziehen, aber auch Nieten. Jeder Traualtar ist der Ungewissheit Anfang.

Die Heirat der Kinder bedeutet deswegen eine so einschneidende Veränderung der Eltern-Kind-Beziehung, weil mit ihr das Familiensystem erweitert und umgestaltet wird. Aus dem Dreieck Mutter-Vater-Kind wird ein Viereck, wobei die oder der hinzukommende Vierte als verwandtschaftsähnlicher Teil in das neu entstandene System integriert werden muss. Damit verändern sich die Regeln des Systems in einer kaum vorhersehbaren Weise. Alle Beteiligten stehen vor der Aufgabe, ihren Platz im System neu zu definieren und sich dabei flexibel an die umgeschriebenen Regeln anzupassen.

Diese Gesetze der systemischen Familientheorie lassen die Komplikationen erahnen, die nach der Heirat eines Kindes in der erweiterten Familie und speziell in der Eltern-Kind-Beziehung auftreten können. Deswegen sind Familien glücklich zu preisen, denen es gelingt, trotz dieses Umbaus ihr Gleichgewicht immer wieder harmonisch auszubalancieren. Wenn man die möglichen Schwierigkeiten bedenkt, kann man in diesen Fällen auch hier von einem »Wunder« der Anpassungsfähigkeit der Spezies Mensch sprechen. Aber der Mensch wäre nicht Mensch, hätte nicht seine eigene Individualität und seinen Eigensinn, wenn solche Anpassungen immer ohne Konflikt und Reibung gelingen würden.

In der Tat sind Konflikte zwischen Eltern, Kindern und Schwiegerkindern nicht nur in der therapeutischen Praxis Legion. Nicht umsonst finden sie sich so oft als »Familiendrama« in Komödien und Tragödien auf der Bühne, im Film oder in der Romanliteratur abgebildet. Ihre Variationen sind unendlich. Die häufigsten verlaufen nach bestimmten Grundmustern, die sich stichwortartig umreißen lassen.

Die Mutter oder der Vater tun sich schwer, die Schwiegertochter oder den Schwiegersohn zu akzeptieren und in die Familie aufzunehmen; in ihrer Einstellung sind sie ambivalent bis ablehnend. Die Haltung verschärft sich, je weniger sie sich von dem Schwiegerkind beachtet fühlen.

Die Schwiegertochter oder der Schwiegersohn können sich nicht mit Überzeugung in die neue Familie einleben, weil sie einen oder beide Schwiegereltern in ihrer Persönlichkeit und Lebensauffassung missbilligen oder sich von ihnen abgewiesen fühlen.

Die Mutter oder der Vater oder beide hegen Vorbehalte gegen die Familie des Schwiegerkindes.

Dessen Eltern verweigern den Kontakt in umgekehrter Richtung.

Die Mutter ist eifersüchtig auf die Schwiegertochter, die ihr den Sohn raubt.

Der Vater ist eifersüchtig auf den Schwiegersohn, der seine geliebte Tochter entführt.

Die Tochter oder der Sohn halten im Streitfall wegen ihrer starken Bindung und aus Gründen familiärer Loyalität mehr zu ihrer Familie als zum Partner.

Umgekehrt kann die Entscheidung auch für den Partner und gegen die Eltern ausfallen.

Die Mutter verliebt sich in den Schwiegersohn oder umgekehrt.

Der Vater verliebt sich in die Schwiegertochter oder umgekehrt.

Romeo und Julia. Die skizzierten Konfliktebenen sind zwar vielschichtiger angelegt als in Shakespeares Tragödie. Aber diese behält ihre Aktualität, wenn man die dortige Feindschaft zwischen den Familien als symbolisches Bild für die äußeren Hindernisse auffasst, die sich vor dem frisch getrauten Paar auftürmen können. Auch der tragische Tod der Verliebten lässt sich als Sinnbild einer zerstörten Liebe deuten, die an miss- oder ungünstigen Einflüssen von außen, ob durch Personen oder soziale Verhältnisse, zerbricht.

Die aufgelisteten Schwierigkeiten können sich unter einem erweiterten Blickwinkel verdoppeln. Denn in der Realität ist es nicht nur eine Familie, die durch den hinzukommenden Vierten ihre Regeln neu bestimmen muss. Vor dieser Aufgabe stehen jetzt zwei Familien, denen die Umstellung in unterschiedlicher Weise gelingt. Außerdem ist durch die Heirat ein Zweifamiliensystem entstanden, das möglichst harmonisch miteinander kommunizieren muss, damit das Paar nicht zwischen die Fronten gerät. Durch diese Erweiterung wird ein hochkomplexes Beziehungsnetz geflochten, an dem alle Beteiligten mitwirken. Von seiner Elastizität bzw. Starrheit hängen die Freiheitsgrade ab, mit denen die Ehepartner als Subsystem ihr eigenes Leben gestalten können.

Spätestens mit der Heirat sollen die Eltern ihre Bindung an die Kinder soweit gelockert haben, dass sie sie ohne Trauer und Schmerz gehen lassen und mit Freude die neu entstandene Bindung begrüßen können. Aber nicht nur sie. Auch die Kinder müssen reif sein für diesen Schritt. Auch sie müssen die Bindung an die Eltern in eine erwachsene Eltern-Kind-Bindung umgewandelt haben, um sich für die Dauerpartnerschaft mit einem neuen Menschen frei zu fühlen und sich voll auf sie einzulassen.

Diese Zäsur ist für beide, für Eltern und Kinder psychologisch von lebensgeschichtlicher Tragweite. Sie macht die vielleicht bedeutendste Zeremonie im Leben eines Menschen erst recht verständlich – die Hochzeit. Nachdem am Polterabend die bösen Geister magisch vertrieben wurden, die die Ehe heimsuchen könnten, wird die Hochzeit mit vielen Gästen in ihrem Glanz aus kostbaren Kleidern, üppigem Mahl, teuren Geschenken, Mitgift, Lobreden, Musik und durchtanzter Nacht zu einem Fest, das alle sonst bekannten Feiern im Lebenszyklus weit übertrifft. Hochzeit ist Abschied und Initiation zugleich, Abschied von Kindheit, enger Elternbindung und Familie, Initiation ins Erwachsenenleben mit der Gründung einer neuen Familiengeneration. Das, was die ursprüngliche Einheit zwischen Eltern und Kind begründete, wird in die Vermählung des jungen Paares transponiert. Die Hochzeitsnacht schreibt den ewigen Ritus zwischen Trennung und Vereinigung als menschliches Gesetz auf einer höheren Lebensstufe fort.

Das rauschende Hochzeitsfest überstrahlt alle diese tiefer liegenden Motive in der einigenden Hoffnung, dass der Lebensplan für das Paar gelingen und die beteiligten Familien in Harmonie zusammenhalten wird. Das ist keine bloße Illusion, wie die ungezählten Hochzeiten aus Silber, Gold, Diamanten, Eisen und Kronjuwelen beweisen. Dabei lassen sich aber bei der komplexen Dynamik von zwei durch Heirat erweiterte Familiensysteme und ihr Zusammenspiel Konflikte auf den skizzierten Ebenen leider oft kaum vermeiden. In vielen jungen Ehen, so lehrt die Erfahrung, häufen sich die Beziehungsprobleme nicht primär durch die Unvereinbarkeit der Partner, sondern sie werden durch die Machteinflüsse ihrer Ursprungsfamilien geschürt. Nicht selten können besonders dramatisch verlaufende Familienkonflikte bis zur Zerstörung der Ehe führen. Dieser Ausgang verweist auf eine der tragischen Kehrseiten in Eltern-Kind-Beziehungen, in denen der Grundkonflikt zwischen Bindung und Freiheit von den Eltern oder den Kindern, meist von beiden, nicht altersgemäß gelöst werden konnte.

In solchen unseligen und meist friedlosen Familien können die Konfliktebenen noch um eine weitere Dimension ergänzt werden, wenn die Enkel als junge Artisten das Familienzelt betreten. Mit ihnen ist die dritte Generation geboren, die wiederum eine Neuorganisation von gleich zwei Familiensystemen notwendig macht und die Gesetze ihres Zusammenhalts umformuliert.

Die wenigen hier skizzierten Grundsätze der systemischen Familientherapie sollen die Phantasie des Lesers darüber anregen, wie vielschichtig solche Systeme aufgebaut sind, und wie unübersichtlich und unkontrolliert sich ihre Dynamik entfalten kann. Schließlich handelt es sich hier nicht um eine beliebige Großgruppe wie zum Beispiel eine

Schulklasse, einen Sportverein oder einen Arbeitsbetrieb, deren Leitung allgemeine Richtlinien des Verhaltens vorgibt, nach denen sich alle richten, solange sie der Gruppe angehören wollen. In erweiterten Familiensystemen herrschen zwar auch Grundprinzipien des Zusammenlebens wie Loyalität, Gerechtigkeit, Verantwortung und Fairness; aber durch die engen emotionalen Bindungen, durch subtile Machtmechanismen, die hohe Affektdichte, den ständigen Kampf um Abgrenzung und Autonomie und andere Spannungen zwischen Gruppenidentität und Individualität kommt es zur ständigen Reibung und zum Zusammenprall abweichender Interessen und Bedürfnisse. Ein drei Generationen umfassendes System bildet einen menschlichen Kosmos aus unterschiedlichen Individuen, Generationen und sozialen Rollen, die zu einer Einheit finden sollen. In den Fällen, in denen dieses Wunder gelingt, gibt es wieder allen Grund zu der Annahme, dass die Glücksgötter ihre Finger mit im Spiel haben. Die unschuldigen Enkel jedenfalls wissen nicht, wie sie die Grundfesten der Familienpyramide zum Tanzen bringen können.

Die Autorin Adelheid Müller-Lissner hat in ihrem jüngsten Buch »Enkelkinder« einen überraschend neuen Blick auf die heutige Enkelgeneration geworfen.[41] Gestützt auf harte Fakten entzaubert sie zunächst den hartnäckigen Mythos von der glücklichen Großfamilie früherer Zeit, in der die Großeltern durch vielerlei Zuwendung und Versorgung der Enkel das Familiensystem emotional und durch konkrete Hilfe mitgetragen haben. Durch die frühe Sterblichkeit, so die Autorin, hätten Enkel noch zu Beginn des vorigen Jahrhunderts in der Regel nur als Kleinkinder ein, zwei oder höchstens drei Großeltern kurze Zeit erlebt, während heute durch die deutlich erhöhte Lebenserwartung die Mehrgenerationenfamilie nicht selten sogar vier Generationen umfasse. Das junge Alter, die Gesundheit, Vitalität und die durchschnittlich gute finanzielle Absicherung der Großeltern erklärten die wachsende Bedeutung dieser Generation für die Enkel auch höheren Alters und ihre meist berufstätigen Eltern.

Heutige Großeltern unterstützen ihre erwachsenen Kinder nicht nur bei der Beaufsichtigung und Versorgung der kleinen Enkel. Mehr als jemals zuvor verbringen sie auch viel Zeit mit den älteren in gemeinsamen Ferien, beim gemeinsamen Sport und anderen Unternehmungen. Ihr Interesse und ihr Verständnis für Kinder sind im Vergleich zu früheren Generationen weit differenzierter, sodass sie für die Enkel fördernde und unterstützende Funktionen bekommen und oft zu wichtigen Vorbildern werden. Dies gilt besonders für Familien mit geschiedenen und getrennten Eltern, in denen die meist alleinerziehenden Mütter mehr Hilfe von außen brauchen, und die Großväter den oft abwesenden oder ganz fehlenden Vater ersetzen müssen.

Diesen Fortschritten der Großeltern-Enkel-Beziehung zum Wohle vieler Familien stehen die psychologischen Probleme in anderen gegenüber, die durch die familiensoziologischen Umwälzungen der letzten Jahrzehnte entstanden sind. Sie haben teilweise zu den verwirrendsten Konstellationen geführt, die es Enkeln schwer macht, sich in der Großelterngeneration zu orientieren. Der extreme, aber nicht seltene Fall: Die beiden biologischen Großelternpaare sind geschieden und haben neu geheiratet oder leben in einer neuen Partnerschaft. Bei dem gleichzeitigen Trend zur Einkindfamilie kann sich dabei leicht die Situation ergeben, dass sich acht biologische und soziale Großeltern ein Enkelkind teilen müssen und dieses sich auf acht Großeltern aufteilen soll. Wenn sich in solchen Fällen auch die Eltern scheiden oder trennen und zu neuen Partnerschaften finden, ohne weitere Kinder zu bekommen, erlebt das Einzelkind eine Galerie von zwölf Erwachsenen, mit denen es sich arrangieren muss.

Dieses Szenario wäre in einem Theaterstück gar nicht aufführbar, weil der Zuschauer sehr schnell im Geflecht der

Strukturen den Überblick verlieren und vor Verzweiflung den Saal verlassen würde, weil Gezerre und Gezänk um das Kind, und der Streit, die Vorwürfe, die Eifersucht, die Rechthaberei, die Bevormundung und andere menschliche Lieblingsreaktionen der beteiligten Darsteller untereinander nicht zu ertragen wären. Nur das Einzelkind kann diesen oder vergleichbaren Realitäten nicht entfliehen.

Optimistische Betrachter der modernen Familienlandschaft sehen in diesen Entwicklungen große Chancen der Enkelgeneration, zwischen einer Vielzahl von Beziehungspersonen wählen zu können, sich zu orientieren und zu identifizieren und entsprechend verlässliche Bindungen aufzubauen. Skeptiker verweisen dagegen auf die Gefahr unsicherer und willkürlicher Bindungen, wenn das Mehrgenerationensystem in sich gespalten ist und die Enkel dabei zur Verhandlungsmasse werden. Sie sehen sich durch das Argument bestätigt, dass der Trend zur Einkindfamilie als Symptom einer zunehmend individualisierten Gesellschaft zu deuten sei, in der die Verantwortung für Kinder allzu oft und leichtfertig an Dritte delegiert werde.

Zumindest aus der beratenden und therapeutischen Praxis lässt sich ein häufiger Konflikt zwischen Eltern und Großeltern bestätigen, der seinen Ausgang zunächst von der sozialen Lage nimmt. Viele berufstätige Eltern nehmen die Hilfe der Großeltern für die Versorgung der Enkel in einem Ausmaß in Anspruch, das sich nicht allein mit der beruflichen Belastung rechtfertigen lässt. Bei genauerem Hinsehen delegieren sie viele mütterliche und väterliche Funktionen auch aus Gründen eigener Selbstverwirklichungs- und Freiheitsbedürfnisse an die Großeltern. Zum Konflikt kommt es dann, wenn die Großeltern eine enge Bindung an die Enkel entwickelt haben und diese die Großeltern als verlässliche Ersatzeltern annehmen. Dabei leiten Letztere aus ihrer übernommenen Verantwortung Erziehungsrechte und Ansprüche ab, die die Zuständigkeit der Eltern empfindlich einschränken können. Plötzlich sehen sich die Eltern oder die alleinerziehende Mutter in ihrem Einfluss geschwächt und müssen eine emotionale Distanzierung des Kindes fürchten. An dieser Stelle des Konflikts kann sich ein Machtkampf um die Frage entzünden: »Wer sind die besseren Eltern?« Solche Machtkämpfe enden nicht selten in einem dauerhaften Rollentausch, bei dem die Großeltern die Elternrolle einnehmen und die Eltern wieder in die Kindposition geraten, aus der sie nur schwer wieder herauskommen. Die Freiheit der Mutter oder des Vaters, die sie sich mit der eigenen Familiengründung erkämpft haben, kehrt sich als Unfreiheit in eine erneut abhängige Bindung um. Nicht selten haben sie diese Freiheit niemals wirklich erreicht und sich nie altersgemäß abgenabelt.

Für das Enkelkind bedeutet ein solcher Rollentausch in der Regel eine schwere psychische Belastung, weil es von beiden Parteien instrumentalisiert wird und eine gespaltene Loyalität zu ihnen entwickelt, in der es sich hin- und hergerissen fühlt. Eine besonders tragische Variante im Rahmen eines solchen Rollentauschs ist die unbewusste Opferung des Kindes durch die Mutter an die Großmutter. Dafür können verschiedene Schuldmotive verantwortlich sein. Eins der häufigsten ist das unerwünschte Geschlecht der Mutter. In diesem Fall überlässt sie der Großmutter ihren Sohn, um damit ihre lebenslange Schuld, ein Mädchen geworden zu sein, wieder gutzumachen.

Oft können sich nur noch Familientherapeuten auf solche Bühnen trauen, um das meist unbewusst arrangierte Chaos zu entflechten und jedem der Akteure wieder seine angestammte Rolle zuzuweisen.

d) Der Kontaktabbruch

Wortlos reichte mir Frau B. zu Beginn unseres ersten Beratungsgespräches einen Brief hin, aus dem ich auszugsweise zitiere:

»Liebe Martina! Seit Deiner Geburt habe ich versucht, Dir zu geben, was in meiner Macht stand, für Dich da zu sein, wenn Du mich brauchtest. Aber ich weiß, Du konntest es nicht annehmen, weil Dein Bild von mir von früh an vergiftet war, und Du immer einen Schuldigen brauchtest, um zu überleben … Willst Du, dass auch Du mir gleichgültig wirst, so wie ich Dir gleichgültig geworden zu sein scheine? Was soll ich sonst aus Deinem Kontaktabbruch schließen? … Die Jahre, die Du Dich jetzt nicht mehr gemeldet und nicht mehr auf meine Briefe reagiert hast, drohten mich oft fast zu zerreißen. Nie hatte ich gedacht, dass Du mir jemals in meinem Leben gleichgültig werden könntest. Du warst in mir, ein Teil von mir selbst. Ich dachte täglich an Dich und nachts träumte ich von Dir. Aber seit einiger Zeit merke ich mit Erschrecken, dass sich meine Gedanken und Gefühle verändern. Sie sind nicht mehr mit der Last der Sorge, Sehnsucht und unerwiderten Liebe beladen. Sie werden distanzierter, so, als habe ich mich mit der Trennung abgefunden. Auch meine Alpträume haben nachgelassen. Mit nüchterner Klarheit stelle ich mir heute die eigentlich unvorstellbare Frage: Kann es wirklich soweit kommen, dass mir mein eigenes Kind gleichgültig wird? …«

Kurz nachdem Frau B. den Brief abgeschickt hatte, erkrankte sie an schweren Panikattacken und Depressionen. Deswegen suchte sie die Beratung auf. Einigermaßen normal veranlagten Eltern ist es schlechterdings nicht möglich, ihre Kinder innerlich aufzugeben. Frau B. hatte sich getäuscht. Ihr Versuch, ihr inneres Leiden nach dem Kontaktabbruch der Tochter zu beenden und ihr seelisches Gleichgewicht durch die scheinbare Gleichgültigkeit und Distanzierung zurückzugewinnen, waren an der Unmöglichkeit gescheitert, eine Bindung aufzulösen, deren Wurzeln sich bis in die tiefsten Schichten ihrer Seele verzweigt hatten.

Der Brief war in seinem appellativen Charakter mehr ein

Hilferuf, ein Notschrei einer Mutter, die ihre Tochter äußerlich verloren hatte und die innere Entfremdung als existenzielle Bedrohung ihres mütterlichen Selbstbildes erlebte. Der Radikalität des Kontaktabbruchs musste eine Verhärtung von Martina vorausgegangen sein, durch die sie der Mutter jedes Verzeihen versagte und ihr keine Chance zur Wiederannäherung mehr geben konnte.

Aber nicht nur die Eltern leiden unsäglich unter dem Abbruch der Beziehung durch ihre Kinder. Diese selbst bleiben trotz aller nach außen vorgetäuschten »Gleichgültigkeit« innerlich gespalten. Ein melancholisch-literarisches Zeugnis dafür liefert die autobiographische Erzählung des Malers und Schriftstellers Peter Weiss »Abschied von den Eltern«, die er nach deren Tod im Alter von fünfundvierzig Jahren schrieb. Es ist ein düster anklagender Rückblick auf ihre von vielen Kontaktabbrüchen gekennzeichnete Beziehung. In seinem verzerrten Bild von den Eltern verwickelt sich der Autor in zahllose Widersprüche, weil seine Ungerechtigkeit und fehlende Dankbarkeit in ein dauerhaftes Ressentiment münden. Daher ist sein »Abschied« keiner, der ihm die Freiheit gibt, sondern ihn verbittert zurücklässt. So bleibt er ein Kind, das auch seinen Eltern nicht die Freiheit zurückgeben kann, weil Selbstmitleid und Larmoyanz ihn weiter an sie binden.

Die folgenden Passagen können stellvertretend für viele erwachsene Kinder stehen, die den Konflikt zwischen Bindung und Freiheit nur durch einen offenen oder verdeckten Kontaktabbruch lösen konnten und deswegen immer ein gebrochenes und leidvolles Verhältnis zu den Eltern ebenso wie zu sich selbst konserviert haben.

Die chronologisch angeordneten Zitate sind aus ihrem jeweiligen Zusammenhang gelöst und machen gerade dadurch die Widersprüche deutlich, in die der Autor verstrickt geblieben ist. Sie werden hier nicht weiter kommentiert, weil sich ihr Sinn aus der Zitatfolge ergibt.

»Nie habe ich das Wesen dieser beiden Portalfiguren meines Lebens fassen und deuten können. Bei ihrem fast gleichzeitigen Tod sah ich, wie tief entfremdet ich ihnen war. Die Trauer, die mich überkam, galt nicht ihnen, denn sie kannte ich kaum, die Trauer galt dem Versäumten, das meine Kindheit und Jugend mit gähnender Leere umgeben hatte. (S. 7)

In jedem von uns (Geschwistern, H. P.) starb etwas in diesen Tagen, jetzt, nach der Plünderung, sahen wir, dass dieses Heim, aus dem wir ausgestoßen worden waren, doch eine Sicherheit für uns verkörpert hatte, und dass mit seinem Aufhören das letzte Symbol unserer Zusammengehörigkeit verschwand. (S. 13)

Von meinem Vater wusste ich nichts. Der stärkste Eindruck seines Wesens war seine Abwesenheit … In den seltenen Stunden des Einvernehmens, an einem Sonntag, oder einem Weihnachtstag, konnte er erzählen, wie er mich früher, als ich noch klein war, auf seinem Knie habe reiten lassen und wie ich immer wieder die Geschichte habe hören wollen, die er mir dabei erzählte. (S. 37/38)

Schon wollte ich aufstehen, da stand meine Mutter vor mir …, den Raum mit ihrer Allmacht beherrschend … Sie zog mich an meinen Schreibtisch zu den Schulbüchern. Du darfst mir keine Schande machen, sagte sie. Ich leide schlaflose Nächte deinetwegen, ich bin verantwortlich für dich, wenn du nichts kannst. (S. 56)

Mein Vater trat ein … Du bist jetzt alt genug, sagte er, dass ich einmal mit dir über Berufsfragen sprechen muss … Mit einer Stimme, die verständnisvoll sein wollte, und die etwas von einem Gespräch von Mann zu Mann hatte, sagte er, ich schlage vor, dass du in die Handelsschule eintrittst und dann in mein Kontor kommst … Vielleicht spürte er eine Regung von Zärtlichkeit für mich, doch als er meinen schiefen, feindlichen Blick sah, musste er sich hart machen und seinen festen Willen zeigen. (S. 57/58)

Da sah ich meine Eltern voller Mitgefühl und Mitleid. Sie

hatten uns alles gegeben, was sie uns geben konnten, sie
hatten uns Kleider und Nahrung und ein gepflegtes Heim
gegeben, sie hatten uns ihre Sicherheit und Ordnung gegeben, und sie verstanden nicht, dass wir ihnen nicht dafür
dankten. Sie konnten es nie verstehen, dass wir ihnen ent-
glitten. (S. 82)
›Bleib aber nicht zu lange auf, sagte sie, und nahm die
Decke von meinem Bett ab. Sie schlug das Laken zurück
und strich das Kissen zurecht, dann trat sie auf mich zu, umarmte und küsste mich (und verließ: das Zimmer, H. P.).«
(S. 99)[42]

Die Zitate belegen im Gesamtzusammenhang der Erzählung
einen für viele Kontaktabbrüche typischen Beziehungskon-
flikt. Die Sorge und Verantwortung der Eltern für einen stabilen Lebensaufbau der Kinder, die sie mal liebevoll, mal
streng zum Ausdruck bringen, geraten in Widerspruch zu
dem rebellischen Geist eines Kindes, Jugendlichen oder Heranwachsenden, mit dem sie sich jeder Ordnung zu widersetzen versuchen. Sie können ihre inneren Abgründe und ihr
seelisches Chaos nur selbstständig in kleinen Schritten bewältigen, indem sie sie in produktive Energie und Kreativität umwandeln. Bis Peter Weiss seine inneren Dämonen
bekämpft hatte und sein umfangreiches malerisches und
schriftstellerisches Werk schaffen konnte, musste er einen
langen und schmerzvollen Weg gehen. Psychologisch auf-
schlussreich an seiner Erzählung ist die Selbstverständlich-
keit, mit der er sein inneres und äußeres Ringen um eine
künstlerische Identität und Anerkennung mit den Erzie-
hungseinflüssen seiner Eltern verknüpft und diese damit für
seine Entwicklungsschwierigkeiten verantwortlich macht.
Dieser Automatismus ist offenbar durch die frühen Bin-
dungsstrukturen und gewohnten Ansprüche in sehr vielen
Kindern jeden Alters so stark eingeprägt, dass beispielsweise
Peter Weiss noch im reifen Alter keinerlei Distanz zu dem

angeblichen Schuldzusammenhang findet. So taucht an keiner Stelle der Erzählung ein Wort der Anerkennung oder gar der Dankbarkeit für die Förderung durch seine Eltern oder das von ihnen ererbte Begabungspotenzial auf. Stattdessen bricht er wiederholt den Kontakt zu ihnen ab, weil er glaubt, sich nur dadurch zu seiner Kreativität befreien zu können.

Ähnliches gilt für Franz Kafka, der den Kontakt zu den Eltern zwar nicht offen abbrach, aber durch eine innere Emigration, durch Isolation und Rückzug, also durch einen verdeckten Kontaktabbruch verweigerte. Sein aus dem Nachlass stammender, in den letzten Lebensjahren geschriebener, aber wohl nie abgeschickter »Brief an den Vater« ist deswegen so berühmt und viel diskutiert worden, weil er einen wichtigen biographischen Schlüssel zum Verständnis von Kafkas Werk liefert. Der mit »Liebster Vater« überschriebene Brief ist ein Meisterwerk sophistischer Kunstfertigkeit. Es ist das verdammende Urteil eines Sohnes über den Vater, das durch die Selbstverurteilung der eigenen Schwächen und Mängel und durch die Selbstunterwerfung scheinbar wieder aufgehoben werden soll, aber gerade dadurch die Wucht der Anklage noch verstärkt.

»Er wusste natürlich, dass die Darstellung seiner Lebensweise zu Hause übertrieben und im einzelnen unwahr war«, schreibt der Kafkakenner Klaus Wagenbach.[43] Was war der Sinn dieser »Methode«? Peter von Matt nähert sich einer Antwort, wenn er weiter fragt: »Wenn dieser Autor also eingetreten ist in die hohe Autonomie seiner Lebensarbeit, in die Herrlichkeit der nächtlichen Ekstasen, die den Sinn seiner Existenz ausmachen, warum setzt er sich nicht ab von Vater und Mutter und lebt aus gewonnener Freiheit diese Freiheit, diesen Zusammenprall von Freiheit und Arbeit, aus? Warum bleibt er Jahr um Jahr an diese Vater- und Mutter-Familie, an der er leidet und leidet und leidet, wie angenäht?« Er findet zu folgender Antwort auf diesen offensichtlichen Widerspruch: »Voraussetzung dieses Schreibens aber ist nun eben die peinvolle Situation, aus der er immer neu abhebt, hinein in die Raserei der Nacht ... Jene Herrlichkeit entspringt aus dieser Misere. Deshalb muss er sie bewahren, künstlich und doch in aller Pein und Qual. Der missratene Sohn am Familienrand, endlos – so muss er sich einrichten, weil nur daraus die nächtliche Auffahrt geschieht und geschehen kann.«[44]

Psychoanalytisch ließe sich der Zusammenhang so formulieren: Kafka braucht die Distanzierung, die projektive Schuldzuschreibung und das Leiden an den Eltern, um sich durch den masochistischen Triumph im Schreiben immer wieder neu zu verwandeln und zu verlebendigen. Seine Kreativität erwuchs aus der Weigerung, den Abhängigkeits-Autonomiekonflikt für sich zu lösen. Hier wäre die Erfahrung einzuordnen, nach der sich viele künstlerisch tätige Menschen mit Händen und Füßen gegen jede Therapie sträuben, weil sie fürchten, durch die Abmilderung ihres Leidens ihr kreatives Potenzial zu verlieren. Ob die Befürchtung zu Recht oder Unrecht besteht, wird in der Kreativitätsforschung unterschiedlich beurteilt und ist letztlich nur im Einzelfall zu entscheiden.

Der äußere bzw. innere Rückzug bei Peter Weiss und Franz Kafka erinnert an die verbreitete Neigung von Jugendlichen und Heranwachsenden, zeitweilig jeden Kontakt zur Familie zu unterbrechen. Sie schaffen sich dadurch ein Moratorium, in dem ihre Entwicklungskräfte frei vom elterlichen Einfluss wachsen und sich ihre eigene Bahn brechen können. Wenn aber erwachsene Kinder zu diesem Schutzmechanismus greifen und mit Anklagen und Schuldzuweisungen an die Eltern verbinden, kann man in der Regel auf Fixierungen schließen, die nur selten kreativ bewältigt werden, sondern eher zu einer allgemeinen Unreife und zu dauerhaften psychischen Problemen führen.

Dabei wird man jedoch immer fragen müssen, ob ihr Kontaktabbruch objektiv durch uneinfühlendes oder schuldhaftes Verhalten der Eltern begründet ist, oder einen Rettungsversuch aus eigener Unmündigkeit oder eigenem Versagen darstellt. Da diese aus Schuld- und Schamgefühlen verleugnet werden, bietet sich in solchen Fällen idealerweise die Opferrolle an. In ihr sind die Verhältnisse klar geregelt: Die Eltern tragen die alleinige Schuld und sind die Verursacher aller persönlichen Lebensprobleme und des seelischen Leidens, während man selbst jede Eigenverantwortung, jede Anstrengung und jeden Versuch zur Verbesserung der Lage ablehnen kann.

Wie war diesbezüglich der Kontaktabbruch zwischen Martina und ihrer Mutter zu bewerten? Erschien das Verhalten der Tochter objektiv verständlich oder verwies es mehr auf eigene ungelöste Probleme? Mir war in dem Brief der Mutter besonders der Begriff »vergiftet« aufgefallen.

»Was meinen Sie damit? Wodurch wurde für Martina das Bild von Ihnen vergiftet?«, fragte ich sie.

»Nach ihrer Geburt nahm ich zwei Jahre Erziehungsurlaub. Danach war ich immer berufstätig. Mein Beruf als Kostümbildnerin im Theater macht mir bis heute Spaß. Als Kind nahm ich Martina oft mit; sie fand es immer sehr aufregend und wurde von allen verwöhnt«, sagte Frau B. »Aber mein Mann«, fuhr sie fort, »war gegen meine Arbeit. Er hat Martina ständig gegen mich eingenommen: ›Mama liebt ihren Beruf mehr als uns‹. Als er von einer kurzen Liebschaft erfuhr, ließ er sich scheiden und bekam das Sorgerecht. Martina war damals sechs. Seitdem ließ er keine Gelegenheit mehr aus, Martina gegen mich aufzuhetzen: ›Sag Deiner Mutter, sie ist gar keine richtige Mutter, sie ist ein Flittchen und eine Hure.‹ Das meine ich mit ›vergiftet‹. Deswegen hat Martina mich innerlich nie richtig annehmen können und konnte sich auch charakterlich nichts von mir aneignen und für sich verwerten.«

»Wann und warum, meinen Sie, hat Martina den Kontakt abgebrochen?«

»Vor vier Jahren schrieb sie mir völlig überraschend einen Abschiedsbrief. Ich habe ihn mitgebracht, damit sie sich ein genaueres Bild machen können.«

Frau B. suchte in der Tasche nach dem Brief und gab ihn mir. Ich kürze auch ihn hier ab.

»Liebe Mutter! Wenigstens auf diesem Weg möchte ich Dir die Geburt unserer ersten Tochter mitteilen … Obwohl ich also sehr glücklich und zufrieden sein könnte, fühle ich mich auf eine bestimmte Weise unglücklich. Innerlich treibt mich eine quälende Unruhe und Unsicherheit um. Ich habe Dir früher einmal von meiner Schwierigkeit erzählt, mich voll auf die Beziehung mit Bernd einzulassen, seelisch und körperlich, obwohl ich ihm nichts vorzuwerfen habe, und er ein wunderbarer Mann und rührender Vater ist … Nun stelle ich mit Erschrecken fest, dass sich das Gleiche bei Corinna wiederholt – so heißt unsere Tochter. Wenn ich sie im Arm halte, schiebt sich immer etwas Unsichtbares zwischen uns, ein leichter Schleier, in dem sich unser Lächeln und unser Blick verfangen und den anderen nicht erreichen. Dieses Gefühl kann mich zum Wahnsinn treiben … Es war schlimm, wie Vater Dich als Frau und Mutter vernichtet hat. Das war ungerecht. Noch schlimmer für mich ist, wie stark diese negativen Bilder in mir haften geblieben sind und ich Dir entgegen all meiner Einsichten in meinem Gefühl nicht verzeihen kann und Dich weiter für allein schuldig am Scheitern Eurer Ehe halte.

Jetzt als Mutter vor die Aufgabe gestellt, mich meinem Kind emotional voll zu öffnen, sehe ich zur Zeit keinen anderen Ausweg, als mich von Dir ganz zu lösen, um mich von den Gespenstern der Vergangenheit endlich zu befreien … Martina.«

Ich gab Frau B. den Brief zurück. Vier Jahre waren seitdem vergangen ohne ein Lebenszeichen der Tochter, vier Jahre eines zermürbenden Wartens, Bangens und Hoffens. Eine Mutter-Tochter-Tragödie, bei der es sinnlos war, die

Frage der Schuld zu stellen, und in der beide gleichermaßen an einem Schicksal litten, das sich das Leben für sie ausgedacht hatte. Erschien der Kontaktabbruch von Martina objektiv gerechtfertigt oder mehr ihren persönlichen Problemen geschuldet? Auch darauf gab es in diesem Fall keine Antwort, weil die psychische Verflechtung von Ursache und Wirkung unauflösbar war und sich jeder Wertung entzog.

Frau B. hatte in Fehleinschätzung der Tiefe ihrer Bindung den Brief an die Tochter bereits abgeschickt und war daran erkrankt. Die wenigen Gespräche, die wir danach führten, dienten der Aufklärung dieses Zusammenhangs und ermöglichten ihr einen neuen Trauerprozess, bei dem sie die Trennung von der Tochter auf dem Hintergrund ihrer beider Lebensgeschichte besser annehmen konnte.

Die verschiedenen Facetten des Kontaktabbruchs von erwachsenen Kindern zu ihren Eltern ereignen sich öfter als umgekehrt. Der Sachverhalt leuchtet ein, wenn man bedenkt, dass für die Kinder die Ablösung von den Eltern ohnedies notwendiger ist und ihnen leichter fällt, weil sie sich ein eigenes Leben aufbauen müssen, in dem andere Bindungen die zu den Eltern ersetzen. Schon äußerlich verdünnt sich der Kontakt einschneidend. Aber auch die innere Beziehung lockert sich notwendigerweise durch den Schritt zur Selbstständigkeit. Außerdem nehmen Kinder auch deswegen unbekümmerter Abschied, weil sie bis zum eigenen Elternstatus keine auch nur annähernde Vorstellung, keine inneren Bilder, keine eigenen Repräsentanzen darüber entwickeln, sich also auch nicht einfühlen können, was Elternschaft im umfassenden Sinne bedeutet.

Der Kontaktabbruch als radikalisierte Form der Ablösung führt jedoch, wie wir sahen, nicht zu vermehrter Unabhängigkeit, sondern paradoxerweise zu mehr Unfreiheit und regressiver Fixierung. Daraus ließe sich sogar ein Gesetz ableiten: Je mehr man seine Eltern verlacht, verachtet, verflucht, verwünscht oder für immer verlässt, umso weniger, ja niemals, wird man sie los. Der Hass auf sie und ihre Verfolgung lassen sie als verinnerlichte und böse Objekte ihrer Geschichte umso lebendiger weiterleben; immer tauchen sie wieder auf, sind untergründig präsent, holen einen wieder ein, ob in Gedanken, Bildern, Erinnerungen, magischen Befürchtungen oder Träumen. Aus diesem Stoff sind Märchen, Mythen und Meisterwerke der Weltliteratur gemacht.

Der Kontaktabbruch von Eltern zu ihren erwachsenen Kindern ist zwar seltener, aber für alle Beteiligten nicht weniger traumatisch. Im Kapitel »Ausstoßung aus übermäßiger Liebe« haben wir am Beispiel von Markus und seinen Eltern bereits ein solches Familientrauma kennengelernt. Dort waren es die enttäuschte Liebe und die unbewussten Motive der Eltern, die die abrupte Trennung des Sohnes bewirkten, ohne von ihnen beabsichtigt zu sein. Bei erwachsenen Kindern ist der Kontaktabbruch durch die Eltern in der Regel ein bewusst intendierter Akt, der aus anderen psychischen Gründen erfolgt. Oft geht dieser ultimativen Lösung eines Familienkonflikts eine jahrelange Entfremdung voraus. Auslöser für den endgültigen Abbruch sind meistens sehr konkrete Anlässe: das dauerhafte berufliche Scheitern des erwachsenen Kindes, sein soziales Abgleiten in staatliche Hilfsbedürftigkeit, seine Verwahrlosung, seine Suchtentwicklung und im schlimmsten Fall seine ausufernde Kriminalität.

Ein Trauma bedeutet der Kontaktabbruch für die Kinder, weil sie in ihrem Versagen, ihrer Isolation und Einsamkeit auf das Verständnis und die Unterstützung der Eltern besonders angewiesen wären. Deren rigorose Verweigerung treibt sie noch mehr in ihre seelische und soziale Not hinein. Aber auch die Eltern tragen die Wunden mit sich, die ihnen die Kinder geschlagen haben. Ihr über viele Jahre immer wieder aufgebrachtes Vertrauen, die Hoffnung, dass ihr Kind eines Tages doch noch die Klippen meistern wird, und die Kräfte, die sie dazu eingesetzt haben, sind restlos verbraucht. Nach dem Stadium der Entfremdung ist der endgültige Abbruch der verzweifelte Versuch, sich selbst zu retten. Aber alle Verurteilung erspart ihnen nicht das Gefühl des eigenen Scheiterns und die Trauer, sich von ihrem Traum eines gelungenen Lebens ihres Kindes verabschieden zu müssen. Auch sie erreichen damit nicht, dass das Kind aus ihrem Leben verschwindet. Es wird sie weiter heimsuchen, mit seinen Klagen und Anklagen, mit seinen Appellen an Verzeihen und Liebe und mit seinen Nöten, die unerbittlich an das elterliche Gewissen pochen. Und die Eltern werden spüren, dass ihre Bindung an ihr Kind, so belastend sie auch durch eigene Mitschuld über lange Zeiträume war, durch keine noch so radikale Trennung auflösbar ist.

Es geht hier nicht um die trostlosen und ungetrösteten Einzelschicksale in unserer Gesellschaft. Es geht um viel mehr Menschen und betroffene Familien, als im öffentlichen Bewusstsein bekannt ist. Die Entbehrung früher Bindungen, der Mangel an äußerem Schutz und innerer Sicherheit, das Verfehlen eines eigenen Lebensentwurfs und die Ächtung durch die Außenwelt, am traumatischsten durch den äußeren oder inneren Kontaktabbruch der Eltern, kann Menschen jeder Herkunft treffen. Und je mehr von ihnen durch die Unsicherheit der Zeit auf der Strecke bleiben und den Zerfall der Familie erleben, umso mehr Leiden wird sich in der Gesellschaft ausbreiten.

In diesem erweiterten Zusammenhang kann ein Thema hier nicht umgangen werden: Die tragischste Form aller Kontaktabbrüche, ob von Jugendlichen, Heranwachsenden, erwachsenen Kindern oder Eltern ausgehend, ist der Selbstmord. Die Verzahnung von psychologischen und sozialen Gründen für ihn im Rahmen von Bindungskonflikten zwischen Eltern und erwachsenen Kindern hat literarisch Arthur Miller in seinem Theaterstück »Tod eines Handlungsreisenden« mit erschütternder Zwangsläufigkeit dargestellt. Der sechzigjährige Vater Willy Loman ist mit seinen Musterkoffern unermüdlich unterwegs, um seiner Familie mit zwei Söhnen ein standesgemäßes Leben zu ermöglichen. Aber in der Wirtschaftskrise laufen die Geschäfte schlecht. Loman hofft trotzdem weiter auf einen baldigen Erfolg. Seine Selbsttäuschung überträgt er auf seine Söhne, vor allem auf den älteren Biff, den er besonders liebt, ihn blind bewundert und für hoch intelligent und begabt hält. Aber der vierunddreißigjährige Biff scheitert an seinem Leben, zieht als Tagelöhner von Ort zu Ort, bricht den Kontakt zur Familie oft über lange Zeiträume ab, zuletzt, weil er drei Jahre wegen chronischem Diebstahls im Gefängnis saß. Als er dies in ihrem letzten Streitgespräch dem Vater gesteht und seinen Entschluss, die Familie jetzt endgültig für immer zu verlassen, mit dem Vorwurf verbindet: »Und ich hab's nie zu was gebracht, weil du mir einen solchen Größenwahn eingeredet hast, dass ich von niemandem mehr Anweisungen entgegennehmen wollte! Das ist, wer schuld ist!«[45], bricht Willy Loman seelisch zusammen. Ein Leben lang hat er sich für die Söhne abgerackert, hat an sie geglaubt, ihnen trotz aller Rückschläge vertraut, sich bei anderen für sie eingesetzt. Er hat Biff und seinem zwei Jahre jüngeren Bruder Happy, der ebenfalls auf die schiefe Bahn zu geraten droht, in Krisensituationen Mut gemacht, um ihr Selbstvertrauen zu stärken. Die brennende Erkenntnis, dass er sie dadurch nicht gefördert, sondern durch ein Zuviel an Liebe alles falsch gemacht und ihren Größenwahn gefährlich angestachelt hat, treibt ihn in die absolute Desillusionierung. Der Verlust der ihm bisher Kraft gebenden Illusion und Hoffnung, erschöpft ihn so restlos, dass er die väterliche Last nicht weiter tragen kann. In einem vorgetäuschten Autounfall sucht er die letzte Freiheit im Tod. Er hinterlässt am Grab seine Frau und zwei Söhne, die nicht begreifen können, warum ihm dieser Ausweg der einzig mögliche schien.

Durch »Tod eines Handlungsreisenden« gelangte Arthur Miller 1949 zu Weltruhm. 1984 erlebte das Theaterstück am

Broadway mit Dustin Hoffman in der Titelrolle eine Renaissance, die Volker Schlöndorff 1985 zur Verfilmung des Stoffes veranlasste. Erschreckend ist, welche Aktualität dieses Stück heute, gut zwanzig Jahre später, wieder besitzt.

3. Das Glück der Verständigung

An einem warmen Sommerabend auf der Seeterrasse eines Lokals zusammensitzen. Vom anderen Ufer glitzern einige Lichter über das Wasser. Eine Familie im Gespräch. Die Eltern sind für einige Tage zu Besuch gekommen. Auch der Bruder ist angereist. Zeit zum Fragen, Zeit zum Gespräch. Was habt Ihr für Erinnerungen an Eure Kindheit? Über welche ungeklärten Dinge haben wir bisher nie gesprochen? Was beschäftigt Euch heute, worüber denkt Ihr viel nach? Und Euer Freundeskreis? Welche Interessen könnt Ihr mit ihm teilen? Wie hat sich für Euch als Eltern Eure Beziehung entwickelt, seit wir ausgezogen sind? Und Ihr beide, kleine Tochter, großer Sohn, was empfindet Ihr heute als Geschwister füreinander? Erzählt uns von Euren Familien und wie es Euch beruflich geht.

Inzwischen ist das Essen abgetragen, die zweite Rotweinflasche geleert. Die meisten Gäste haben das Lokal verlassen. Die heruntergebrannte Kerze flackert leicht im Wind. Oft schon haben die vier so zusammengesessen, sind immer als letzte gegangen. Die Kunst, die richtigen Fragen zu stellen und offene Antworten zu finden. Man möchte soviel von den anderen erfahren. Auch wenn die Wege inzwischen weit auseinandergelaufen sind, ist bei jedem Treffen sehr schnell die alte Nähe wieder da, das Vertrauen, das die frühe Bindung schuf und über alle Lebensphasen erhalten blieb.

Eltern-Kind-Bindungen, so die These des Buches, sind unendlich. Das zeichnet sie im gesamten Naturreich als einzigartig aus. Diese Bestimmung kann mit unvergleichlichem Segen oder mit einer schweren Hypothek verbunden sein. In jedem Fall bleibt der tiefe Wunsch nach dem Glück einer Verständigung, wie sie die Familie am Seeufer gefunden hat, bei uns allen ein Leben lang erhalten.

Für viele Familien ist dieses Glück keine Illusion, sondern ein natürlicher Teil ihrer Zusammengehörigkeit. Ein solches Glück ist schwer verdient, weil eine erwachsene und reife Eltern-Kind-Beziehung von allen Eigenschaften erfordert, die sich nur durch eine differenzierte Steuerung der Gefühls- und Bedürfniswelt und einen hohen Triebverzicht charakterlich herausbilden. Die viel beschworene Krise der Familie hat die Existenz solcher Familienwunder nicht außer Kraft setzen können.

Es gehört jedoch zur condition humaine, dass sie solche Wunder nicht großzügig verteilt. Die unbegrenzte Komplexität der menschlichen Psyche und die Hindernisse, die sich daraus für das Zusammenspiel mehrerer Individuen und die Gestaltung einer familiären Einheit ergeben, lassen solche Erwartungen nicht zu. Die Wechselfälle familiärer Sozialisation prägen den Wandel der Beziehung zwischen vielen Eltern und ihren Kindern im Erwachsenenalter so nachhaltig, erzeugen soviel Enttäuschung, Rückzug, Entfremdung und Einsamkeit, dass sich in diesem Lebensabschnitt für beide Seiten ein Abgrund an Fragen auftun kann: Warum haben mich meine Eltern geboren? Wieso haben sie in ihrer Aufgabe versagt? Habe ich überhaupt jemals Eltern gehabt? War es richtig, Kinder zu bekommen? Haben sich der ganze Aufwand und die vielen Opfer gelohnt? Wären wir ohne Kinder nicht glücklicher geworden?

Fragen in dieser Radikalität und Ehrlichkeit gestellt, rühren an die Festen des eigenen Lebensentwurfs und der eigenen Identität. Sie schließen aber auch das Bewusstsein über die Unabänderlichkeit der Bindung ein. Keiner kann sie abschütteln, keiner wird von ihr frei. Deswegen tauchen im Rahmen solcher existentiellen Fragen im öffentlichen und fachlichen Sprachgebrauch so häufig die Metaphern von Fesseln, Ketten, Käfig, Gefangenschaft und Gefängnis auf. Kafka. Die Verurteilung dazu, hätte er sagen können, erfolgt durch ein unabwendbares »Urteil«, von dem nur die Glücklichen verschont bleiben.

Das schicksalhafte Unglück, die tragische Kehrseite einer alle Lebensspannen umgreifenden geglückten Eltern-Kind-Beziehung, war in allen historischen Epochen weit verbreitet und zeigt auch in heutiger Zeit keine entschiedene Wende. Dabei könnte man versucht sein, allen Zweiflern an der Konstruktion der Familie als idealem Ort individueller und sozialer Menschwerdung recht zu geben. Das soll hier nicht Thema sein. Aber einige Belege sind unzweideutig.

Seit mehr als einem Jahrhundert mit dem Aufkommen der Psychoanalyse und anderen Humanwissenschaften beschäftigt sich nur ein kleiner Teil der Forschung mit der normalen Entwicklungspsychologie des Menschen in Abhängigkeit von seinen familiären Bedingungen. Der weitaus größte Teil widmet sich der Untersuchung abweichender Entwicklungsverläufe und krankmachender Familienkonstellationen. Als zweiter Sektor erheben sich aus der Flut ihrer Ergebnisse die Wellenreiter einer neuen Ära von Therapiemethoden, um das kollektive Familienunglück einzugrenzen. Ihre Vielfalt und die große Zahl der Therapeuten haben inzwischen einen Markt geschaffen, der jedem Hilfesuchenden die Orientierung zunächst nicht leicht macht. Ich zähle hier einige der bekanntesten Behandlungsformen auf, nicht um über ihre Theorien und praktischen Anwendungen zu informieren – dazu wäre ein gesondertes Buch notwendig.[46] Die Aufzählung soll vielmehr eine plastische Vorstellung davon vermitteln, wie verbreitet die seelischen Folgen von Familienkonflikten und der Bedarf an Hilfe sein müssen, damit ein Wirtschaftszweig dieser Größe entstehen konnte:

Tiefenpsychologische Psychotherapie, Psychoanalyse, analytische Psychologie, Individualpsychologie, Verhaltenstherapie, Gestalttherapie, Gesprächspsychotherapie, analytische Kinder- und Jugendlichenpsychotherapie, analytische und systemische Familientherapie, Paartherapie, Gruppentherapie, Psychodrama, Transaktionsanalyse, Körpertherapie, Bio-Feedback, Familienaufstellung, Urschreitherapie, Rebirthing, Autogenes Training, Hypnotherapie, Logotherapie, Atemtherapie, katathym-imaginative Psychotherapie, Kunsttherapie (Musik-, Gestaltungs- und Schreibtherapie), Suchttherapie, Tanz- und Bewegungstherapie, Traumatherapie, Logotherapie und Trauertherapie.

Zu diesem Spektrum an Therapieschulen hat sich seit einigen Jahrzehnten als dritter Sektor die spirituell-esoterische Bewegung gesellt. Auf ihrem Heilsweg zu einer Einheit von Körper, Geist und Seele spielt der therapeutische Ansatz eine wichtige Rolle. Er dürfte der Bewegung ihren wachsenden Zulauf wesentlich mit verdanken. Die meisten Gurus, Heiler und Schamanen entwickeln eine ihrer religiösen und kulturellen Herkunft angepasste Mixtur aus verschiedenen Behandlungsansätzen der humanistischen Psychologie, die sie mit Meditation und magischen Ritualen verbinden. Aus ihnen leitet sich ihre charismatische Anziehung ab.

Auch dieser Markt zeigt in seinem Ausmaß das ausgedehnte Bedürfnis in großen Bevölkerungsschichten nach Neuorientierung, innerem Frieden und der Lösung von Problemen, die ihren Ursprung mehrheitlich in konfliktbeladenen Eltern-Kind-Beziehungen nehmen. Selbst dort, wo sich diese Probleme als Partnerkonflikte, Selbstwertkrisen, Beziehungsschwierigkeiten mit Freunden und anderen Menschen oder psychisch begründbaren Berufsproblemen maskieren, steht die Kindheitsgeschichte mit ihren Verwerfungen im Eltern-Kind-Verhältnis in den allermeisten Fällen Pate. Denn nicht gelöste Eltern-Kind-Konflikte wiederholen sich nicht nur in späteren Partnerschaften, sondern setzen sich auch in anderen sozialen Beziehungen immer wieder durch. Eltern bleiben die machtvollen Gestalten unserer Vergangenheit, Gegenwart und Zukunft. Ihr langer Schatten kann Schutz und Sicherheit spenden, aber unser Leben auch über weite Strecken verdunkeln. Die Lichtquellen und Kraftorte der esoterischen Therapiebewegung werden deswegen besonders von Menschen jeden Alters aufgesucht, die den Abschied von den Eltern und die leidvollen Erfahrungen mit ihnen noch nicht bewältigt haben.

Einen vierten Sektor, der das ubiquitäre Phänomen unglücklich gelöster Eltern-Kind-Bindungen klar belegt, bildet der expandierende Markt der Ratgeberliteratur. Sie beginnt bei den Schwangerschafts- und Geburtsvorbereitungsbüchern, die Mütter und Väter auf ihre zukünftige Rolle einstimmen sollen. Sie setzt sich in der Fülle der Erziehungsratgeber fort, die Eltern, besonders Mütter, verschlingen wie ihr täglich Brot, als hinge davon ihr Überleben und das ihrer Kinder ab. Wie viel an Ängsten, Unsicherheiten, Hilflosigkeit und natürlichem Instinktverlust müssen sich hinter diesem Konsum verbergen! Wieweit verweisen diese Mängel und der Versuch, sie durch Fremdanleitung zu beheben, auf bereits bestehende, primäre Bindungsschwierigkeiten, oder werden diese erst durch die Medieneinflüsse erzeugt? Solche Fragen werden auf dem Hintergrund des Familienwandels und neuer Wertmuster in Fachkreisen viel diskutiert, ohne dass sich bisher klare Antworten oder gar Lösungen abzeichnen.

Die Ratgeberliteratur erstreckt sich auch auf die späteren Lebensabschnitte, nachdem die Kindheit abgeschlossen ist. Dabei bildet die Pubertät ein Schwerpunktthema, weil diese Entwicklungsphase Eltern und Jugendliche wahrlich vor enorme Herausforderungen stellt. Darauf wurde in früheren Kapiteln ausführlich eingegangen. Und schließlich das Thema Abschied vom Elternhaus, die Frage, wie lassen sich von Eltern und Kindern in den Lebensabschnitten zwischen Pubertät und Tod die verschiedenen Abschiede *so* gestalten, dass sie bei aller erhaltenen inneren Bindung beiden Seiten den notwendigen Grad an Freiheit gewähren und ohne übermäßige Belastungen zu verarbeiten sind? Die Frage würde sich erübrigen, wenn nicht gerade in diesen Ablösungsprozessen ein Konfliktpotenzial verborgen läge, das nicht nur die unmittelbare Trennung berührt, sondern auch die Geister, die einen dabei aus der Vergangenheit wieder einholen. Deswegen stehen in der Ratgeberliteratur die Formen des Loslassens, des Abschiednehmens, der Trauerarbeit und der Versöhnung im Vordergrund. Soweit diese Themen nicht bereits in die Gesamtdarstellung des Buches eingegangen sind und den Leser zu eigenen Einsichten angeregt haben, muss ich aus Raumgründen und unter Hinweis auf eine stärker handlungsorientierte Literatur auf eine Vertiefung verzichten.[47]

Die vier skizzierten Sektoren – die Wissenschaft, die akademische und esoterische Therapielandschaft und die Ratgeberliteratur – machen einen anthropologischen Tatbestand deutlich, vor dem wir, ob als Eltern oder erwachsene Kinder, gerne die Augen verschließen, weil die Wahrheit so schwer zu ertragen ist. Eltern-Kind-Beziehungen können zu den beglückendsten und erfüllendsten Erfahrungen unseres Lebens gehören. Viele Eltern leiten daraus ihre Identität ab, die stärker als die Identitätsgefühle sind, die sie aus anderen Bereichen schöpfen. Als Kindern garantieren diese Beziehungen uns die einzigartige Chance der Teilnahme am menschlichen Leben. Es wurde uns von den Eltern »geschenkt«.

Aber gleichzeitig sind Eltern-Kind-Beziehungen verletzbar wie kaum eine andere Beziehung sonst. Ihre komplexe Struktur aus individueller Trieb- und Gefühlsausstattung, lebensgeschichtlicher Erfahrung und sozialen Erfordernissen macht sie anfällig für Störungsmuster aller Art. Wenn, wie die Transaktionsanalyse lehrt, das verletzte »innere Kind« in den Eltern auf die eigenen Kinder trifft, wiederholen sich die von Generation zu Generation vererbten Traumatisierungen.

Diese Realität psychischer Verwicklungen verdrängen und verleugnen wir deshalb so leicht, weil wir an Illusionen festhalten wollen – als Eltern an der Illusion einer perfekten Elternschaft und einer lebenslang innigen Beziehung zu den Kindern, als Kinder an der Illusion idealer Eltern. Illusionen sind, da sie der Stabilisierung unseres Selbstwertes dienen, solange unzerstörbar, bis sie von ernüchternden Tatsachen eingeholt werden. Aber dazu braucht es oft lange Zeit, weil Illusionen nicht so leicht aufgeben. Eltern bangen oft ein Leben lang, dass die »verlorenen« Töchter und Söhne irgendwann zur Vernunft kommen und ihr selbstdestruktives Leben ändern; immer wieder verzeihen sie ihnen ihr eigentlich unentschuldbares Verhalten; sie warten wochen-, monate-, jahrelang auf das befreiendes Zeichen einer positiven Wende. Ihre Geduld und ihr Verständnis sind wie elastisch dehnbare und reißfeste Bänder, an denen die Hoffnung auf eine glückliche Verständigung festhält.

Die erwachsenen Kinder warten trotz jahrelang gegenteiliger Erfahrungen weiter auf ein erlösendes Wort der Eltern, das ihre Liebe unumstößlich beweist; sie halten an ihrem Wunsch fest, endlich einmal von ihnen echtes Interesse und persönliche Anteilnahme zu spüren statt oberflächliche und distanzierte Teilnahmslosigkeit; sie rütteln an den Eltern, sich mit ihnen, den Kindern, über Familienfragen, persönliche Weltanschauungen und veränderte Werte auseinanderzusetzen. Nur dadurch können sich die Eltern selbst weiterentwickeln, damit die Gefahr der Fremdheit durch eine neue Form der Nähe ersetzt wird.

Aber irgendwann zerbricht auch die hartnäckigste Illusion an einer sich dauerhaft verweigernden Realität. Genau an diesem Punkt der Entwicklung ihrer Beziehung liegt für Eltern und Kinder eine unvergleichliche Chance zu einem, wie ich glaube, umwälzenden Erkenntnisschritt. Worin besteht er?

Die eingangs geschilderte Familie am Seeufer haben wir

zu den glücklichen Familien gezählt, bei denen das Schicksal die Karten wie von Zauberhand mit großem Wohlwollen gemischt hat. Es ist absolut verständlich und leicht von den bio-psycho-sozialen Voraussetzungen der frühen Mutter-Kind-Bindung ableitbar, dass jeder Mensch das gleiche Glück ersehnt. Aber, wie so oft, klaffen auch hier Wunsch und Wirklichkeit weit auseinander. Trotz der Unauflösbarkeit der Eltern-Kind-Bindung scheint im Bauplan der Natur und der sozialen Organisationsstrukturen nicht vorgesehen zu sein, dass die Familie in jedem Fall über einen Zeitraum von fünf bis sechs Jahrzehnten einen ewigen Hort familiärer Harmonie bildet.

Obwohl wir genügend Gründe kennengelernt haben, warum dies auch nicht zu erwarten ist, bleibt es in unserem Gefühl und Bewusstsein ein Skandalon. Wir weigern uns, es anzuerkennen, weil die Familie selbst und die Gesellschaft, die für ihren sozialen Zusammenhalt auf deren stabilisierende Funktion angewiesen ist, in uns von Kindesbeinen an die Illusion einer für immer geglückten Familiengemeinschaft als tragende Wertvorstellung kultiviert hat. Allein die Phantasie, die Familie sei in Anpassung an andere Arten des Tierreichs so organisiert, dass die Kinder im flüggen Alter die Familie für immer verlassen, passt heute eher in eine Science-Fiction-Welt als zu unserem Wirklichkeitssinn. Obwohl das Gedankenspiel nicht ohne Reiz ist. Durch einen derart festgelegten Entwicklungsplan würden die Eltern-Kind-Bindungen nur solange bestehen, wie sie bis zur selbständigen Reife des Kindes notwendig sind. Dadurch wären sie von Beginn an stärker auf Freiheit angelegt und könnten bei der endgültigen Trennung von beiden Seiten leichter gelöst werden. Bindung und Freiheit wären zwei getrennte Erfahrungs- und Zeiteinheiten im Lebenszyklus.

Der Gedankengang ist nicht so abwegig, wie es zunächst scheinen mag. Er erinnert an einige historische Experimente, zum Beispiel des spartanischen Staates im ersten

Jahrtausend v. Chr. oder an die Anfänge der sozialistischen Kibbuzbewegung. Bei ihnen wurden die Kinder im jungen Alter von den Eltern getrennt, um die enge Bindung an sie durch die Integration in die soziale Gruppe der Gleichaltrigen zu ersetzen. In abgeschwächter Form lebte die Idee in der Kinderladenbewegung der 68er-Generation wieder auf.

Ohne solche Experimente und Gedankenspiele weiter zu verfolgen, bleiben wir mit der Tatsache konfrontiert, dass die Möglichkeiten der Familie, für alle Mitglieder eine dauerhafte Zufriedenheit und psychische Stabilität zu garantieren, äußerst begrenzt sind. Ich glaube, dass allein die Anerkenntnis dieser seit Langem bekannten und viel diskutierten Tatsache für jeden einen grundlegend neuen Erkenntnisschritt bedeuten könnte. Er würde unsere Illusionen, überhöhten Erwartungen, irrationalen Hoffnungen und uneinlösbaren Versprechen zerstören und gäbe uns damit eine Freiheit zurück, mit der wir unsere eigenen Grenzen und die der anderen realistischer einschätzen könnten. Damit würde sich auch die Abhängigkeit und Verstricktheit in allzu enge Bindungen und unser Leiden daran soweit mindern, dass eine neue Form wechselseitiger Akzeptanz und Wiederannäherung möglich wäre. Der Erkenntnisschritt könnte uns auch helfen, mehr Distanz zu unserer subjektiv einseitig und oft verzerrten Wahrnehmung, zu unserer Enttäuschungsbereitschaft und Opferrolle zu bekommen.

Am Ausgang dieser inneren Umorientierung steht das Glück der Verständigung zwischen Eltern und Kindern. Es ist nicht alles, was wir uns einmal erträumt haben, aber sehr viel mehr als viele erreichen, die an ihrem Unglück festhalten, als habe das Leben ihnen nichts anderes zu bieten.

Nicht alle, die in irgendeiner Form leidvoll in die Familienfalle geraten sind, werden die emotionale und intellektuelle Kraft zu diesem Erkenntnisschritt aufbringen. So werden sie auch von sich aus keine Veränderungen einleiten und eine neue Freiheit für sich erkämpfen können. Aber die Einsicht in die Grenzen familiärer Glücksmöglichkeiten könnte sie vielleicht motivieren, nach Hilfe Ausschau zu halten. Ich habe in das Buch die Beschreibung einiger Behandlungsverläufe nicht zuletzt in der Absicht aufgenommen, betroffene Leser zu diesem Schritt zu ermutigen. Die Ergebnisse zeigen, dass sich am Ende einer Therapie Eltern und Kinder nicht wieder in glückseliger Einigkeit in den Armen liegen. Das wäre zu viel erwartet und meistens auch nicht beabsichtigt. Aber dass sie zu einer Verständigung zurückfinden, bei der sie im Gespräch Missverständnisse, Geheimnisse und Streitigkeiten klären und sich über wichtige Fragen ihres Lebens austauschen können, ist ein unschätzbarer Gewinn für eine freiere Form der Begegnung. Das Glück der Verständigung, so bescheiden es gemessen an früheren Erwartungen auch ausfällt, eröffnet zudem die Chance der Wiedergutmachung von Verletzungen, Ungerechtigkeiten, Benachteiligung und Nichtbeachtung, die man dem anderen zugefügt hat. Eine Entschuldigung, ein Blumenstrauß, ein kleines Geschenk, die Einladung zu einem Essen, ein gemeinsamer Spaziergang, ein Kino-, Theater-, Konzert- oder Ausstellungsbesuch. Es sind die kleinen Gesten, die soviel ausdrücken. Ohne diese Chance bleibt man auf seiner Wiedergutmachungsschuld sitzen und hat das Gefühl, für immer etwas Entscheidendes versäumt zu haben.

Zur Wiedergutmachung gehört das Gefühl der Dankbarkeit. Nur wer Dankbarkeit erlebt, kann auch verzeihen. Es gibt so viele Gründe dankbar zu sein. Die Dankbarkeit für das geschenkte Leben, die Dankbarkeit für alles, was die Eltern, trotz ihrer Mängel und Unzulänglichkeiten, an Mühe aufgewandt und einem mitgegeben haben, die Dankbarkeit für die Freude, die Fröhlichkeit, das Lachen und die Sinnhaftigkeit, die man von den Kindern erfahren hat. Wer sich an all das nicht erinnern oder in sein Bewusstsein zurückholen kann, wird dieses Gefühl der Dankbarkeit nicht erleben können, das ein unverzichtbares Element psychischer Aus-geglichenheit und Versöhnungsbereitschaft darstellt.

Welchen Weg der Hilfe man einschlägt, für welche Me-thode der Therapie, Beratung oder Selbsthilfe man sich ent-scheidet, ist, wie angedeutet, nicht einfach. Aber es gibt viele Menschen, die Erfahrungen auf einem oder mehreren Gebieten gesammelt haben und einem davon erzählen; es gibt genügend Aufklärungs- und Informationsmaterial und es gibt genügend Therapeuten und Beratungsstellen, bei de-nen man den einzuschlagenden Weg klären kann. Wo die Bereitschaft ist, öffnet er sich auch. Wenn man das Aben-teuer liebt, kann man auch von einem auf den anderen Weg wechseln, oder die Wanderung auf mehrere Wege ausdeh-nen, möglichst hintereinander, weil es sich auf mehreren Wegen gleichzeitig schlecht gehen lässt.

4. Der letzte Abschied – Bindung über den Tod hinaus

Der Tod ist immer unbegreiflich. Ob er plötzlich eintritt oder sich über eine lange Phase von Krankheit und Siechtum nähert – immer verwandelt er jedes vorausschauende Wis-sen über seine Existenz in ungläubige Ratlosigkeit.

So bleibt auch der letzte Abschied von den Eltern ein Mysterium. In ihm mischen sich unerträglich schmerzhafte und bis zur Besinnungslosigkeit verwirrenden Gefühle mit gleichzeitig erlösenden und von der Last des Mitleids be-freienden Gedanken. Aber zu realisieren, die Mutter, den Vater nie mehr zu sehen, nie mehr zu hören, nie mehr zu sprechen, nie mehr zu fühlen, wird zu einem Verlust, der sich als letztlich unerklärlich in unser weiteres Leben ein-schreibt.

Der Schmerz über die endgültige Trennung von den El-tern liefert den vorletzten Beweis für die Tiefe der Bindung an sie. Die Empfindung von zerreißendem Schmerz stellt das körperliche Äquivalent für die innere Gewissheit dar, dass der Tod das äußere Band für immer zerrissen hat. Das Sterben und der Tod beschwören Gefühlsstürme herauf, in denen die elementarste Beziehung unseres Lebens ihren letzten Kampf zwischen Bindung und Freiheit austrägt. Der Sterbende schreit in Todesangst noch einmal die Geister seiner längst verstorbenen Eltern herbei, oder spricht ein letztes Mal still mit ihnen, wenn er sich mit seinem Ende versöhnt hat. Er versammelt seine Kinder um sich, streichelt ihnen mit der Zärtlichkeit der frühen Jahre über die Wange, ein warmer Händedruck zum Abschied, ein Lächeln und eine Ruhe beim Überschreiten der letzten Schwelle. Und die Kinder an seinem Bett trösten ihn mit einer letzten Umarmung und mit ihren Tränen, hinter deren Schleier das Unsagbare eines gemeinsamen Lebens und seines Vergehens verschwimmt.

Am Ende der Betrachtungen über die Eltern-Kind-Beziehung angelangt, kann uns die häufige Erfahrung nicht mehr überraschen, nach der noch fünfzig- bis sechzigjährige »Kinder« den Tod ihrer hochbetagten Eltern als ein unfassbares Ereignis erleben, das sie in schwere Depressionen oder in eine lang anhaltende Trauerphase stürzen kann. Nur intellektuell gelingt es ihnen, den Tod als natürlichen Bestandteil des Lebens zu akzeptieren. Gefühlsmäßig werden sie oftmals von bodenloser Einsamkeit, Leere und von Verlassenheitsängsten überwältigt, die sie aus eigener Kraft oft nicht bewältigen. Solche Gefühle weisen untrüglich auf die Wiederkehr kindlicher Reaktionen hin, wie sie bei drohendem Elternverlust auftreten. Unterschwellig scheint daher die Bereitschaft zu ihnen durch die Tiefe und Unauflöslichkeit der Bindung ein Leben lang weiter zu bestehen. Der Tod der Eltern reißt diese Gefühle noch einmal gewaltsam aus ihrer Verdrängung.

Dieses Gesetz wird von einer Kultur gestützt, die den Tod

nicht nur aus dem öffentlichen Bewusstsein auszuschließen versucht, sondern durch die Fortschritte der Medizin mit allen Mitteln bis zum Äußersten bekämpft. Auf dem Hintergrund der ständig wachsenden Lebenserwartung trifft man daher heute nicht selten bei Angehörigen und ihrem näheren Umfeld neben der Trauer auf fast empörte und beleidigte Reaktionen, wenn ein Elternteil »schon« mit siebzig bis fünfundsiebzig Jahren verstirbt, ein Alter von dem frühere Generationen bis auf Ausnahmen nur träumen konnten. So lag 1900 die durchschnittliche Lebenserwartung für Männer bei vierzig, für Frauen bei vierundvierzig Jahren und stieg bis 2005 für Männer auf sechsundsiebzig, für Frauen auf zweiundachtzig Jahre, also in nur einem Jahrhundert auf fast das Doppelte an.

Aber es gibt noch einen anderen kulturellen Hintergrund für die Befürchtung, die Eltern könnten eines Tages sterben. In unserer stark individualisierten Gesellschaft nimmt der Verlust an familiären und außerfamiliären Bindungen durch hohe Scheidungs- und Trennungsraten, geringe Geschwister- und Kinderzahlen, Kinderlosigkeit, Singledasein und andere Formen sozialer Isolation unaufhaltsam zu. Wo der soziale Zusammenhalt in einer Gemeinschaft schwindet, werden Eltern oft zu letzten Bastionen emotionaler Geborgenheit und zu Rückzugsposten, wenn die sonstige Umwelt die lebensnotwendigen Bedürfnisse nach Sicherheit, Schutz und Zusammengehörigkeit nicht mehr ausreichend befriedigt.

So kann der Tod der Eltern im Extremfall den sozialen Tod der Kinder bedeuten, wenn ihre sonstigen Beziehungen und sozialen Kontakte auf ein Minimum geschrumpft sind, und deren Verlässlichkeit und Gefühlsnähe kaum noch existieren. Von dieser Situation sind oftmals besonders Menschen in einem selbst schon relativ hohen Alter betroffen. In dieser Lebensphase reißen immer mehr gesellschaftliche Verbindungen ab, viele Trennungen und Verluste mussten schon verarbeitet werden, und der Möglichkeit, die eigene Freiheit neu zu gestalten, sind enge Grenzen gesetzt. Wenn dann noch die Eltern sterben, versinken sie in einem Tal untröstlicher Einsamkeit.

Dieser Zusammenhang trifft noch stärker in umgekehrter Richtung zu. Die hohe Lebenserwartung vieler Menschen bringt es mit sich, dass immer mehr alte Eltern den Tod ihrer Kinder erleiden. Wenn diese ihr Leben bestimmende und elementarste Beziehung zerreißt, bricht für solche Eltern auch der letzte Sinn ihres Lebens zusammen, und das eigene Sterben kann zu einer alles beherrschenden Sehnsucht werden.

Der Tod der Eltern und der Tod der Kinder ist ein Schicksalsthema, das die archaischen Wurzeln dieser Beziehung mit letzter Radikalität freilegt. Es lässt uns ahnen, dass es oft nicht der eigene Tod ist, der so gefürchtet wird und deswegen verdrängt werden muss. In einer tieferen Schicht sind es die Trennungsängste und der Trennungsschmerz, die am Beginn der Urbeziehung zwischen Mutter und Kind zum ersten Mal auftraten. Der Tod durchtrennt die unsichtbare Nabelschnur, die fortan die Eltern-Kind-Beziehung genährt hat, mit einer Endgültigkeit, die das Geburtstrauma als Todestrauma wiederholt. Es ist der Verlust der elementarsten Beziehung unseres Lebens, der so schmerzt und den wir deswegen so fürchten müssen.

Aber selbst der Tod kennt seine Grenzen, und sein Geschenk an die Menschheit, sein Trost, gehört zu den weiteren Wundern, die wir an der menschlichen Natur und ihren primären Bindungen anerkennen müssen. Die Eltern oder die Kinder können sterben, aber sie leben in den Herzen und Köpfen derer, die zurückbleiben, weiter. Hier liegt der letzte Beweis für die Unauflösbarkeit der Eltern-Kind-Beziehung.

Das faszinierende Geheimnis der Bindung über den Tod hinaus lässt sich auch naturwissenschaftlich erklären. Nur der Mensch verfügt dank der Beschaffenheit seines Gehirns über ein differenziertes Gedächtnis und die Fähigkeit der Erinnerung. Mit diesen Eigenschaften kann er prägende Erfahrungen ein Leben lang speichern und jederzeit abrufen. Daher liegt es nahe, dass die Länge, der Umfang, die Tiefe und die bedürfnisbefriedigende Funktion der Eltern-Kind-Beziehung besonders dauerhafte Gedächtnis- und Erinnerungsspuren hinterlassen. Außerdem wissen wir, dass im Rahmen der psychischen Strukturbildung die Eltern und die Kinder wechselseitig zu inneren Objektrepräsentanzen umgewandelt wurden und als solche an der Selbstregulierung des Subjekts einen wesentlichen Anteil haben.

Aber reichen diese Erklärungen aus? Ist es nicht doch rätselhaft, dass wir bis zu unserem eigenen Tod die Eltern zu unseren inneren Begleitern machen, an die wir öfter denken und uns intensiver mit ihnen auseinandersetzen, als mit anderen Menschen, die wir geliebt haben und die uns nahestanden? Bleibt es nicht doch ein Rest an Geheimnis, warum Eltern über ihren Tod hinaus eine Macht über unser Fühlen, Denken und Handeln besitzen, die uns, im positiven wie negativen Sinn, stärker lenkt, als uns bewusst ist? Ich glaube, dass die naturwissenschaftlichen Erklärungen nicht ausreichen, um solche Rätsel zu lösen.

Zu ihnen gehört auch, dass wir aktiv alles dazu tun, den seelischen Schock des letzten Abschieds so zu ritualisieren, dass das Gedächtnis und die Erinnerung an die Eltern nie zur Ruhe kommen. Die in allen Kulturen in unterschiedlicher Form zelebrierten Bestattungsbräuche haben neben ihrer religiösen Wurzel auch einen psychologischen Sinn. Im Kult des Begräbnisses wird den Toten, und das sind in der Mehrzahl die alten Eltern, nicht nur die »letzte Ehre« erwiesen und die »Erlösung« von ihrem Irdendasein gepriesen; die Zeremonie enthält auch das Versprechen, sie für immer in Erinnerung zu behalten. Aber die anschließenden Trauerfeierlichkeiten verdeutlichen, worum es dabei für die Angehörigen geht.

Der Begriff »Trauerfeier« verbindet auf scheinbar unerklärliche Weise zwei entgegengesetzte Gefühlszustände. Was wird gefeiert und in Festen ausgelebt, während man noch von Trauer über den schmerzlichen Verlust erfüllt ist? Mir scheint die Annahme nahe liegend, dass sich Trauer und Freude deswegen mischen können, weil der gestorbene Elternteil sich zwar äußerlich von diesem Leben verabschiedet hat, er innerlich aber in den Kindern weiterlebt. Das Versprechen an den Toten, ihn immer in Erinnerung zu behalten, dürfte daher psychologisch eher dem persönlichen Bedürfnis der Hinterbliebenen dienen, die Bindung an ihn auf Dauer zu erhalten. Vielleicht bildet dieses Bedürfnis das Hauptmotiv für das große Abschiedsritual bei der Beerdigung der Eltern.

Diese Vermutung wird durch den weiteren Verlauf bestätigt. Die Bindung über den Tod hinaus manifestiert sich nach dem Begräbnis in vielerlei kleinen Erscheinungen. Der Besuch des Grabes, die lauten und leisen Gespräche, die man dabei mit den Eltern führt, die Grabpflege über Jahre und Jahrzehnte mit bunten Blumen und grünen Sträuchern, die aufbewahrten Erinnerungsstücke, das Foto an der Wand, die vielen Erinnerungen, die man immer wieder mit anderen Menschen, besonders mit den Geschwistern, über die Kindheit und die Eltern austauscht, die eigenen Gedanken, die einen oft zu den Eltern hinführen und die inneren Dialoge mit ihnen – alle diese symbolischen Gesten und Berührungen legen in ihrer Summe ein beredtes Zeugnis über die komplexe Struktur dieser den Tod überdauernden Bindung ab. Erst jetzt werden ihre Unauflösbarkeit und die Unendlichkeit des Abschieds in ihrer ganzen Wahrheit erlebbar.

Einen schlüssigen Beleg für sie liefert die unermessliche Welt der Träume. In ihnen erscheinen einem die Eltern, mal näher, mal ferner, mal häufiger, mal seltener, aber ganz konkret und mit verlässlicher Sicherheit in wechselnder Gestalt. In einem Traum sind sie gerade gestorben, in anderen war ihr Tod nur eine Täuschung, und sie begegnen einem in voller Lebendigkeit. Dabei kommen ihre Charaktereigenschaften und Verhaltensweisen oft mit einer Genauigkeit zum Vorschein, wie sie einem nie bewusst waren, oder an die man sich im Wachzustand nicht mehr erinnern konnte, ihre Zärtlichkeit und Besorgnis ebenso wie ihre strafende, verfolgende und beängstigende Art. Man erlebt die Eltern wieder in einer früheren Alltagssituation oder auf einer Urlaubsreise oder in einer irrealen Umwelt voll verschlüsselter Botschaften. Manchmal entwickeln sich während der Traumbegegnung lange Dialoge von einer bestürzenden Wirklichkeit.

Die Traumwelt ist der Bereich unserer seelischen Konstitution, der uns die deutlichste Vorstellung darüber vermittelt, was die Psychoanalyse unter Introjektion versteht, der Verinnerlichung signifikanter Objekte. Dass die Eltern über ihren Tod hinaus und bis zu unserem eigenen Lebensende in uns lebendig weiterleben und in deutungsreicher Form mit uns kommunizieren, dürfte zu den erstaunlichsten Phänomenen der menschlichen Psyche gehören. Aber wäre dieser Einfluss so machtvoll und dauerhaft, wenn ihm nicht die eigenen Bedürfnisse und Motive nach Bindung, Schutz und Sicherheit entgegenkommen würden?

Dieser Rückkoppelungs- und Verstärkereffekt erscheint sehr plausibel, wenn man ihn mit scheinbar weit abgelegenen Erscheinungen aus dem geistig-religiösen und spirituellen Ideenreich in Verbindung bringt. Der Glaube an ein Weiterleben nach dem Tod, an eine kosmische Seele oder an die verschiedenen Möglichkeiten der Wiedergeburt und Wiederkehr entspringen allesamt irrationalen Wunschphantasien und Hoffnungen, denen die Sehnsucht nach dem ewigen Leben zugrunde liegt. Die Annahme ist berechtigt, dass diese Sehnsucht in erster Linie der eigenen Person gilt und aus der Angst vor dem Tod geboren wird. Die Erfahrung mit Menschen, die solche Vorstellungen unerschütterlich in ihrem Glaubenssystem verankert haben, zeigt jedoch sehr häufig noch ein weiteres Motiv, das sogar stärker sein kann als die selbstbezogene Hoffnung. Es besteht in der festen Gewissheit, nach dem eigenen Tod wieder mit den gestorbenen Eltern vereint zu werden. Hier reicht das unstillbare Bedürfnis nach Bindung nicht nur über den Tod der Eltern sondern über das eigene Leben hinaus und erreicht eine kosmische Dimension. Nur in dieser grandiosen Regressionsphantasie lässt sich der irdische Widerspruch zwischen Bindung und Freiheit in der Eltern-Kind-Beziehung endgültig auflösen und zu der paradiesischen Einheit zurückführen, wie sie vor der Geburt bestand. Damit hätte sich der Kreis zwischen Geburt und Tod zu einer großen tröstenden Gebärde geschlossen.

Blicke über Grenzen

Man nannte sie nur das »Kofferkind«, weil ihre Mutter sie als Säugling in einem Koffer verpackt auf dem Schrank verstaut hatte, bevor sie für immer verschwand. Durch Zufall gerettet, verbrachte sie die ersten vier Lebensjahre in einem Waisenhaus. Danach drei Jahre in der Verwandtschaft herumgereicht, landete sie bei ihrem Vater, der die Mutter verlassen hatte. Die permanente Gewalt, mit der er seine Tochter behandelte, war nur ein Vorbote. Als er sie und ihre beiden Schwestern nicht mehr ernähren konnte, lieferte er sie als Kindersoldaten an eine der eritreischen Rebellenarmeen aus, wohl wissend, dass sie darin umkommen würden. Senait war damals sieben Jahre alt. Vier Jahre an der Kriegsfront mit Verfolgung, Flucht, Angst, Hunger, Durst, Hitze, Krankheit, Landminen, sexuellem Missbrauch und körperlicher Misshandlung als tägliche Erfahrung, Erschießungskommandos, härtester Arbeit, zerschossenen Kinderleibern, Blut und Tod lagen vor diesem Kind mit solcher unvorstellbaren Brutalität, in einem so unglaublichen Grauen, dass man dabei lieber an ein modernes Märchen als eine hunderttausendfache Realität in einer vom Wahnsinn getriebenen globalisierten Welt denken möchte.

»Feuerherz« heißt das Buch, das die inzwischen dreißigjährige, seit ihrem dreizehnten Lebensjahr in Deutschland lebende Liedkomponistin und Sängerin Senait Mehari 2005 mit einem Bestsellererfolg über ihre Geschichte veröffentlicht hat. »Feuerherz« – eine Metapher für die schier unglaubliche Kraft eines Menschen, eine in kaum beschreibbarer Weise zertrümmerte Kindheit zu bewältigen und aus der Glut von Überlebenswillen, Leidenschaft und Liebe das Recht auf eine eigene Existenz zu erkämpfen.

Schon drei Jahre vorher hatte China Keitetsi ihre Erfahrungen als Kindersoldatin in Uganda niedergeschrieben. Ihr Bericht »Sie nahmen mir die Mutter und gaben mir ein Gewehr« beschreibt ebenso erschütternd wie der von Mehari nicht nur die Kriegstraumata aus der Sicht eines Kindes, sondern die seelischen Folgen der gewaltsamen Trennung von den Eltern.

An diese beiden Zeugnisse einer absolut desorganisierten und zerstörten Eltern-Kind-Bindung in der Kindheit und einer Verurteilung zu einer Freiheit sinnloser Gewalt und blutiger Willkür musste ich denken, als ich nach dem letzten Kapitel über einen geeigneten Abschluss des Buches nachdachte. In dem Kapitel klingt bereits an, was solche Zeugnisse aus einer völlig fremden Welt und an einem extremen Beispiel uns in großer Eindringlichkeit nahebringen können: Die Utopie einer heilen Kindheit in einer heilen Familie ist eine Erfindung der jüngsten Geschichte in den demokratisch zivilisierten Gesellschaften besonders Westeuropas. Nirgends ist man dieser Utopie näher gekommen als hier. Wohin sich unser Blick auf den sonstigen Erdball richtet – fast überall ist der Wert der Kindheit und einer gesicherten Eltern-Kind-Beziehung das Privileg von Minderheiten, während die Masse der Bevölkerungen, nüchtern betrachtet, durch die gesellschaftlichen Verhältnisse, kulturellen Prägungen und religiösen Ideologien einen solchen »Luxus« kaum erfährt.

Die Psychohistorie der Kindheit, nach der bis zum Beginn des 20. Jahrhunderts Kindern allgemein keine eigenen Rechte zugebilligt wurden und schon gar nicht das Versprechen einer dauerhaft verlässlichen, schützenden und liebevollen Eltern-Kind-Bindung, ist keineswegs Geschichte, sondern alarmierende Gegenwart für die Mehrheit der Kinder dieser Welt.[48] Dabei bilden die 300 000 Kindersoldaten, die nach Schätzungen der UNO gegenwärtig an Kriegseinsätzen beteiligt sind, die 2 Millionen Kinder, die zwischen 1986 und 1997 in Kampfhandlungen starben und die

6 Millionen, die dabei »verletzt, teilweise für immer ver-
krüppelt« wurden, nur die Spitze eines Schreckensgebir-
ges.[49]

Unser globales Denken hat uns inzwischen dafür sensibi-
lisiert, unter welchen Bedingungen ein Großteil der Kinder
und Eltern dieser Erde ihr Leben fristet und im nackten
Kampf ums Überleben kein Geld, kein Brot, kein Wasser,
keine Zeit und – kein Gefühl mehr für eine befriedigende
Beziehung aufbringen kann. Dabei muss man nicht nur an
Kindersoldaten denken oder an das Heer der durch Unter-
ernährung und vermeidbare Krankheiten sterbenden Kinder, an die Millionen verelendeten und zur Kriminalität ver-
urteilten Straßenkinder in den Megastädten der Dritten
Welt, in Südamerika, Afrika, China, Indien und den USA,
an die Verwüstungen, die vierzehnstündige Kinderarbeit
täglich in den Seelen der Kinder anrichten, an die Abertau-
send Kinderprostituierten, die von ihren Eltern aus existen-
zieller Not an die Sexindustrie verkauft werden, an die
Abermillionen von Flüchtlingskindern, die oft ohne Eltern,
ohne Bildung und ohne ausreichende Versorgung jahrelang
unter unmenschlichen Bedingungen in Lagern ein kümmer-
liches Dasein führen. Auch wenn ihr Schicksal in unser Bewusstsein eingebrannt bleibt, ist der Bogen um solche
Schreckensgebirge viel weiter gespannt.

Eine gesicherte Bindung als Voraussetzung für die Freiheit zur Entfaltung der eigenen Kräfte verlangt eine Freiheit
des Denkens, Fühlens und Handelns, die unabhängig ist von
gesellschaftlicher Repression, sozioökonomischen Zwän-
gen oder gläubiger Indoktrination. In der Selbstzufrieden-
heit über die hierzulande erreichten Ziele vergessen wir
leicht, wie wenig Regionen auf diesem Planeten existieren,
in denen man von ähnlichen Fortschritten auf dem Weg zu
zivilen Gesellschaften sprechen kann. Uns ist zwar die Lo-
sung »global denken, lokal handeln« bekannt. Was aber not-
tut, ist »global fühlen«, um unseren ethnozentrischen Blick-

winkel auf die Familie und ihre psychosozialen Möglichkeiten und Grenzen auch emotional zu erweitern. Nur so könnten wir mitfühlend begreifen, dass die Geschicke der Familie und der Eltern-Kind-Beziehungen nicht nur von der psychischen Disposition des Einzelnen, sondern entscheidend von den sozialen Bedingungen und der Gesellschaftsstruktur abhängen, von denen sie gelenkt werden. Aus dieser Perspektive kann uns unsere persönliche Lebensgeschichte in einem neuen Licht erscheinen.

Der Spruch »werde endlich erwachsen«, den wir von unseren Eltern vielmals gehört haben und an unsere Kinder weitergeben, bedeutet die Aufforderung, den Kindanteil in uns aufzugeben, der sich, nicht selten lustvoll und süchtig, mit dem herumquält, was er in der Kindheit vermisst hat. Ohne den ewigen Hader mit der eigenen Geschichte ließe sich dieser unreife Kindanteil leichter in einen erwachsenen Ich-Zustand umwandeln. Die bösen »Tanzlieder« und »Spiele«, wie sie die Transaktionsanalyse nennt, die in der Interaktion zwischen dem »inneren Kind« in uns und dem »inneren Kind« in unseren Eltern aufgeführt werden und zu Verknotungen und verrückt machenden Kommunikationen führen, lassen sich nur durch einen solchen Nachreifungsprozess beenden. Neben der Trauer über das, was nicht oder nur dürftig war, fördert er in der Erinnerung und im Gefühl den Reichtum an Lebensfülle zutage, den wir trotz allem und in aller Regel erfahren haben.

Bei der Verabschiedung des verletzten Kindes in uns kann zum einen die Revision unserer zu hoch angesetzten Erwartungen an die Eltern-Kind-Beziehung hilfreich sein, von der im letzten Kapitel die Rede war. Erst recht mag der mitfühlende Blick auf die Familiensituation im globalen Maßstab uns einen Spiegel vorhalten, in dem wir uns unserer Selbstüberschätzung und kleinlichen Egoismen bewusst werden. Vielleicht liegt erst in diesem Blick die Freiheit, die es sich lohnt zu erkämpfen: die Freiheit, die eigenen Grenzen zu überschreiten und denkend, fühlend und handelnd die zu erreichen, die jenseits davon ein Schicksal teilen, gegen das unseres bis auf Ausnahmen ein fröhliches Sommerfest ist.

Zum Abschluss erscheint mir ein Nachtrag notwendig. Dem informierten Leser wird aufgefallen sein, dass ich ein heute viel diskutiertes Forschungsgebiet aus der Darstellung der Eltern-Kind-Beziehung ausgeklammert habe – die Neurowissenschaft. Was uns im Zusammenhang des Buchthemas interessieren könnte, fasst der Neurobiologe Gerald Hüther so zusammen: »Erst in den letzten zehn Jahren ist es den Hirnforschern und Entwicklungspsychologen vor allem mit Hilfe der sogenannten bildgebenden Verfahren gelungen nachzuweisen, welch nachhaltigen Einfluss frühe Bindungserfahrungen darauf haben, wie und wofür ein Kind sein Gehirn benutzt und welche Verschaltungen zwischen den Milliarden Nervenzellen deshalb besonders gut gebahnt und stabilisiert und welche nur unzureichend entwickelt und ausgeformt werden.«[50]

Hüther gehört zu den Forschern, die sich besonders mit den Auswirkungen emotionaler Erfahrungen in der Kindheit auf die Vernetzung hirnorganischer Strukturen beschäftigt haben. Durch diesen Ansatz konnte endlich die hundertjährige Fehde zwischen der Neurowissenschaft und der Psychoanalyse beigelegt werden. Die alte Kontroverse zwischen den Standpunkten »alles nur organisch« gegen »alles nur psychisch« ist damit einem produktiven Dialog gewichen, in dem man, wie Freud bereits prophezeite, von einem engen Zusammenwirken psychischer und hirnorganischer Prozesse ausgeht.

Allerdings steht die Hirnforschung über den Zusammenhang von Bindungserfahrungen in Kindheit und Jugend und den neuronalen Verschaltungen und Netzwerken des langsam auswachsenden Gehirns noch sehr in den Anfängen.

Aber wie es in jungen Wissenschaften die Regel ist, neigen sie zur Euphorie und lassen sich in ihrer Begeisterung zu Überinterpretationen ihrer bisherigen Befunde hinreißen. Dieser Eindruck entsteht wenigstens bei der Lektüre entsprechender Abhandlungen. Am problematischsten erscheint mir dabei die Tatsache, dass die meisten aus Tierexperimenten gewonnenen Ergebnisse oft kommentarlos auf den Menschen übertragen werden, obwohl die Gehirne der untersuchten Tiere sich erheblich von menschlichen unterscheiden. Ein nicht unerhebliches Problem dürfte auch die für die Hirnforschung als gesichert geltende Annahme darstellen, negative Bindungserfahrungen und traumatische Erlebnisse aller Art führten zu sogenannten »Stressnarben«, Priming genannt, die bleibende Schäden in bestimmten Hirnregionen zur Folge hätten. Solche Hypothesen ließen sich nur durch umfangreiche und vergleichende Untersuchungen am Menschen und durch Längsschnittstudien erhärten. Diese liegen bis heute nicht vor.

Wegen der noch bestehenden Unsicherheiten und offenen Fragen habe ich auf eine breitere Darstellung der neurobiologischen Forschung verzichtet. Die Thematik des Buches stellt ohnedies erhebliche Anforderungen an die intellektuelle und seelische Ausdauer des Lesers. Sollte er diese bis hierher aufgebracht haben, gebührt ihm der Dank aller, die von seinen gewonnenen Einsichten profitieren, und der Dank des Autors für seine lange Geduld.

Anmerkungen

 1 Vgl. Brisch. K. H., 1999; Mitchell, St., 2003; Grossmann, K., Grossmann, K. E., 2004; Schubert, I., 2005

 2 Bowlby, J., 1959, a.a.O., S. 438

 3 Bowlby, J., 1959, a.a.O., S. 446

 4 Vgl. Papousek, H., Papousek, M., Giese, R., 1986; Ainsworth, M. D. S., 2003; Grossmann, K., Grossmann, K. E., 2004

 5 Lorenz, K., 1943, zitiert bei Eibl-Eibesfeldt, I., 1999, S. 729

 6 Eibl-Eibesfeldt, I., 1999, S. 730f

 7 Vgl. Grossmann, K., Grossmann, K. E., 2004

 8 Grossmann, K., Grossmann, K. E., 2004, S. 77

 9 Bowlby, J., 1976, a.a.O., S. 359

10 Sölle, D., 1998, a.a.O., S. 22

11 Ernst Barlach (1870–1938) zählt nicht nur zu den bekanntesten Bildhauern des 20. Jahrhunderts, er war auch ein bedeutender Dramatiker und Schriftsteller. *Der tote Tag* ist sein erstes Drama (1912) und zugleich eins der bekanntesten. Der sprachgewaltige, expressionistische und symbolisch verdichtete Stoff hat viele Lesarten gefunden. Ich habe dieses Literaturbeispiel ausgewählt, weil in ihm der Ablösungskonflikt im Zentrum steht und in psychologisch packender Form dargestellt wird. Die Zitate sind zur leichteren Lesbarkeit ohne Seitenangaben angeführt; sie entstammen der in der Literatur angegebenen Ausgabe.

12 In dem Buch *Verlassen und verlassen werden* habe ich mich ausführlich mit den Themen Trennung, Trennungsschmerz und Trennungsangst auseinandergesetzt, weswegen ich hier auf eine Vertiefung verzichte.

13 Vgl. Petri, H.: *Die Psychotherapie mit jungen Erwachsenen*, 2006

14 Mercier, P.: *Der Klavierstimmer*, a.a.O., S. 91 und 95

15 Papastefanou, Ch.: *Auszug aus dem Elternhaus,* 1997, S. 81. Die Autorin referiert in ihrer fundierten Studie den internationalen Forschungsstand zum Thema sowohl aus der Perspektive der ausziehenden Kinder als auch aus dem Erleben der Eltern und verbindet die Ergebnisse mit eigenen Untersuchungen zum Auszugsverhalten beider Gruppen.

16 ILYA = incompletely launched young adult

17 Vgl. Papastefanou, Ch., a.a.O., S. 83

18 Benz, A.: *Der Überlebenskünstler*, 1997

19 Vgl. die Liedsammlung von K. Wecker, a.a.O. 2003, besonders das Lied »Was passierte in den Jahren«.

20 Gille, G.: *Schwangerschaften bei Minderjährigen*, a.a.O., 2006

21 Gille, G.: a. a. O., S. 1890

22 In dem Buch »Das Drama der Vaterentbehrung« habe ich die verschiedenen Formen und Möglichkeiten eines unterstützenden Umfeldes ausführlich beschrieben.

23 PAS = parental alienation syndrom. Vgl. Gardner, R. A., a. a. O., 2002; Boch-Galhau, W. v., u. a., a. a. O., 2003

24 In dem Buch *Das Drama der Vaterentbehrung* habe ich die verschiedenen Ursachen und Folgen des Vaterverlustes breit dargestellt.

25 Euripides: *Medea*, a. a. O., S. 640 und 662. Vgl. Petri, H.: *Verlassen und verlassen werden*, S. 66ff

26 Grossmann, K., Grossmann, K. E., a. a. O., S. 601

27 COSIP – children of somatically ill parents. Vgl. Weiland, G., a. a. O., 2006. Kontakt und Information: COSIP-Beratungsstelle, Zentrum für Psychosoziale Medizin Hamburg, Tel: 040/42803-2230; Deutsche Kinderkrebshilfe Bonn, Geschäftsstelle, Tel: 0228/729900; Verein Hilfe für Kinder krebskranker Eltern e. V. Frankfurt, Geschäftsstelle, Tel: 069/62724504. Zur Fachliteratur vgl. Deneke, Ch., a. a. O., 2005; Römer, G. u. a., a. a. O., 2005; Lenz, A., a. a. O., 2005

28 Mercier, P., a. a. O., S. 145

29 Grossmann, K., Grossmann, K. E., a. a. O., S. 171

30 *Der Fischer Weltalmanach 2006*, S. 143

31 Bundesministerium für Familie, 2001, S. 57

32 Klein, G., a. a. O., 2004, S. 77

33 Vgl. ausführlich dazu Petri, H.: *Der Wert der Freundschaft*, 2005, S. 171ff

34 Vgl. Radebold, H., a. a. O., 2004; Schulz, H., u. a., a. a. O., 2004

35 Vgl. Wardi, D., a. a. O., 1997

36 Freud, S.: *Vorlesungen zur Einführung in die Psychoanalyse*, a. a. O., S. 42

37 Freud, S.: *Das Unbehagen in der Kultur*, a. a. O., S. 455f

38 Fromm, E.: *Die Seele des Menschen*, a. a. O., S. 248f

39 Werner, E. E., Smith, R. S., a. a. O., 2001, zitiert bei Grossmann, K., Grossmann, K. E., a. a. O., 2004, S. 461

40 In dem Buch *Jugend auf der Suche* habe ich diese Thematik speziell für das Jugend- und junge Erwachsenenalter erörtert.

41 Müller-Lissner, A.: *Enkelkinder*, a. a. O., 2006. Das Buch ist eine lesenswerte Anregung für Großeltern, sich mit den Licht- und Schattenseiten ihrer Rolle auseinanderzusetzen.

42 Weiss, P.: *Abschied von den Eltern*. Die Zahlen in Klammern bezeichnen die Seiten der in der Literatur zitierten Ausgabe.

43 Wagenbach, K.: *Kafka*, a. a. O., S. 92

44 Matt, P. v.: *Verkommene Söhne, missratene Töchter*, a. a. O., S. 285f

45 Miller, A.: *Tod eines Handlungsreisenden*, a. a. O., S. 109

46 Eine brauchbare Einführung in die Psychotherapieschulen und -me-
   thoden geben Kraiker, Ch., Peter, B., a. a. O., 1998
47 Die lesenswertesten Bücher, die mir zu dieser Thematik bekannt geworden sind, stammen von Stierlin, H., 1975; Herms-Bohnhoff, E.,
   1997; Kast, V., 2001; Halpern, H. M., 2003, 2004 und Ley, K., 2005.
48 Erste Grundrechte erhielten Kinder in Deutschland erst mit Einführung des Bürgerlichen Gesetzbuches im Jahr 1900, auf internationaler
   Ebene durch die *Deklaration über die Rechte des Kindes* der UNO
   1959.
49 Melari, S. G.: *Feuerherz*, 2005, S. 352
50 Hüther, G., a. a. O., 2002, S. 20

Literatur

Ainsworth, M. D. S. (2003): Feinfühligkeit versus Unfeinfühligkeit gegenüber den Mitteilungen des Säuglings; In: Grossmann, K. E., Grossmann, K. (Hg.): Bindung und menschliche Entwicklung. Klett-Cotta, Stuttgart, S. 414–421.

Aries, Ph. (1960): Geschichte der Kindheit. dtv, München, 1978.

Barlach, E. (1912): Der tote Tag. Piper, München, Zürich, 1988.

Benz, A. (1997): Der Überlebenskünstler. Europäische Verlagsanstalt, Hamburg.

Boch-Galhau, W. v., Kodjoe, U., Andritzky, W., Koeppel, P. (Hg.) (2003): Das Parental Alienation Syndrome (PAS). VWB, Berlin.

Bowlby, J. (1959): Über das Wesen der Mutter-Kind-Bindung. Psyche 13, 415–456.

Bowlby, J. (1976): Trennung. Kindler, München.

Brisch, K.-H. (1999): Bindungsstörungen. Von der Bindungstheorie zur Therapie. Klett-Cotta, Stuttgart, 2003.

Bundesministerium f. Familie (Hg.) (2001): Die Familie im Spiegel der amtlichen Statistik. Berlin.

DeMause, L. (Hg.) (1974): Hört ihr die Kinder weinen. Eine psychogenetische Geschichte der Kindheit. Suhrkamp, Frankfurt/M.

Deneke, Ch. (2005): Kinder psychisch kranker Eltern. Forum Kinder- u. Jugendpsychiat. 15, 61–81.

Der Fischer Weltalmanach 2006. Fischer, Frankfurt/M., 2005.

Dornes, M. (1993): Der kompetente Säugling. Fischer, Frankfurt/M., 1997.

Eibl-Eibesfeldt, I. (1967): Grundriss der vergleichenden Verhaltensforschung. Piper, München, 1999.

Erikson, E. H. (1966): Identität und Lebenszyklus. Suhrkamp, Frankfurt/M.

Euripides: Medea. In: Friedrich, W. H. (Hg.) a. a.O.

Freud, A., Burlingham, D. (1971): Heimatlose Kinder. Fischer, Frankfurt/M.

Freud, S. (1916–1917): Vorlesungen zur Einführung in die Psychoanalyse. GW, Bd. XI. Fischer, Frankfurt/M., 1944.

Freud, S. (1930): Das Unbehagen in der Kultur. GW, Bd. XIV. Fischer, Frankfurt/M., 1948.

Friedrich, W. H. (Hg.) (o.J.): Griechische Tragiker. Winkler, Stuttgart.

Fromm, E. (1941): Die Furcht vor der Freiheit. GW, Bd. 1. DVA, Stuttgart, 1980.

Fromm, E. (1964): Die Seele des Menschen. GW, Bd. 2. DVA, Stuttgart, 1980.

Gardner, R. A. (2001): Das elterliche Entfremdungssyndrom. VWB, Berlin, 2002.

Gebauer, K., Hüther, G. (Hg.) (2002): Kinder suchen Orientierung. Walter, Düsseldorf, Zürich.

Gille, G. (2006): Schwangerschaften bei Minderjährigen. Dt. Ärztebl., 103, 1889–1890.

Grossmann, K., Grossmann, K. E. (2004): Bindungen – Das Gefüge psychischer Sicherheit. Klett-Cotta, Stuttgart.

Halpern, H. M. (2003): Abschied von den Eltern. iskopress, Salzhausen.

Halpern, H. M. (2004): Festhalten oder Loslassen. iskopress, Salzhausen.

Herms-Bohnhoff, E. (1993): Hotel Mama. Kreuz, Stuttgart.

Hüther, G. (2002): Wohin, wofür, weshalb? Über die Bedeutung innerer Leitbilder für die Hirnentwicklung. In: Gebauer, K., Hüther, G. (Hg.), a.a.O., S. 20–29.

Kafka, F.: Brief an den Vater. In: Kafka, F.: Er. Suhrkamp, Frankfurt/M. 1975.

Kafka, F.: Das Urteil. In: Kafka, F.: Er. Suhrkamp, Frankfurt/M. 1975.

Kast, V. (1991): Loslassen und sich selber finden. Die Ablösung von den Kindern. Herder, Freiburg, 2001.

Keitetsi, Ch. (2002): Sie nahmen mir die Mutter und gaben mir ein Gewehr. Ullstein, München.

Klein, G. (2004): Empowerment bei alleinerziehenden Müttern. In: Vetter, H.-R., u.a., a.a.O., S. 65–78.

Klein, M.: Das Seelenleben des Kleinkindes und andere Beiträge zur Psychoanalyse. Klett, Stuttgart, 1983.

Kraiker, Ch., Peter, B. (Hg.) (1998): Psychotherapieführer. Beck, München.

Lenz, A. (2005): Kinder psychisch kranker Eltern. Hogrefe, Göttingen.

Ley, K. (2005): Versöhnung mit den Eltern. Wege zur inneren Freiheit. Walter, Düsseldorf, Zürich.

Lorenz, K. (1943): Die angeborenen Formen möglicher Erfahrungen. Z. Tierpsychol, 5, 235–409.

Mahler, M. S., Pine, F., Bergmann, A. (1978): Die psychische Geburt des Menschen. Fischer, Frankfurt/M.

Matt, P. v. (1995): Verkommene Söhne, missratene Töchter. Familiendesaster in der Literatur. Hanser, München, Wien.

Mehari, S. G. (2005): Feuerherz. Knaur, München.

Mercier, P. (1998): Der Klavierstimmer, btb, München.

Miller, A. (1949): Tod eines Handlungsreisenden. Fischer, Frankfurt/M., 2004.

Miller, A. (1979): Das Drama des begabten Kindes. Suhrkamp, Frankfurt/M.

Mitchell, St. (2003): Bindung und Beziehung. Psychosozial Verlag, Gießen.

Müller-Lissner, A. (2006): Enkelkinder. Ch. Links, Berlin.

Nuber, U. (2005): Der lange Schatten der Kindheit. Blickpunkt Jugendhilfe, H. 2, 4–8.

Papastefanou, Ch. (1997): Auszug aus dem Elternhaus. Aufbruch und Ablösung im Erleben von Eltern und Kindern. Juventa, Weinheim, München.

Papousek, H., Papousek, M., Giese, R. (1986): Neue wissenschaftliche Ansätze zum Verständnis der Mutter-Kind-Beziehung. In: Stork, J. (Hg.), a.a.O., S. 53–71.

Petri, H. (1991): Verlassen und verlassen werden. Kreuz, Stuttgart, 2005.

Petri, H. (1994): Geschwister – Liebe und Rivalität. Kreuz, Stuttgart, 2006.

Petri, H. (1999): Das Drama der Vaterentbehrung. Herder, Freiburg, 2006.

Petri, H. (2002): Jugend auf der Suche. Herder, Freiburg, 2006.

Petri, H. (2004): Väter sind anders. Die Bedeutung der Vaterrolle für den Mann. Kreuz, Stuttgart.

Petri, H. (2005): Der Wert der Freundschaft. Kreuz, Stuttgart.

Petri, H. (2006): Psychotherapie mit jungen Erwachsenen. Kreuz, Stuttgart.

Radebold, H. (2004): Abwesende Väter – Fakten und Forschungsergebnisse. In. Schulz, H. u. a., a.a.O., S. 115–119.

Romer, G., Haagen, M., Baldus, Ch., Saha, R., Riedesser, P. (2005): Kinder körperlich kranker Eltern. Forum Kinder- u. Jugendpsychiat. 15, 82–95.

Schubert, I. (2005): Die schwierige Loslösung von Eltern und Kindern. Campus, Frankfurt/M., NY.

Schulz, H. J. (Hg.) (1998): Schmerz. Herder, Freiburg.

Schulz, H., Radebold, H., Reulecke, J. (2004): Söhne ohne Vater. Erfahrungen der Kriegsgeneration. Ch. Links, Berlin.

Sölle, D. (1998): Die Wehen der Geburt. In: Schulz, H. J., a.a.O., S. 13–25.

Spitz, R. A. (1965): Vom Säugling zum Kleinkind. Klett, Stuttgart.

Stern, D. (1990): Tagebuch eines Babys. Was ein Kind sieht, spürt, fühlt und denkt. Piper, München 1991.

Stierlin, H. (1975): Eltern und Kinder im Prozess der Ablösung. Suhrkamp, Frankfurt/M.

Stork, J. (Hg.) (1986): Zur Psychologie und Psychopathologie des Säuglings – neue Ergebnisse in der psychoanalytischen Reflexion. Frommann-Holzboog, Stuttgart.

Vetter, H.-J., Richter, G., Seil, K. (Hg.) (2004): Lebenslage Alleinerziehender. Rainer Hampp Verlag, München.

Wagenbach, K. (1984): Kafka. Rowohlt, Reinbek.

Wardi, D. (1997): Siegel der Erinnerung. Klett-Cotta, Stuttgart.

Watzlawick, P. (1983): Anleitung zum Unglücklichsein. Piper, München, 2004.

Wecker, K. (2003): Ich singe, weil ich ein Lied hab. Beste Zeiten Verlagsgesellschaft, Bremen.

Weiland, S. (2006): Kinder schwer kranker Eltern. Dt. Ärztebl., 103, 1584–1585.

Weiss, P. (1961): Abschied von den Eltern. Suhrkamp, Frankfurt/M., 1964.

Werner, E. E., Smith, R. S. (2001): Journeys from childhood to midlife. Cornell University, NY.

Winnicott, D. W. (1965): Reifungsprozesse und fördernde Umwelt. Kindler, München 1974.

Wolffheim. N. (1966): Psychoanalyse und Kindergarten. Reinhardt, München, Basel.

Sachregister

Quellenhinweis
S. 54–56 © Ernst Barlach Lizenzverwaltung Ratzeburg
S. 74, 123 © Pascal Mercier, Der Klavierstimmer, erschienen im
    Albrecht Knaus Verlag, München, einem Unternehmen der Verlags-
    gruppe Random House GmbH

Bibliografische Information der Deutschen Bibliothek
Die Deutsche Bibliothek verzeichnet diese Publikation in der
Deutschen Nationalbibliografie; detaillierte bibliografische Daten
sind im Internet über http://dnb.ddb.de abrufbar.

© 2007 Verlag Kreuz GmbH
Postfach 80 06 69, 70506 Stuttgart

www.kreuzverlag.de

Alle Rechte vorbehalten
Umschlagillustration und Umschlaggestaltung: P.S. Petry & Schwamb,
Agentur für Marketing und Verlagsdienstleistungen, Freiburg
Autorenfoto: © Detlef Berentzen
Satz: de·te·pe, Aalen
Druck: Clausen & Bosse, Leck

ISBN 978-3-7831-2780-5

Psychotherapie konkret

Horst Petri
Die Psychotherapie mit jungen Erwachsenen
100 Seiten, Broschur
ISBN 978-3-7831-2714-0

Eine seelische Krankheit greift tiefgehend in das Leben eines jungen Menschen und seiner Familie ein. Sie wirkt sich nicht nur in Form eines subjektiven und das Umfeld des Kindes einbeziehenden Leidens aus, sondern sie bedroht auch den erfolgreichen Erziehungs- und Entwicklungsprozess. Die kinder- und jugendpsychiatrische Behandlung zielt daher über die Behandlung von Krankheitssymptomen hinaus darauf ab, dem jungen Menschen Weiterentwicklung und Bildung sicherzustellen oder wieder zu ermöglichen.

Was Menschen bewegt www.kreuzverlag.de

Was bedeutet Vatersein?

Horst Petri
Väter sind anders
Die Bedeutung der Vaterrolle für den Mann
200 Seiten, Broschur
ISBN 978-3-7831-2374-6

So sehr sich das Frauen- und Mutterbild in den letzten Jahrzehnten verändert hat, so anders sind heute auch die Ansprüche der Frauen an die Männer als Väter. Horst Petri untersucht in diesem Buch die Bedeutung der Vaterrolle für den Mann und kommt zu provozierenden Schlussfolgerungen. Er zeigt, wo Väter sich missverstanden und überfordert fühlen müssen angesichts widersprüchlicher oder nicht erfüllbarer Ansprüche. Ein Buch zum besseren Verständnis zwischen Mann und Frau.

Was Freundschaft bedeutet

Horst Petri
Der Wert der Freundschaft
Schutz, Freiheit und Verletzlichkeit
einer Beziehung
192 Seiten, Hardcover mit Schutzumschlag
ISBN 978-3-7831-2506-1

Der Wert von Freundschaften hat einen massiven Wandel erlebt. Oft ersetzen Freunde Familienmitglieder und sind in wichtige Ereignisse involviert. Horst Petri zeigt auf, welche Rolle Freundschaft in einem Leben spielt, welche soziale Funktion sie hat und was Verlust und Verrat von Freundschaft bedeuten kann. Er geht auf das Thema Freundschaft zwischen den Generationen und Kulturen ein und stellt den Unterschied zwischen Männer- und Frauenfreundschaften dar.

Was Menschen bewegt   www.kreuzverlag.de

Getrennt – und nun?

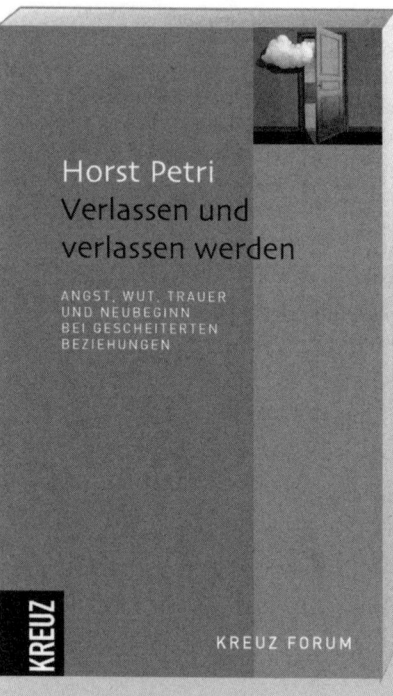

Horst Petri
Verlassen und verlassen werden
Angst, Wut, Trauer und Neubeginn bei
gescheiterten Beziehungen
220 Seiten, Broschur
ISBN 978-3-7831-2631-0

Wenn zwei sich trennen, ist dies ein dramatischer Prozess, der immer auch frühere Erfahrungen wieder ins Gedächtnis ruft. Wie verarbeiten Frauen, wie Männer die Trennung? Welche Rolle fällt dabei gegebenenfalls den Kindern zu? Horst Petri zeigt auf, wie man die Zerreißprobe einer Trennung besser besteht und wie Versöhnung möglich wird. So gelingt es, Chancen für einen wirklichen Neubeginn zu erkennen. Das Standardwerk zum Thema!